Driebanden biljart: Hoek tot hoek diagonale patrone

Van professionele kampioenskaptoernooie

Toets jouself teen professionele biljartspelers

Allan P. Sand
PBIA Gesertifiseerde biljart-instrukteur

ISBN 978-1-62505-241-4
Print 7x10

ISBN 978-1-62505-384-8
Print 8.5x11

First edition

Copyright © 2019 Allan P. Sand

All rights reserved under International and Pan-American Copyright Conventions.

Published by Billiard Gods Productions.
Santa Clara, CA 95051
U.S.A.

For the latest information about books and videos, go to: http://www.billiardgods.com

Acknowledgements
Wei Chao created the software that was used to create these graphics.

Inhoudsopgawe

Inleiding 1
Oor die tabel uitlegte 1
Tabel Opstel Instruksies 2
Doel van die uitlegte 2
A: Eenvoudige diagonale **3**
A: Groep 1 3
A: Groep 2 8
A: Groep 3 13
A: Groep 4 18
A: Groep 5 23
A: Groep 6 28
B: Eenvoudige gewysigde diagonale **33**
B: Groep 1 33
B: Groep 2 38
B: Groep 3 43
C: Parallelle diagonale **48**
C: Groep 1 48
C: Groep 2 53
C: Groep 3 58
C: Groep 4 63
C: Groep 5 68
D: Dubbele diagonale **73**
D: Groep 1 73
D: Groep 2 78
D: Groep 3 83
D: Groep 4 88
D: Groep 5 93
D: Groep 6 98
D: Groep 7 103
E: Dubbel gewysigde diagonale **108**
E: Groep 1 108
E: Groep 2 113
E: Groep 3 118
E: Groep 4 123
E: Groep 5 128
E: Groep 6 133
F: Driehoekige diagonale **138**
F: Groep 1 138
F: Groep 2 143
F: Groep 3 148

Other books by the author …

- 3 Cushion Billiards Championship Shots (a series)
- Carom Billiards: Some Riddles & Puzzles
- Carom Billiards: MORE Riddles & Puzzles
- Why Pool Hustlers Win
- Table Map Library
- Safety Toolbox
- Cue Ball Control Cheat Sheets
- Advanced Cue Ball Control Self-Testing Program
- Drills & Exercises for Pool & Pocket Billiards
- The Art of War versus The Art of Pool
- The Psychology of Losing – Tricks, Traps & Sharks
- The Art of Team Coaching
- The Art of Personal Competition
- The Art of Politics & Campaigning
- The Art of Marketing & Promotion
- Kitchen God's Guide for Single Guys

Inleiding

Dit is een van 'n reeks Carambolebiljart boeke wat wys hoe professionele biljartspelers besluite neem, gebaseer op die tafeluitleg. Al hierdie skote is van internasionale kompetisies.

Tydens kompetisies gebruik baie van die skote 'n (CB)-pad wat bekend staan as " Rondom die Wêreldpatrone ". Basies is die (CB) pad van 'n huishoek, na 'n lang biljartbanden, kort biljartbanden ,, teenoorgestelde lang biljartbanden, en dan na die tweede (OB).

Hierdie skote sit jou in die kop van die biljartspeler, begin met die balposisies (in die eerste tabel getoon). Die tweede tabel uitleg toon wat die biljartspeler besluit het om te doen.

Oor die tabel uitlegte

Elke skoot het twee tabel konfigurasies. Die eerste tafel is die balposisies voor die skoot. Die tweede tafel is hoe die balle op die tafel beweeg.

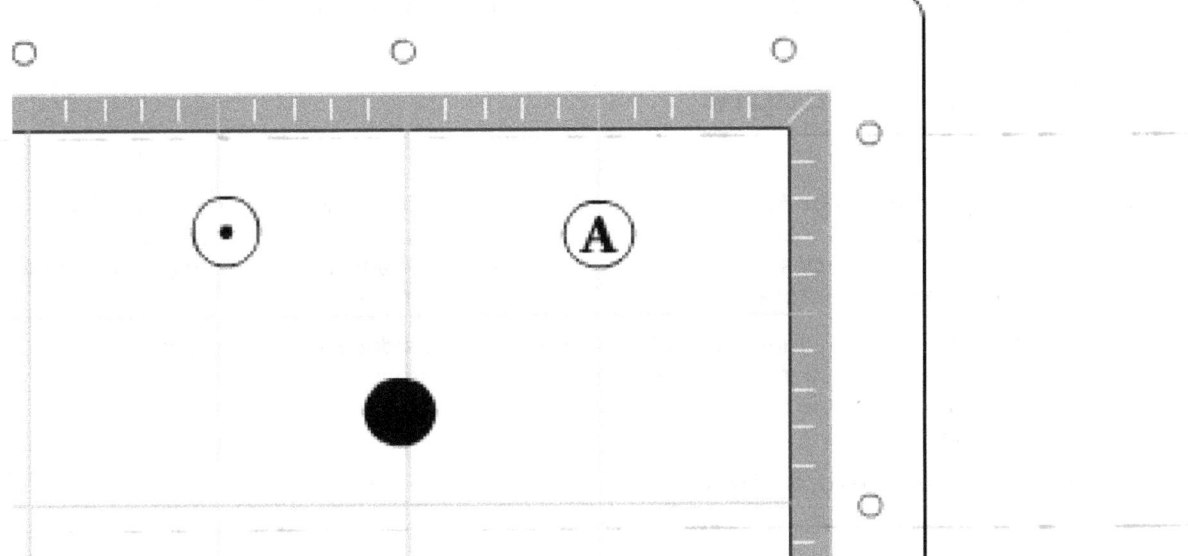

Dit is die drie balle op die tafel:

 (CB) (jou biljartbal)

⊙ (OB) (teenstander biljartbal)

● (OB) (rooi biljartbal)

Elke tabel grafiese in hierdie boek is 'n swart en wit voorstelling van 'n standaard 5 x 10 carom biljart tafel. Bale word verteenwoordig met hierdie drie simbole.

Tabel Opstel Instruksies

Gebruik papierbindringe om die balposisies te merk (koop by enige kantoorvoorraadwinkel

Plaas 'n muntstuk by elke biljartbanden wat die (CB) sal raak.

Wanneer jy die skoot speel, let op waar die CB-patroon en elke spoorkontak. U mag verskeie pogings benodig aangesien u aanpassings aan die Sertifiseringsliggaam maak om die patroon behoorlik te volg.

Doel van die uitlegte

Hierdie uitlegte word vir twee doeleindes voorsien.

- Jou ontleding - By die woon kan jy oorweeg hoe om die konfigurasie op die eerste tafel te speel. Vergelyk jou idees met die werklike patroon op die tweede tafel. Dink aan jou oplossing en oorweeg opsies. Uit die tweede tabel kan jy ook analiseer hoe om die patroon te volg. Mentally speel die skoot en besluit hoe jy suksesvol kan wees.

- Oefen die tafel opstelling - Plaas die balle in posisie, volgens die eerste tabel konfigurasie. Probeer om dieselfde manier te skiet as die tweede tafelpatroon. Miskien moet jy baie pogings doen voordat jy die regte manier kry om te speel. So kan jy hierdie skote leer en speel tydens kompetisies en toernooie.

Die kombinasie van geestelike analise en praktiese oefening sal jou 'n slimmer

A: Eenvoudige diagonale

Hierdie is 'n stel skote wat van een hoek na die teenoorgestelde hoek beweeg. Dit is eenvoudige patrone. Die (CB) reis oor die tafel van een hoek na die teenoorgestelde hoek.

Ⓐ **(CB)** (jou biljartbal) – ⊙ **(OB)** (teenstander biljartbal) – ● **(OB)** (rooi bal)

A: Groep 1

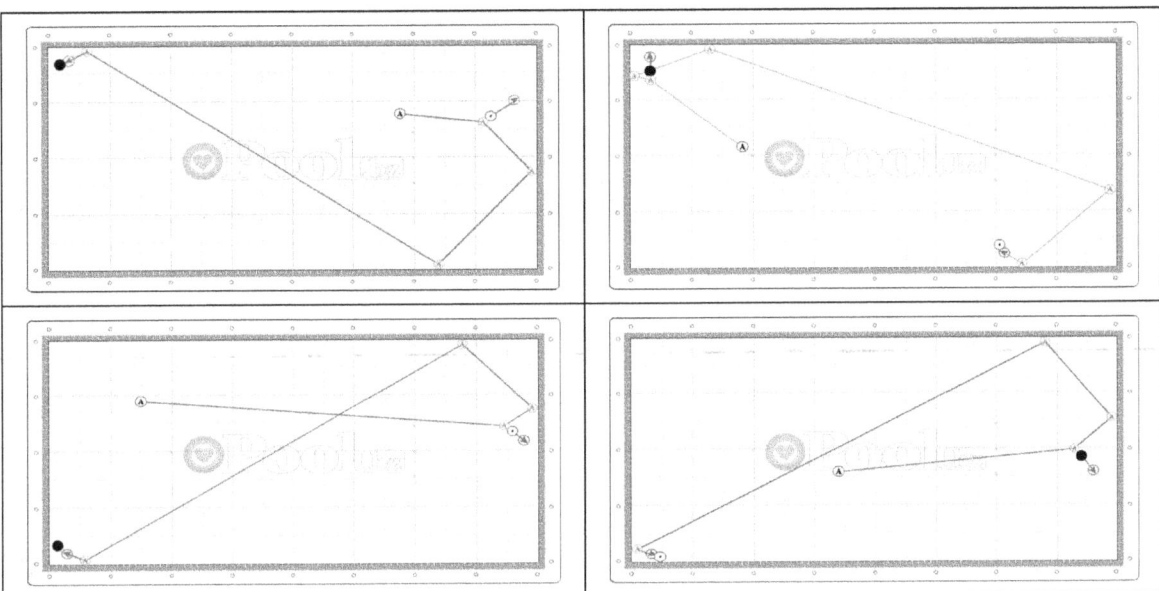

Analise:

A:1a. _____

A:1b. _____

A:1c. _____

A:1d. _____

A:1a – Opstelling

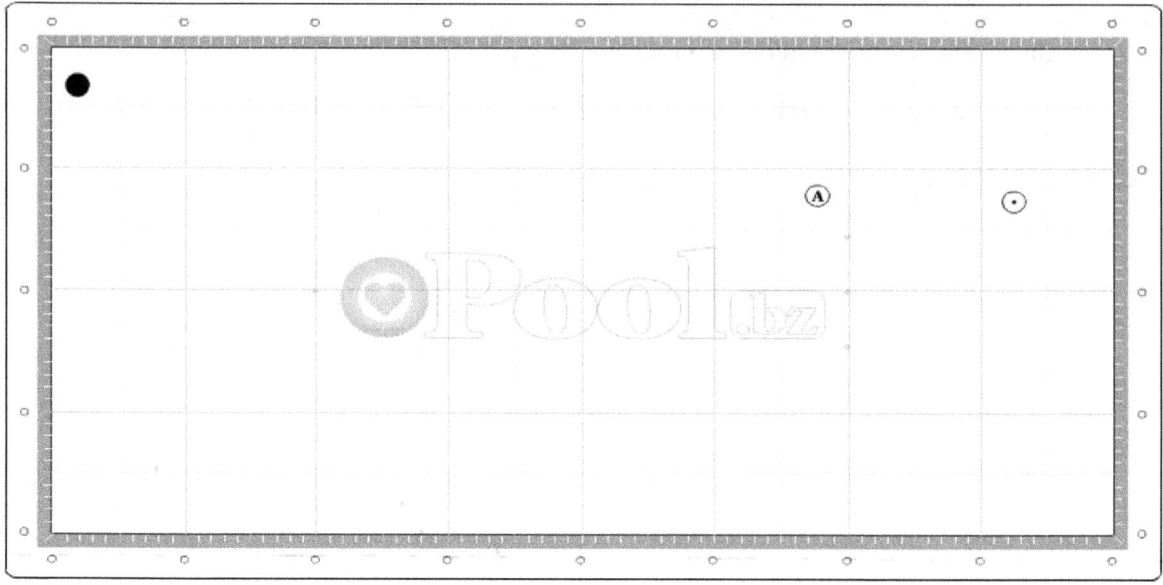

NOTAS VIR JOU IDEES:

Tabelpatroon

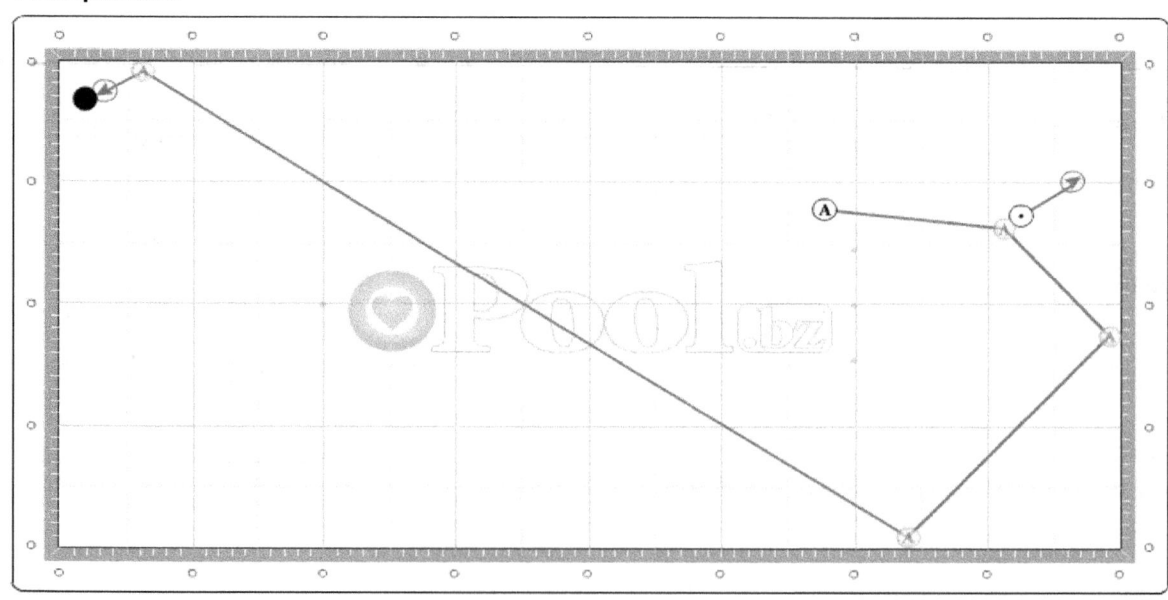

A:1b – Opstelling

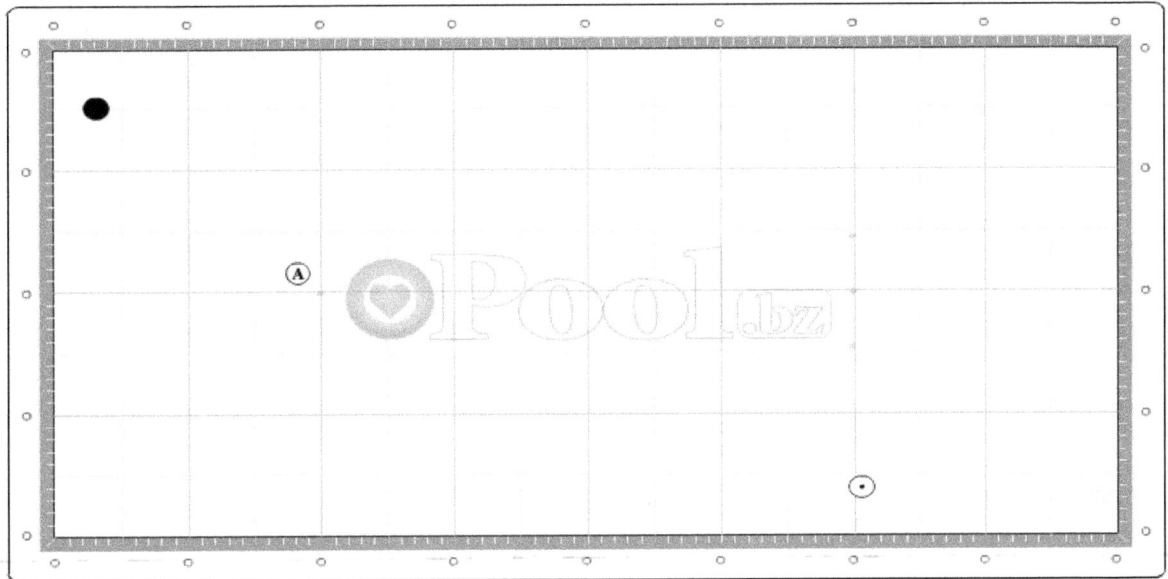

NOTAS VIR JOU IDEES:

Tabelpatroon

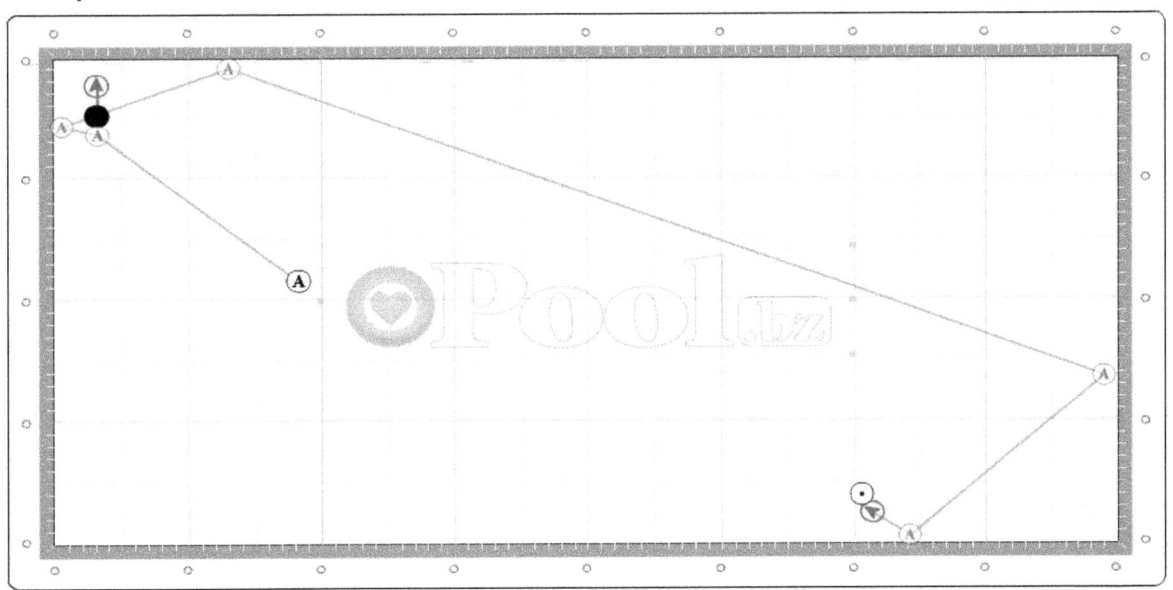

A:1c – Opstelling

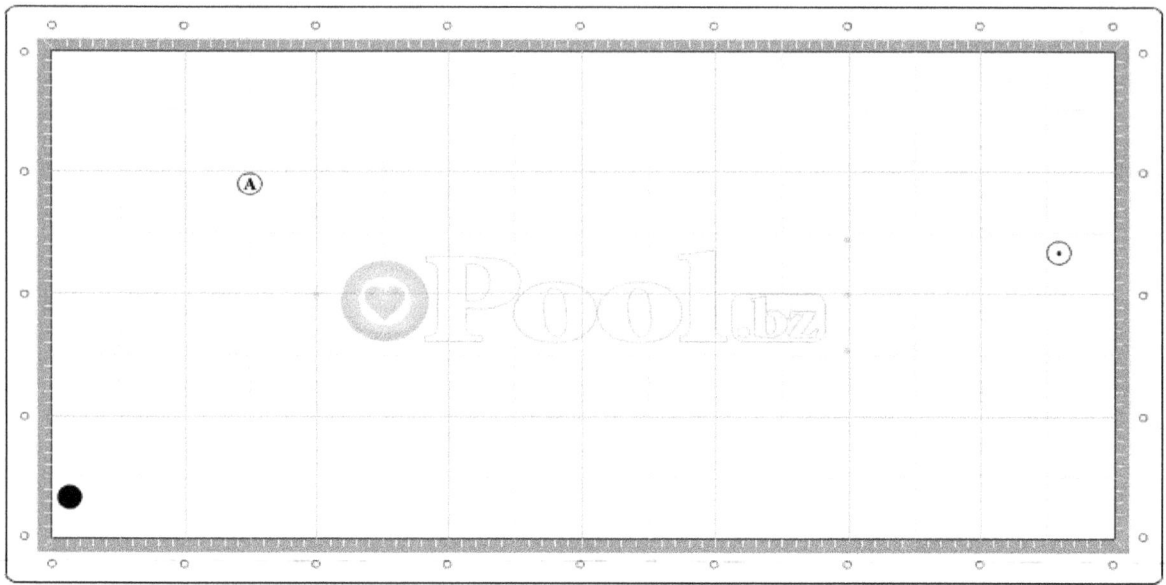

NOTAS VIR JOU IDEES:

Tabelpatroon

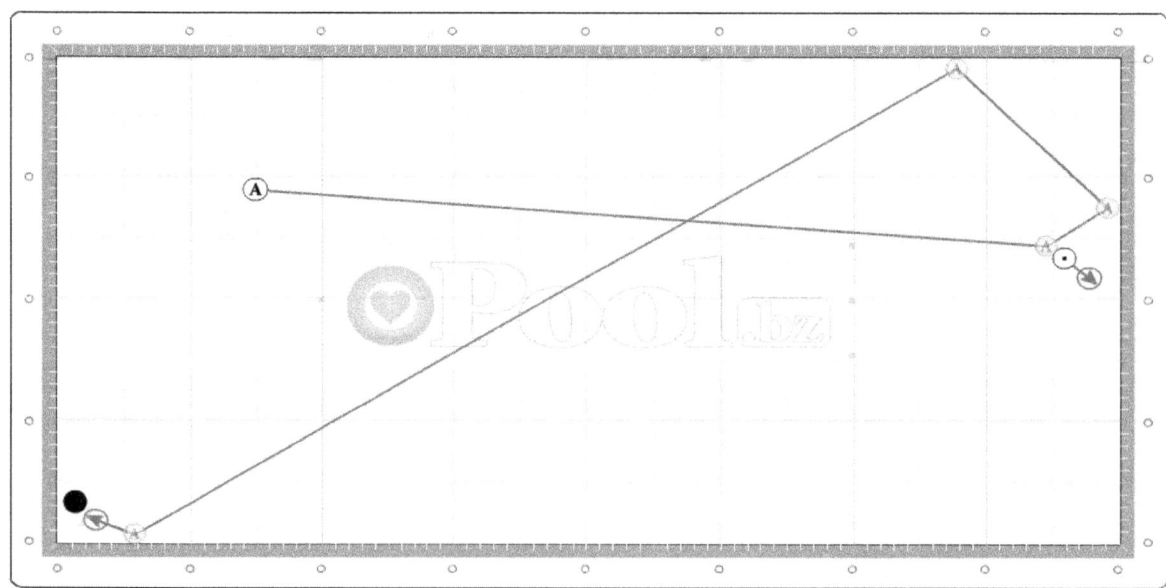

A:1d – Opstelling

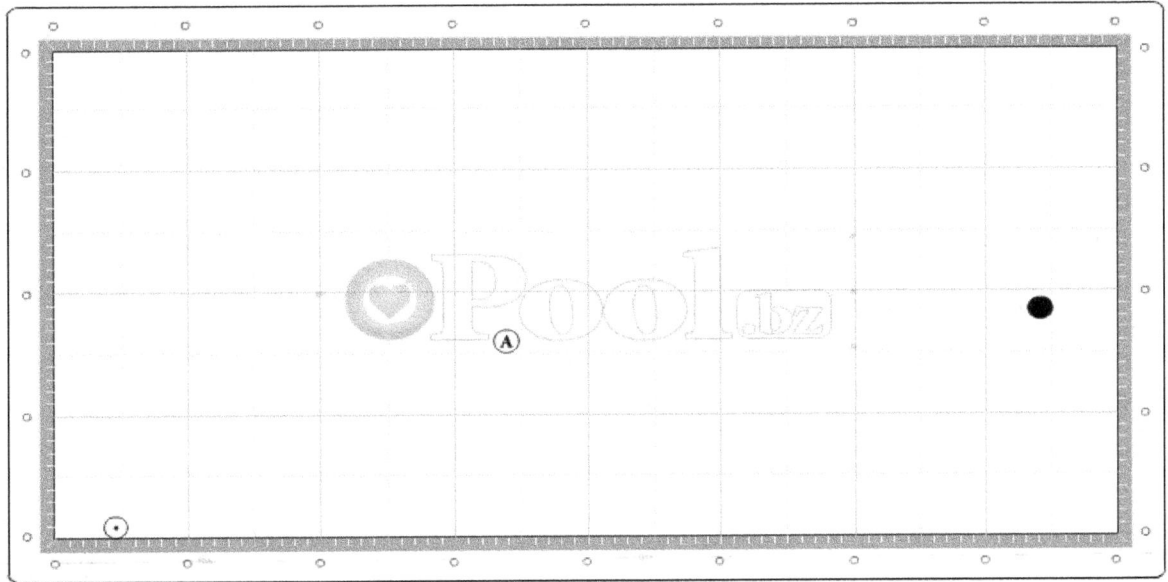

NOTAS VIR JOU IDEES:

Tabelpatroon

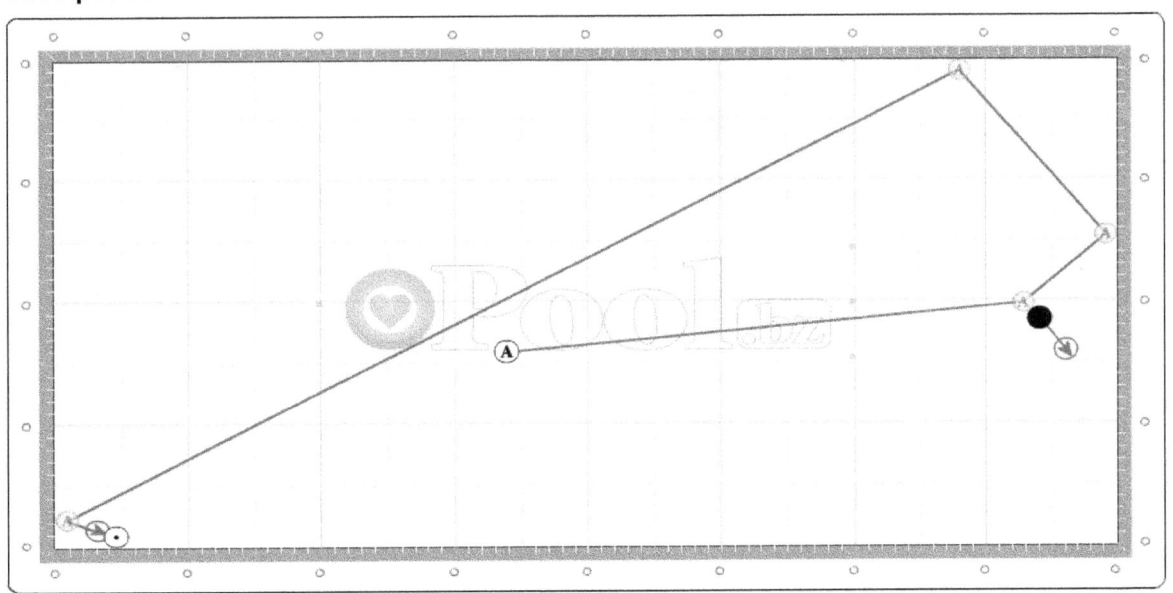

A: Groep 2

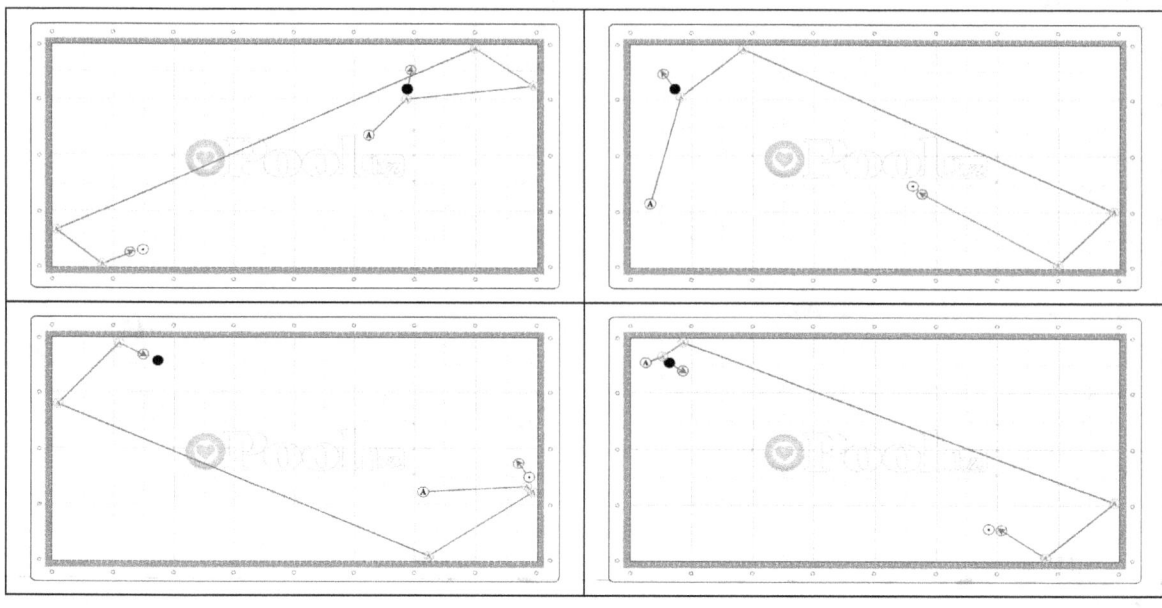

Analise:

A:2a. _____

A:2b. _____

A:2c. _____

A:2d. _____

A:2a – Opstelling

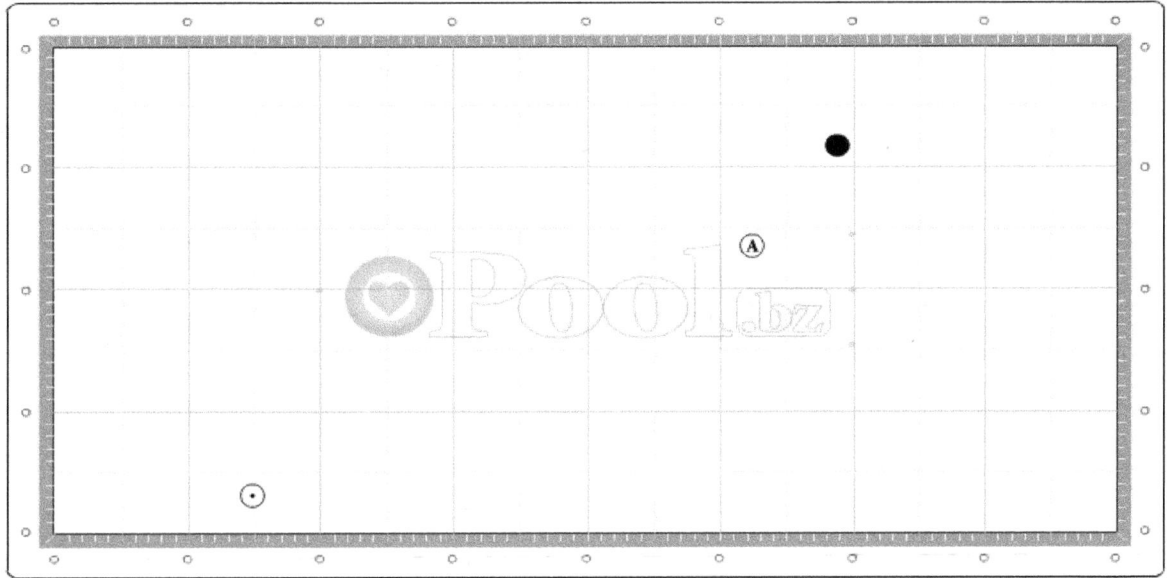

NOTAS VIR JOU IDEES:

Tabelpatroon

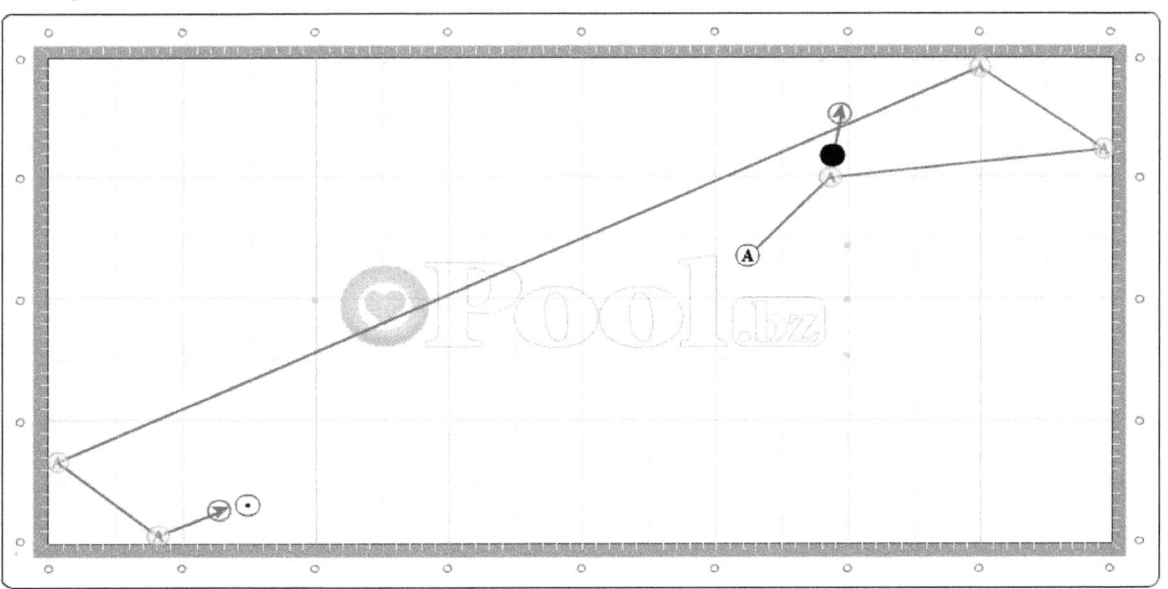

A:2b – Opstelling

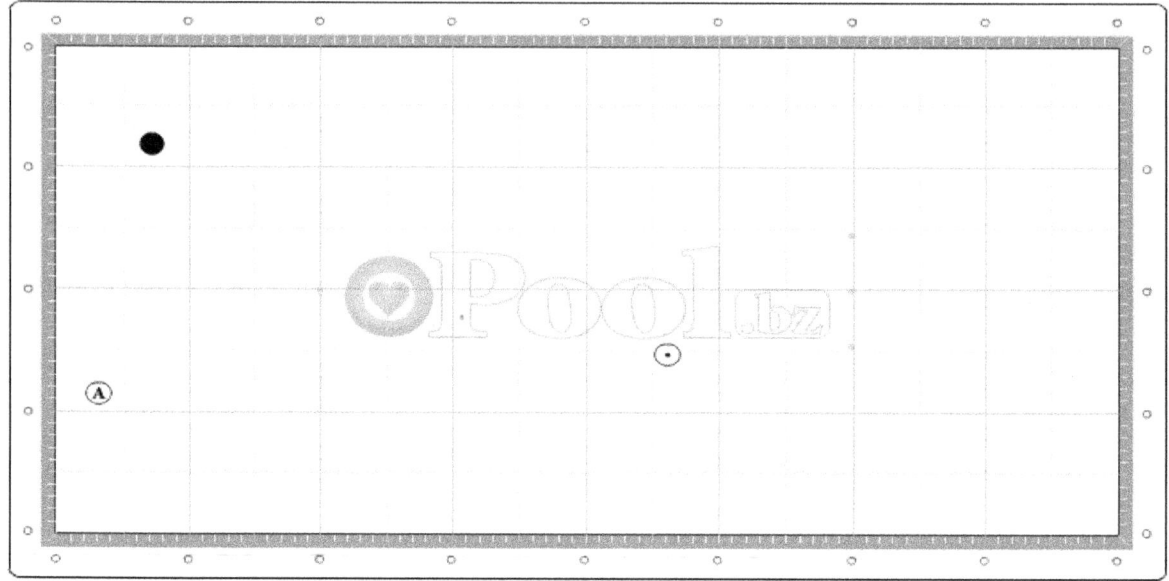

NOTAS VIR JOU IDEES:

Tabelpatroon

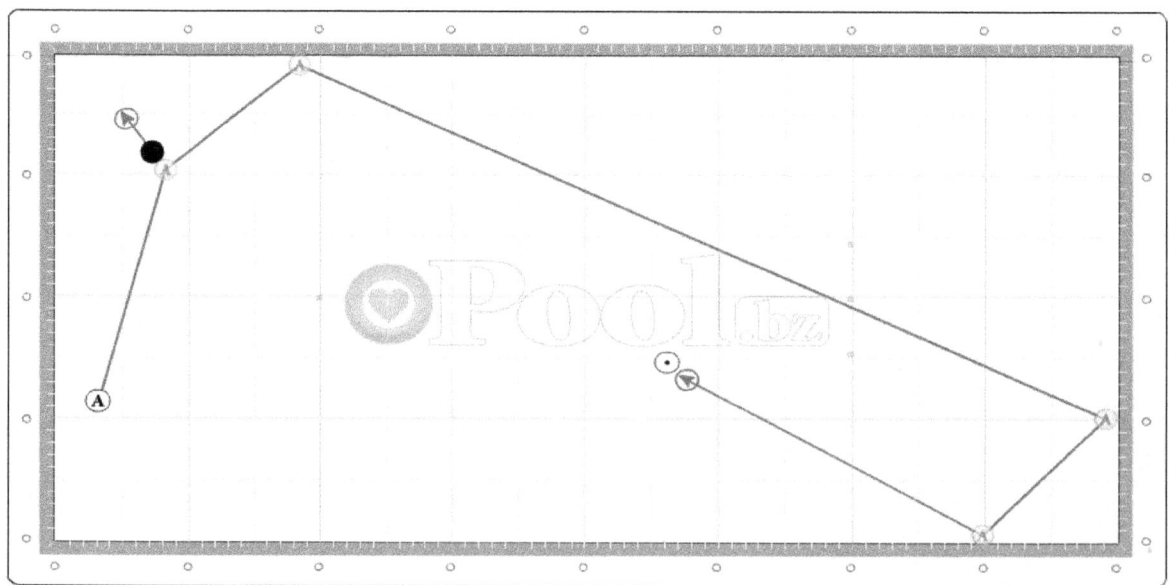

A:2c – Opstelling

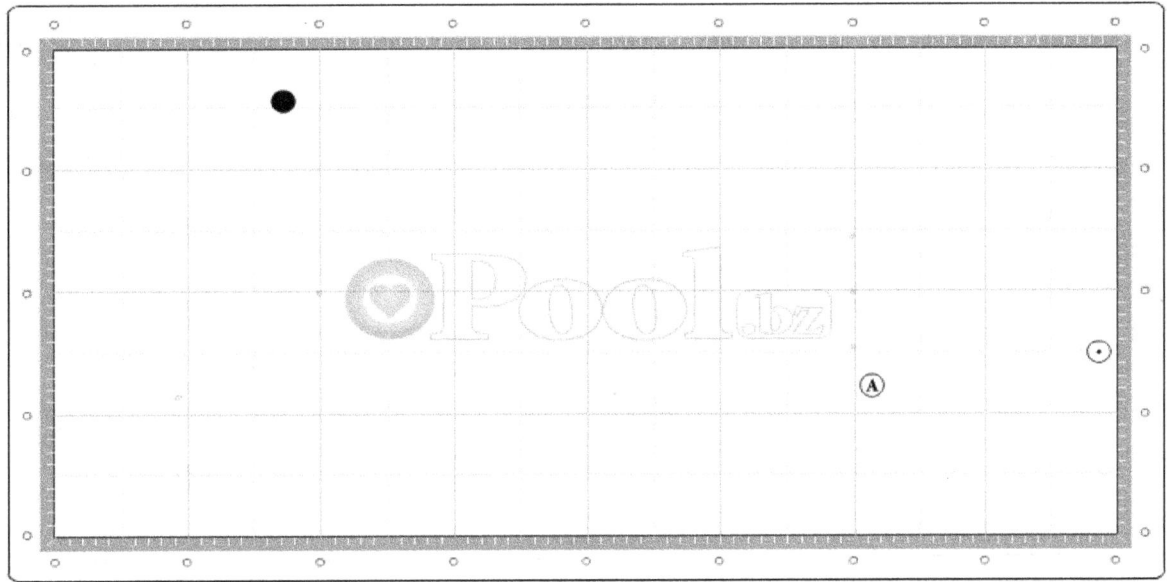

NOTAS VIR JOU IDEES:

Tabelpatroon

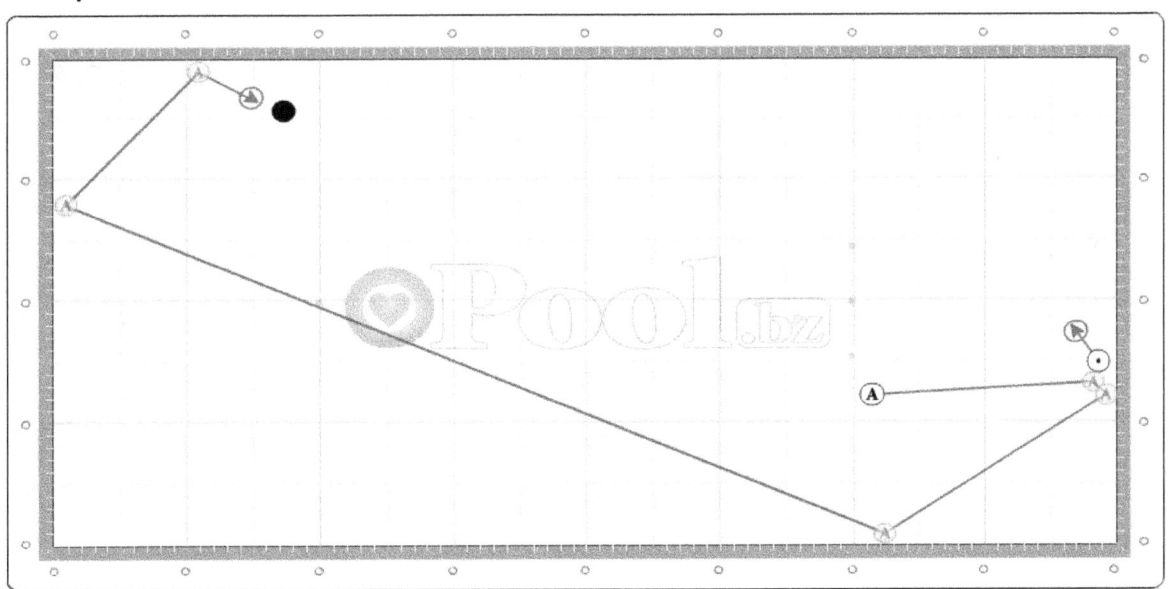

A:2d – Opstelling

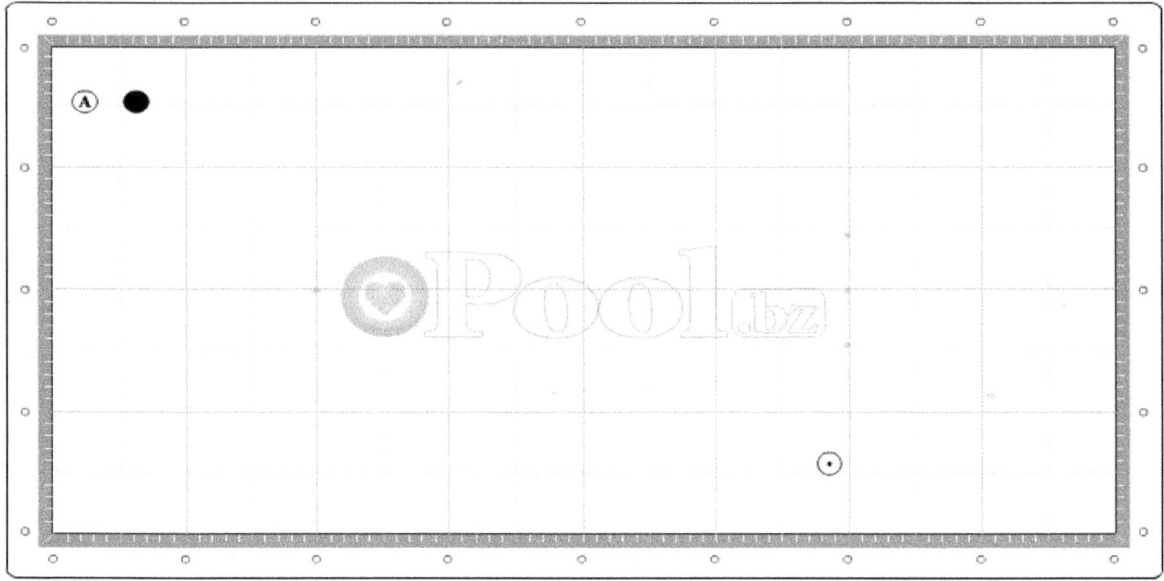

NOTAS VIR JOU IDEES:

Tabelpatroon

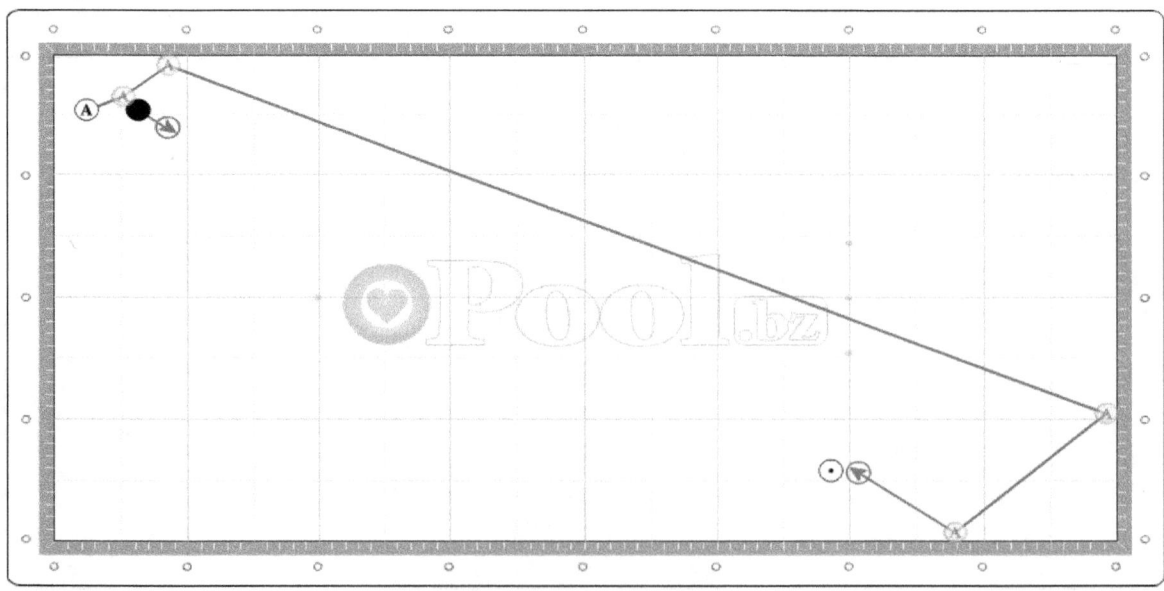

A: Groep 3

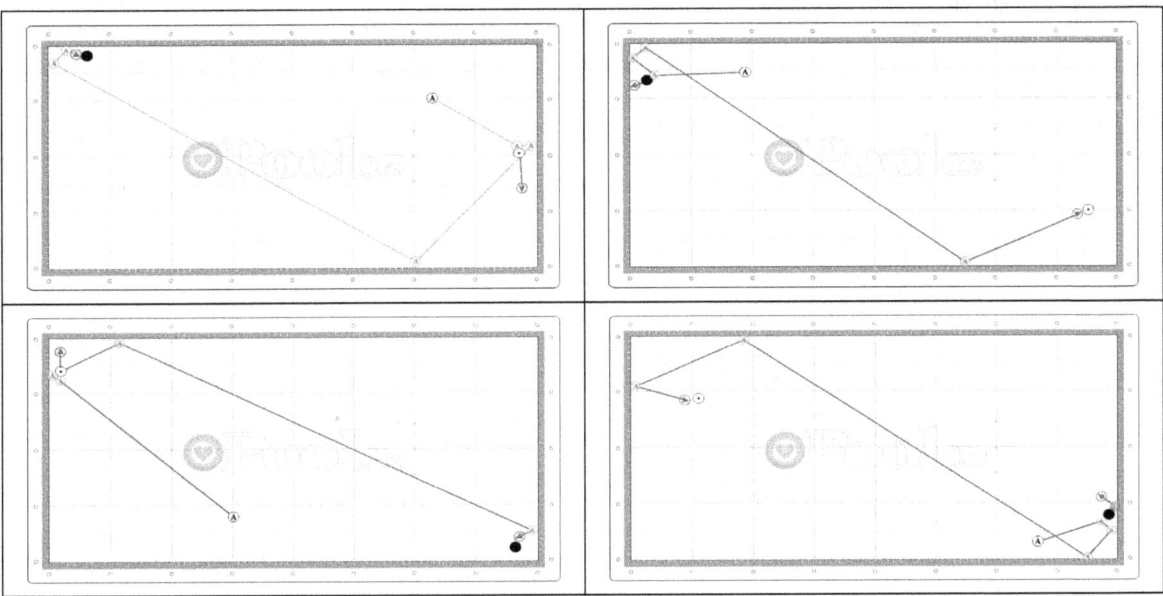

Analise:

A:3a. _____

A:3b. _____

A:3c. _____

A:3d. _____

A:3a – Opstelling

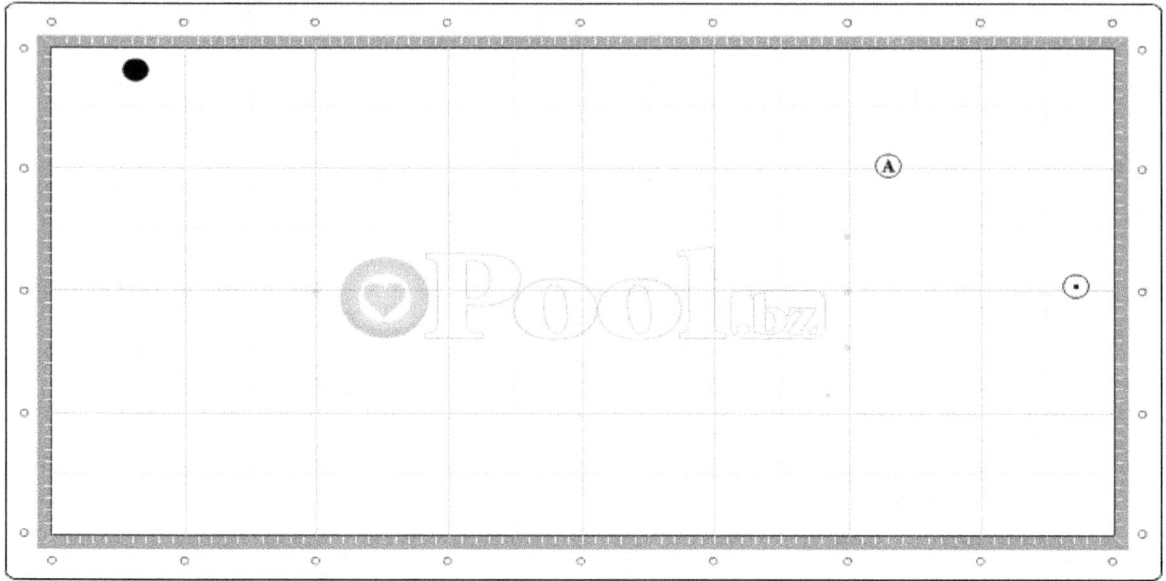

NOTAS VIR JOU IDEES:

Tabelpatroon

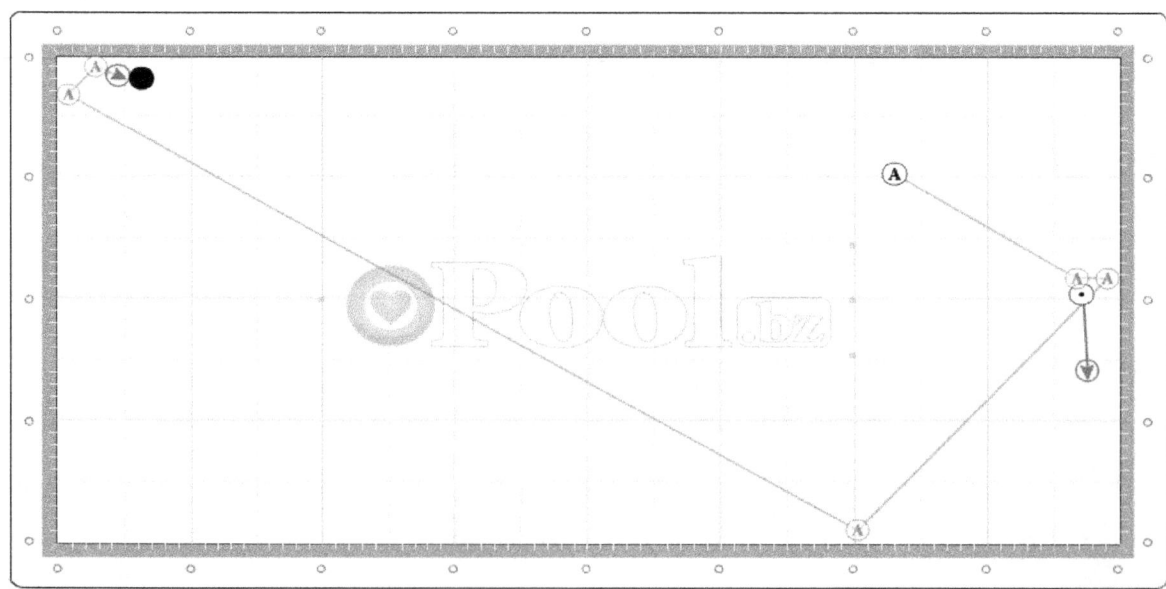

A:3b – Opstelling

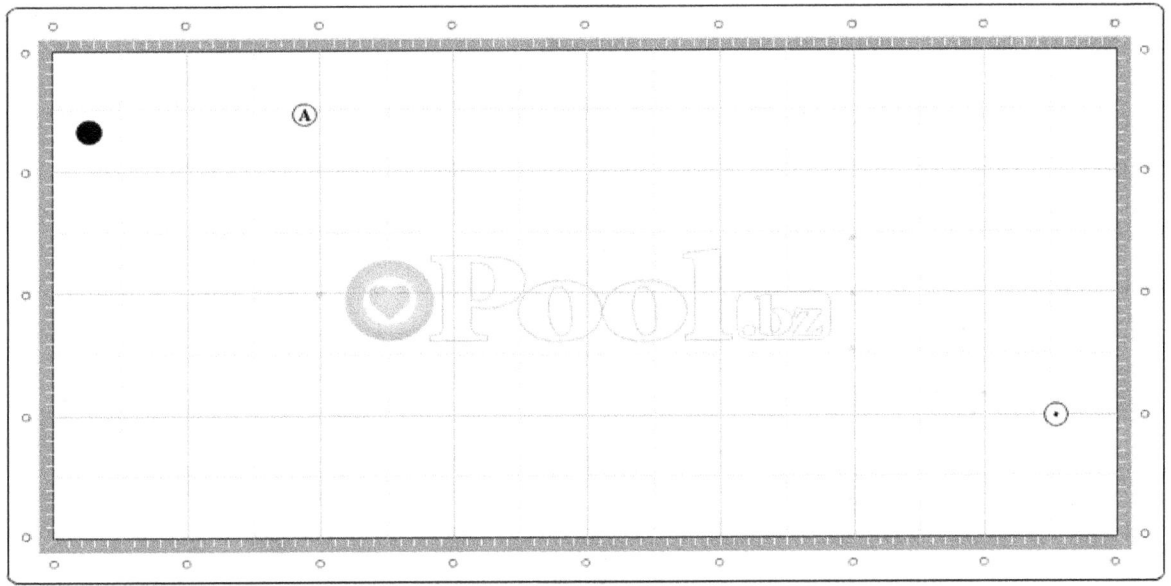

NOTAS VIR JOU IDEES:

Tabelpatroon

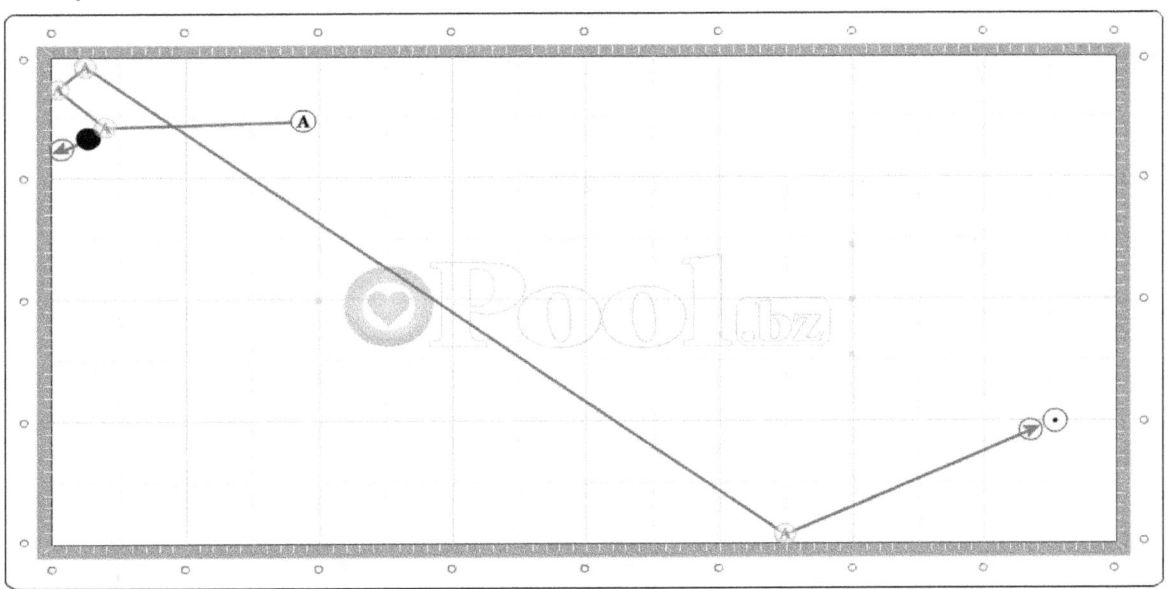

A:3c – Opstelling

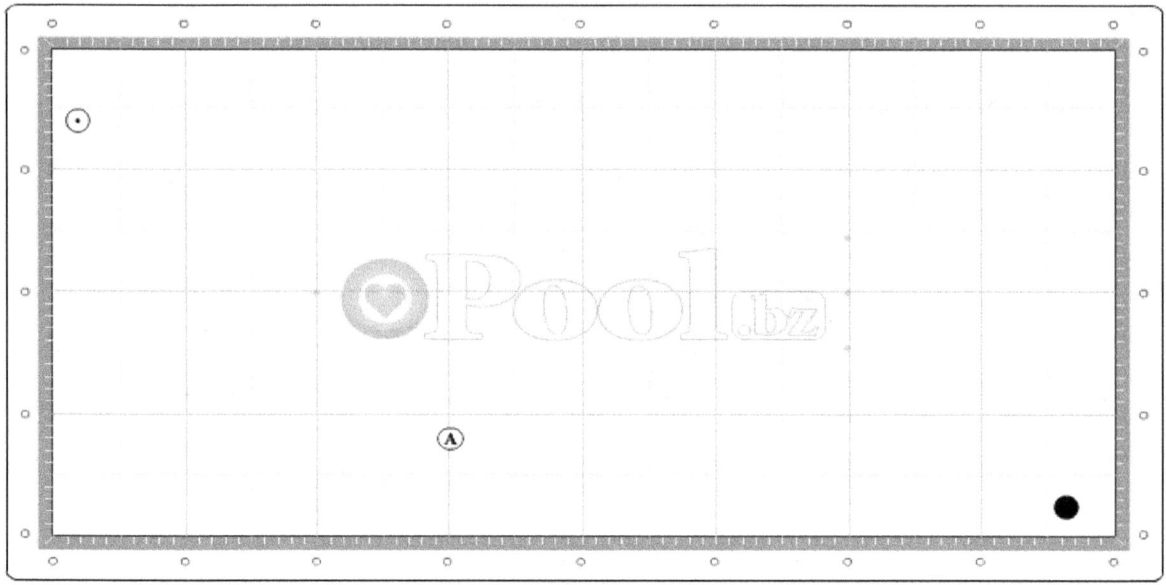

NOTAS VIR JOU IDEES:

Tabelpatroon

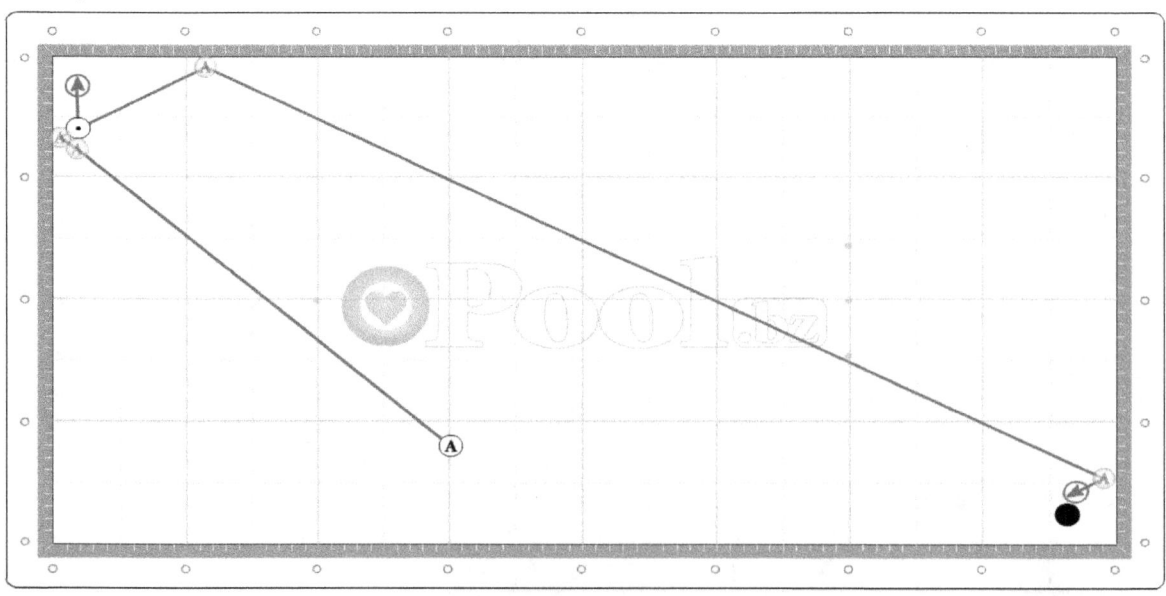

A:3d – Opstelling

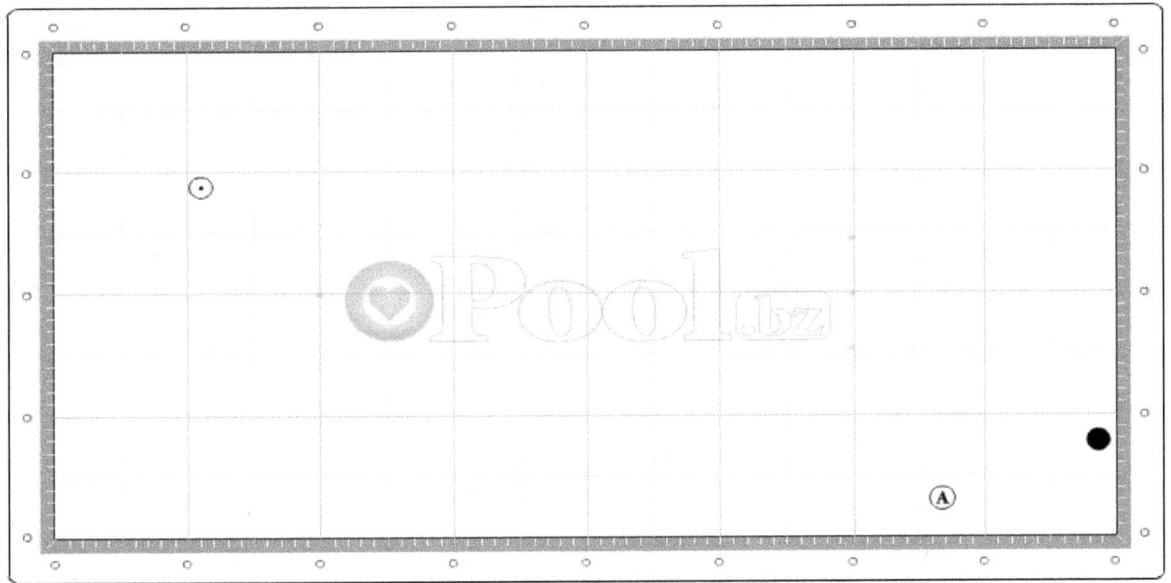

NOTAS VIR JOU IDEES:

Tabelpatroon

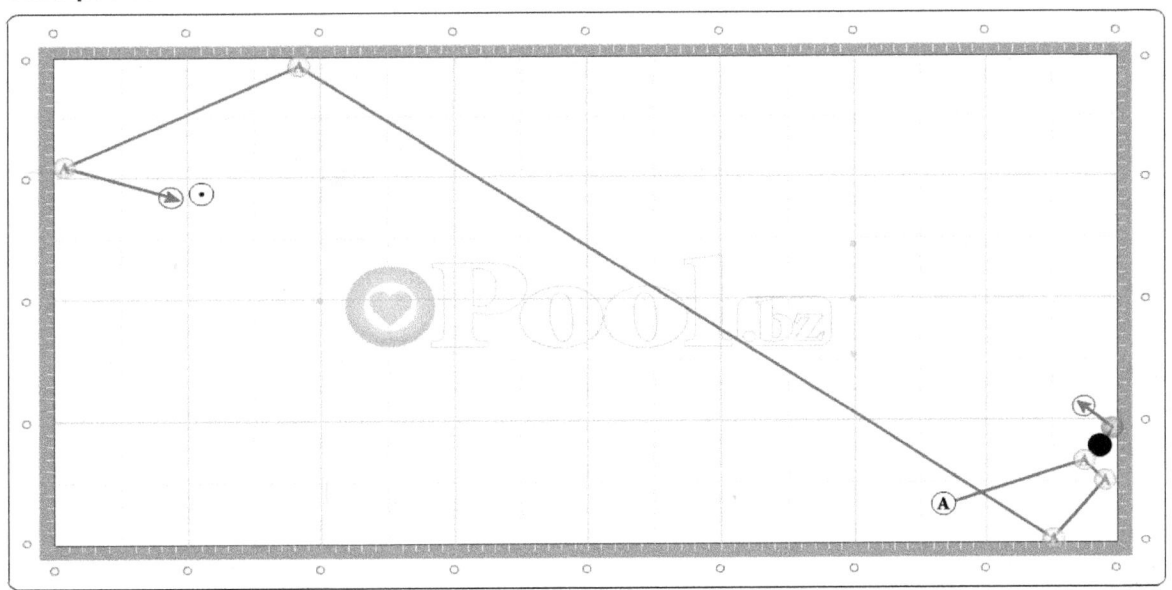

A: Groep 4

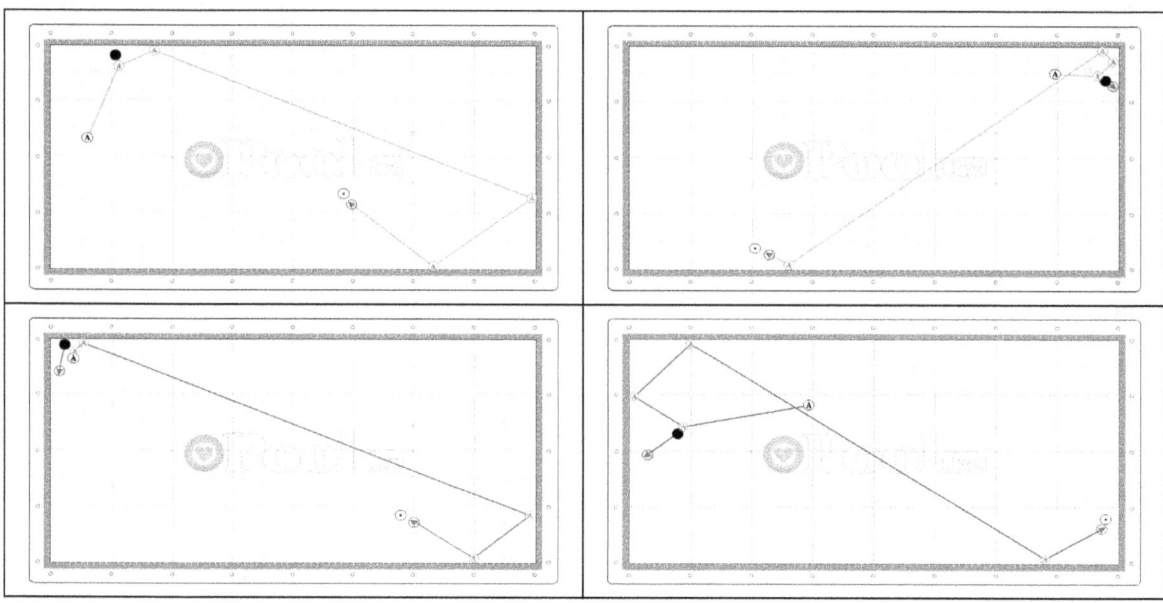

Analise:

A:4a. _____

A:4b. _____

A:4c. _____

A:4d. _____

A:4a – Opstelling

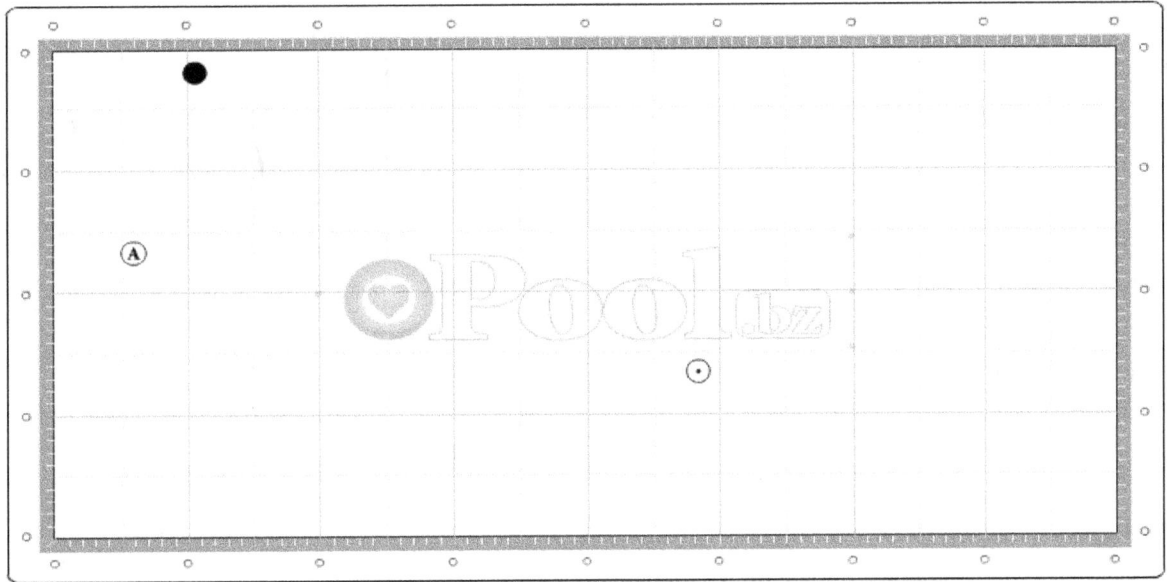

NOTAS VIR JOU IDEES:

Tabelpatroon

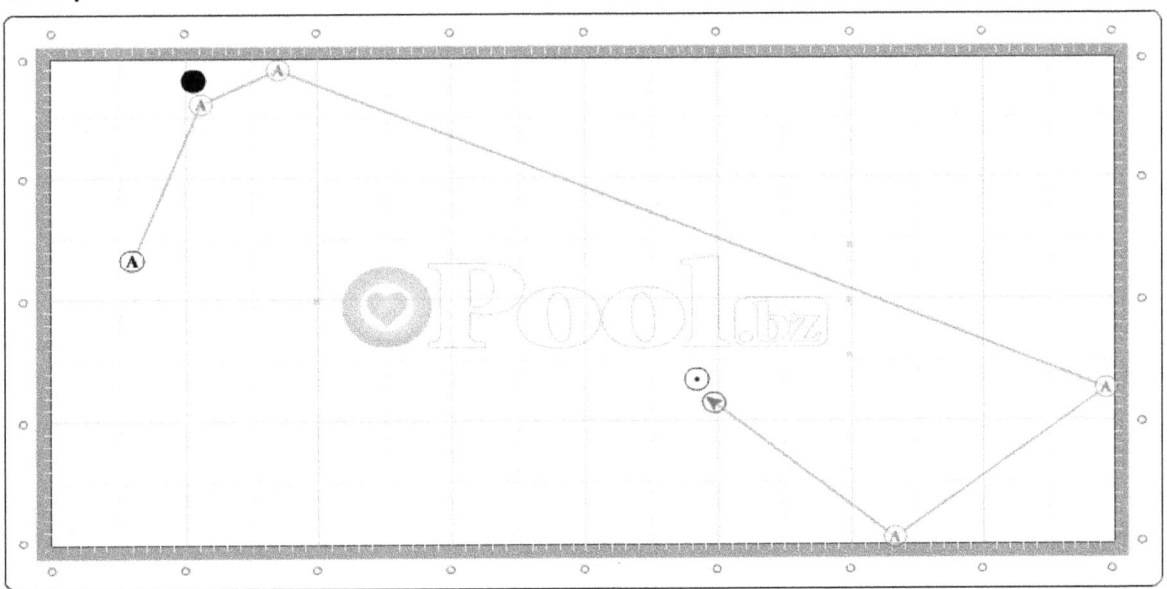

A:4b – Opstelling

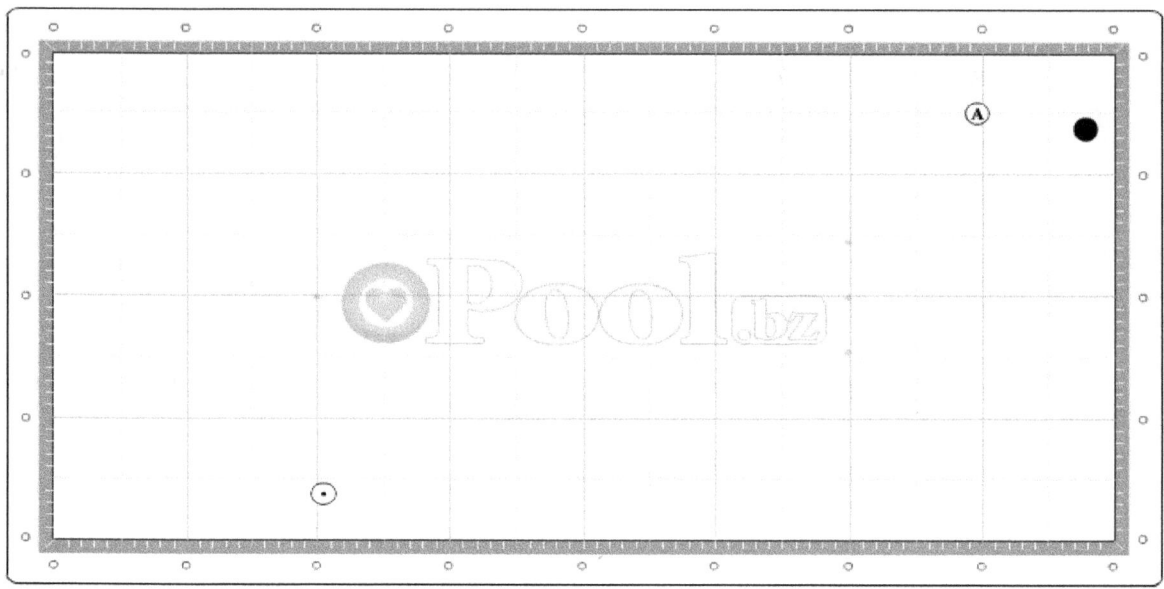

NOTAS VIR JOU IDEES:

Tabelpatroon

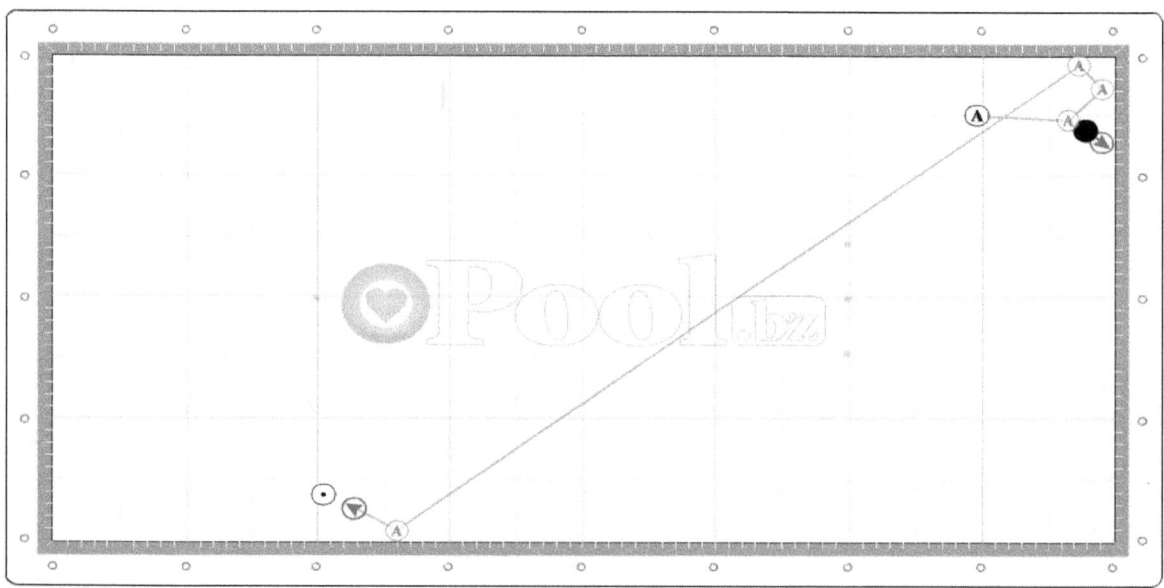

A:4c – Opstelling

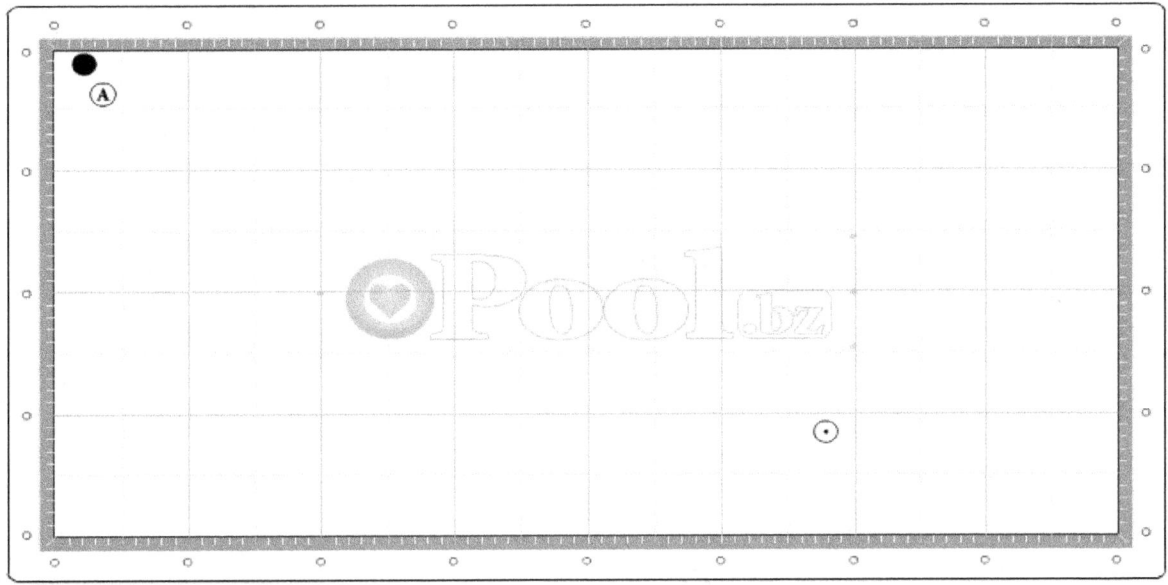

NOTAS VIR JOU IDEES:

Tabelpatroon

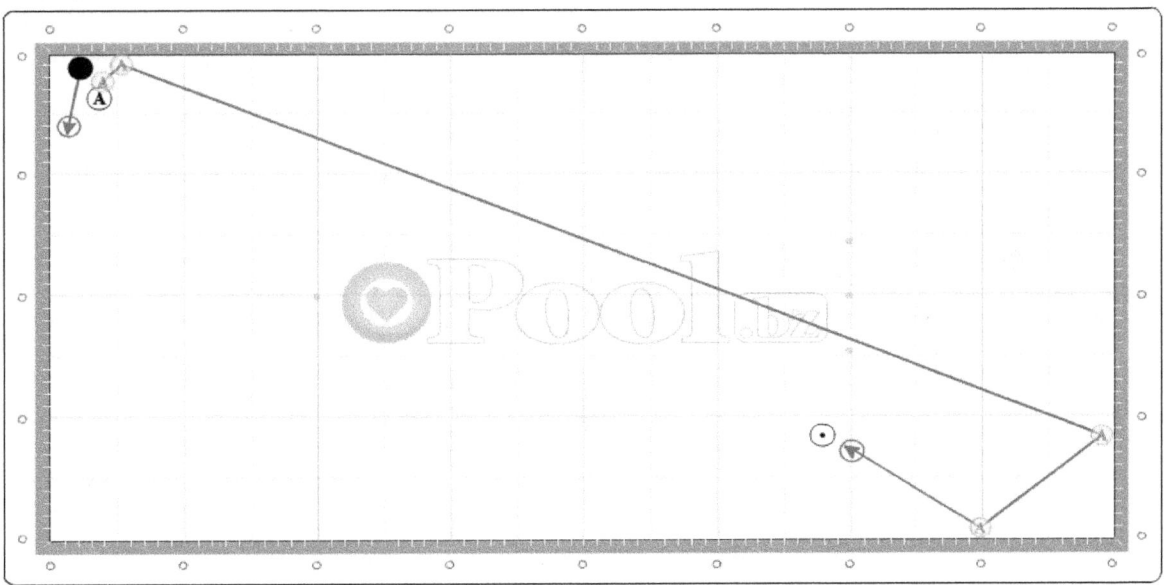

A:4d – Opstelling

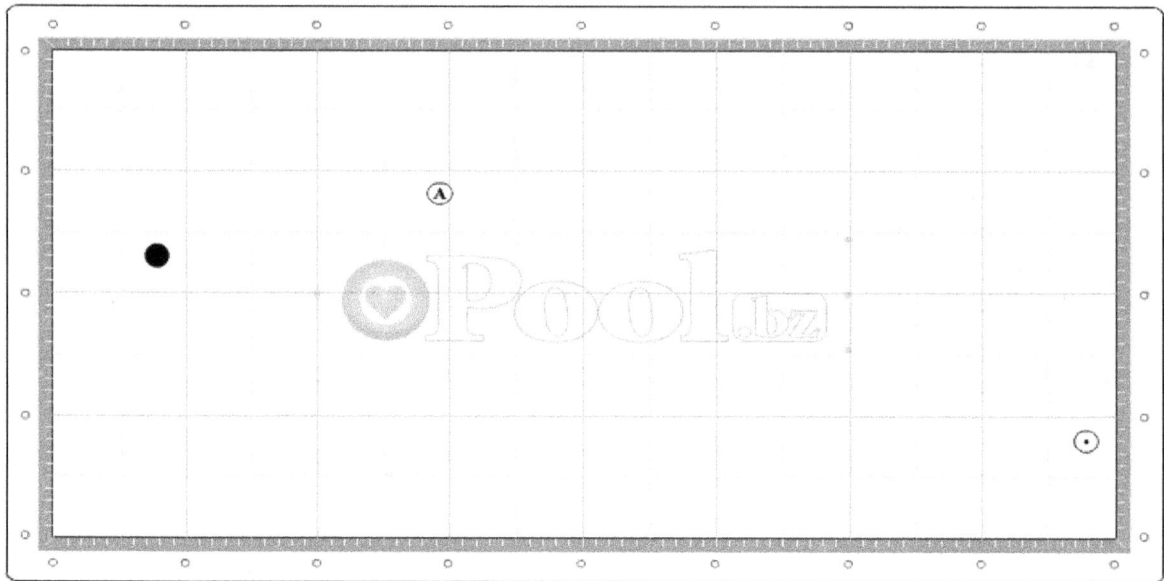

NOTAS VIR JOU IDEES:

Tabelpatroon

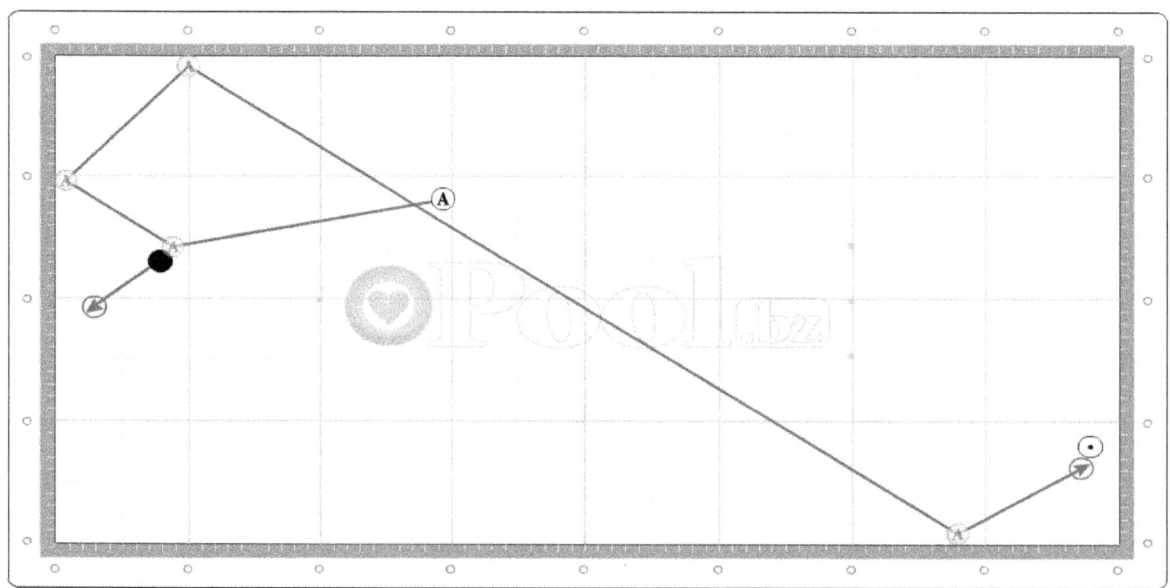

Driebanden biljart: Hoek tot hoek diagonale patrone

A: Groep 5

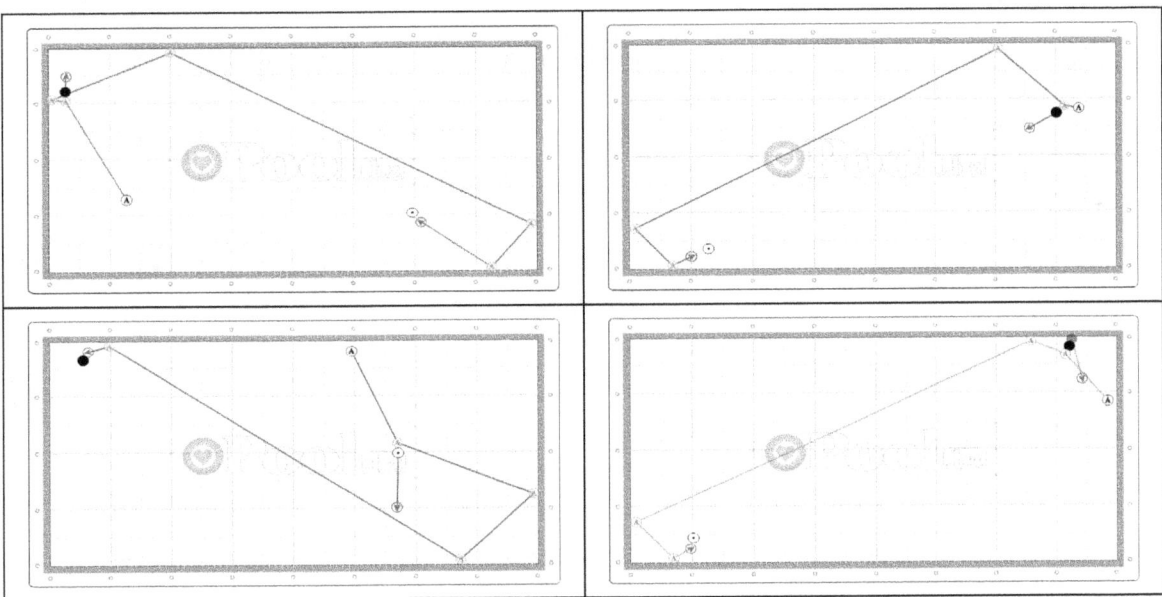

Analise:

A:5a. _____

A:5b. _____

A:5c. _____

A:5d. _____

A:5a – Opstelling

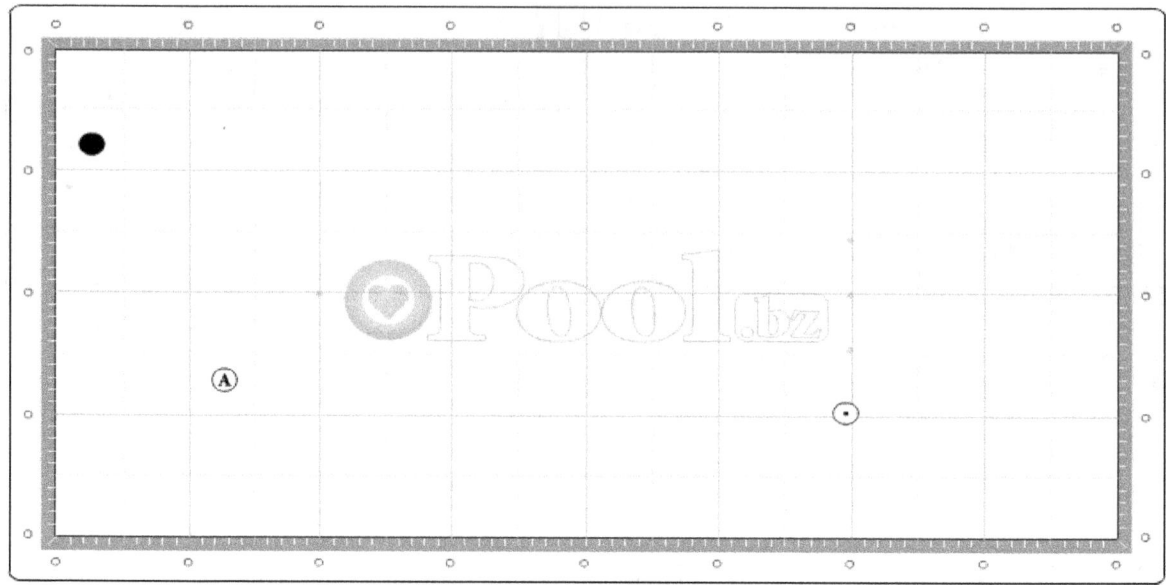

NOTAS VIR JOU IDEES:

Tabelpatroon

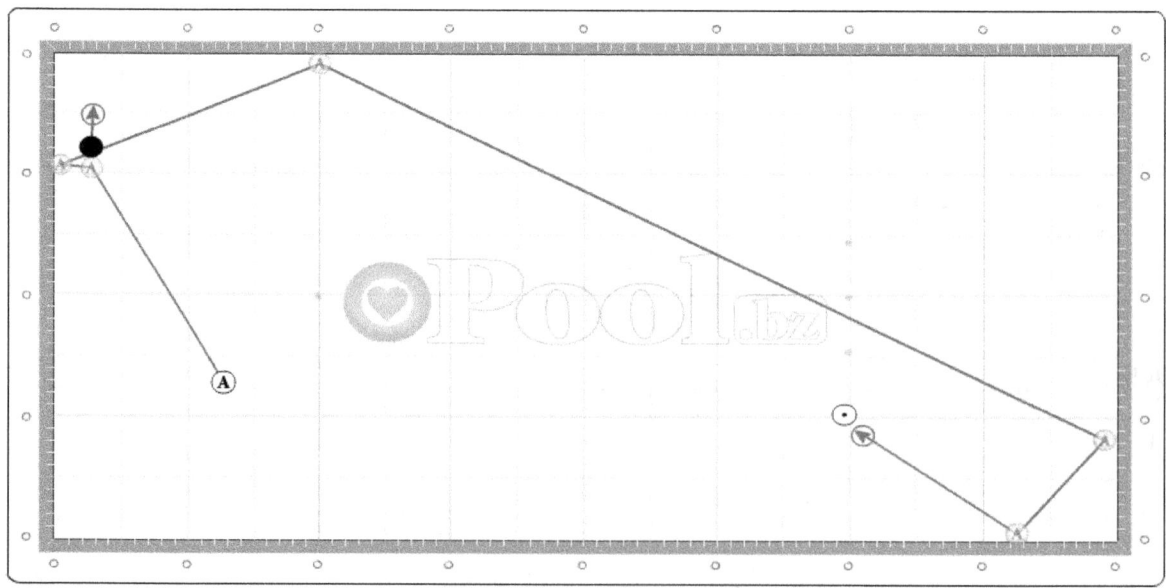

A:5b – Opstelling

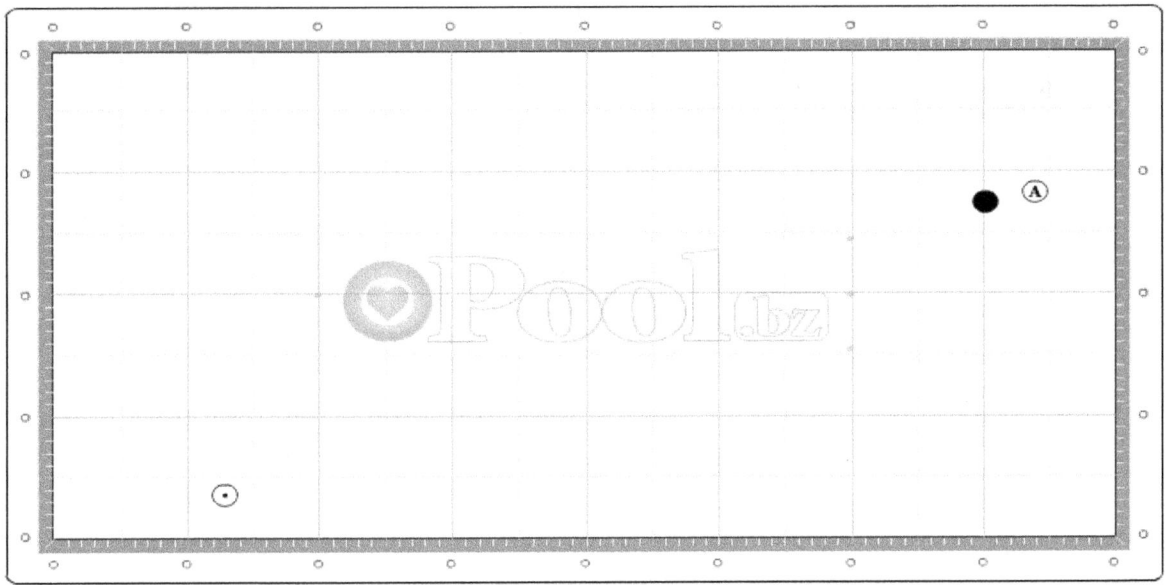

NOTAS VIR JOU IDEES:

Tabelpatroon

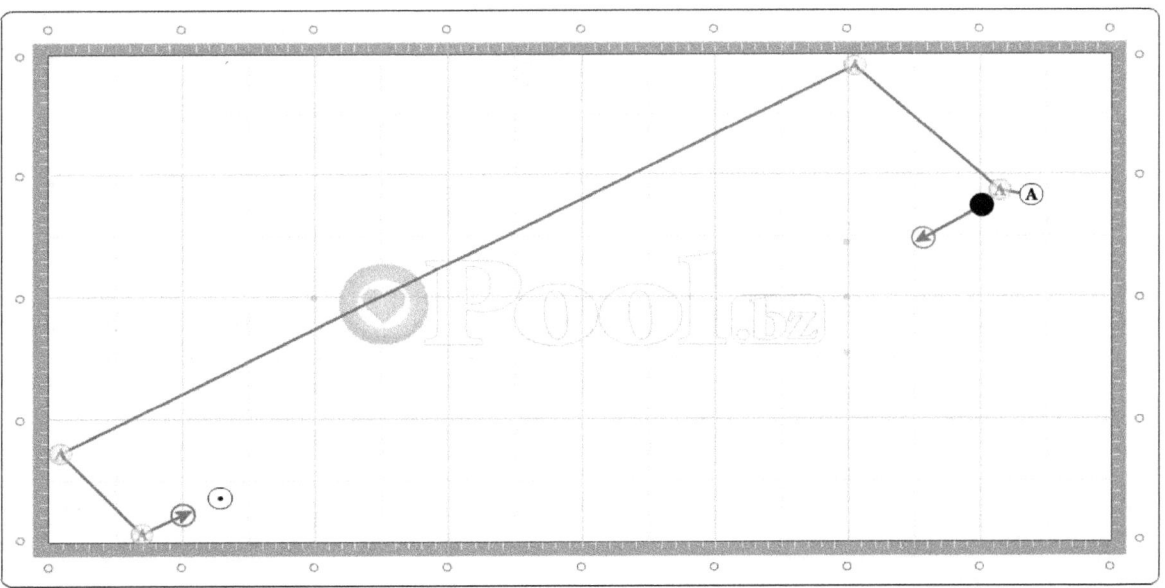

A:5c – Opstelling

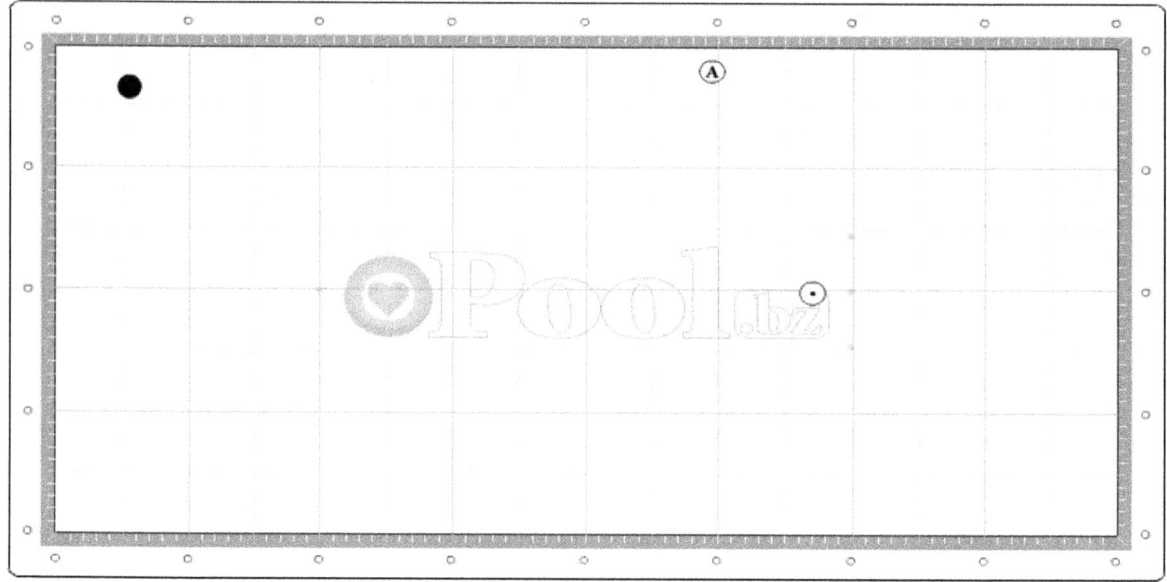

NOTAS VIR JOU IDEES:

Tabelpatroon

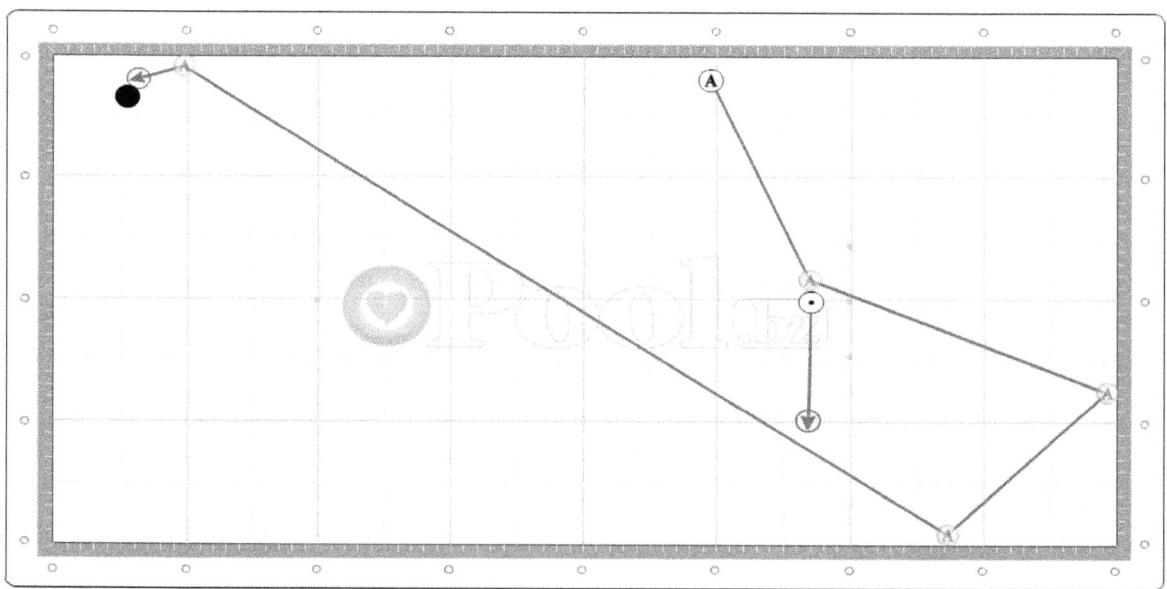

Driebanden biljart: Hoek tot hoek diagonale patrone

A:5d – Opstelling

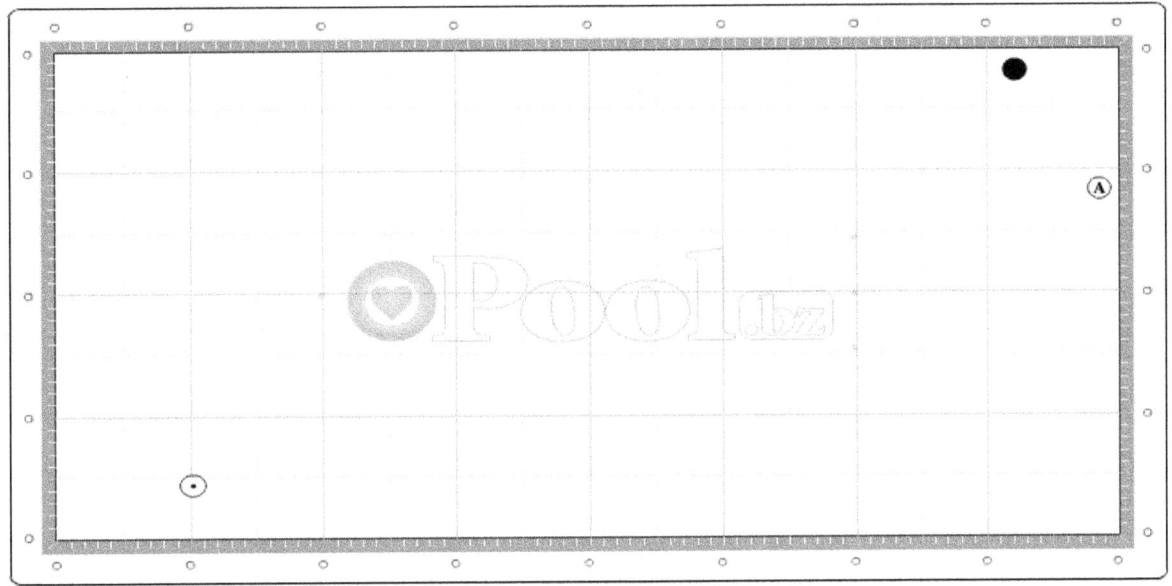

NOTAS VIR JOU IDEES:

Tabelpatroon

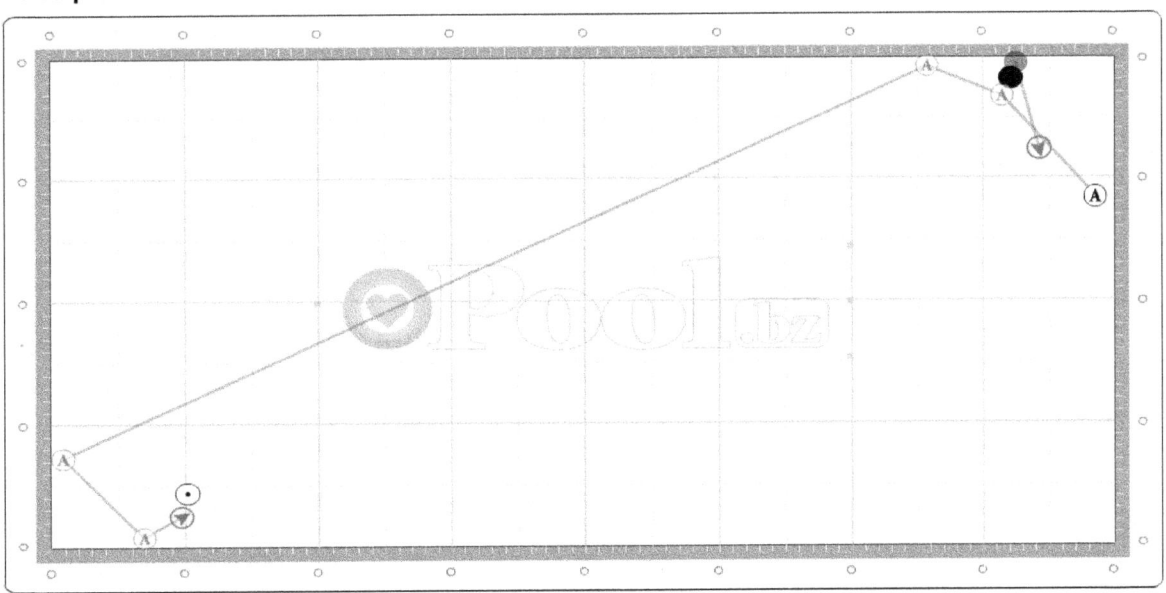

A: Groep 6

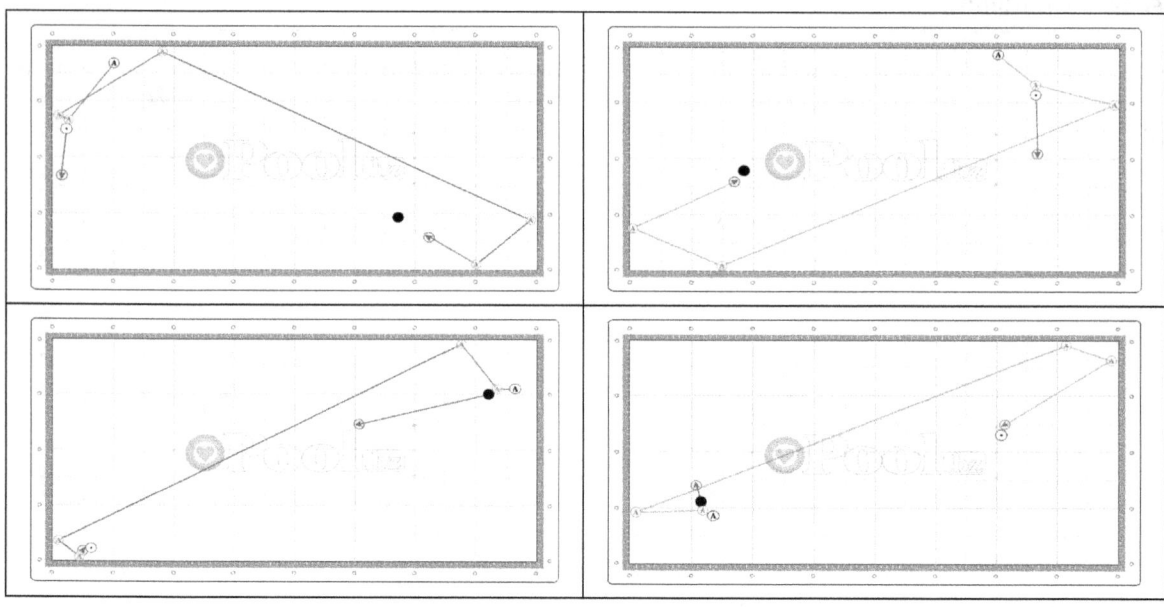

Analise:

A:6a. _____

A:6b. _____

A:6c. _____

A:6d. _____

A:6a – Opstelling

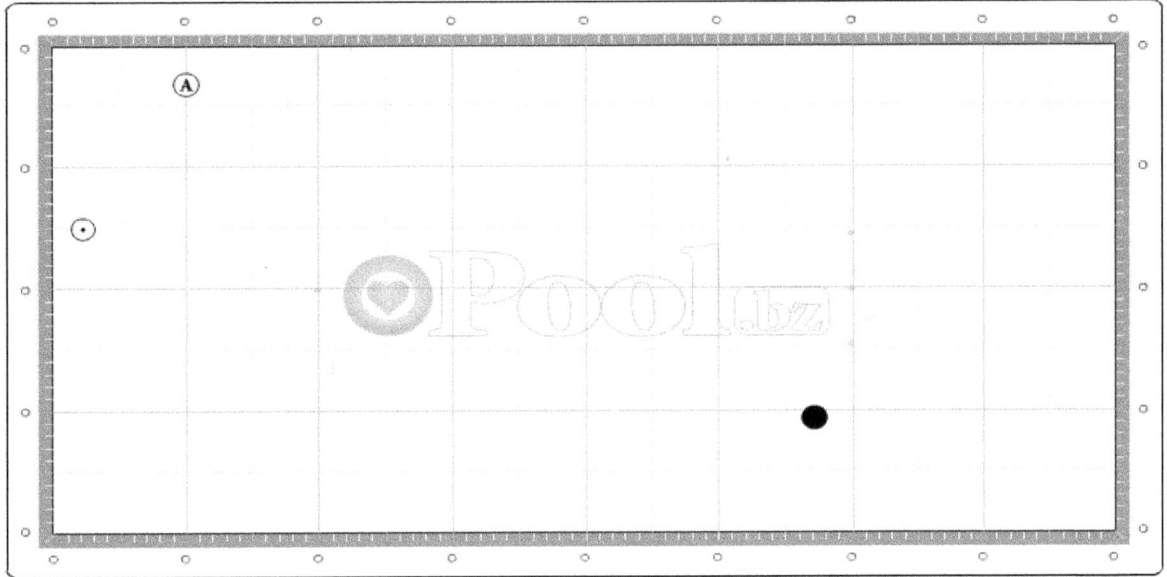

NOTAS VIR JOU IDEES:

Tabelpatroon

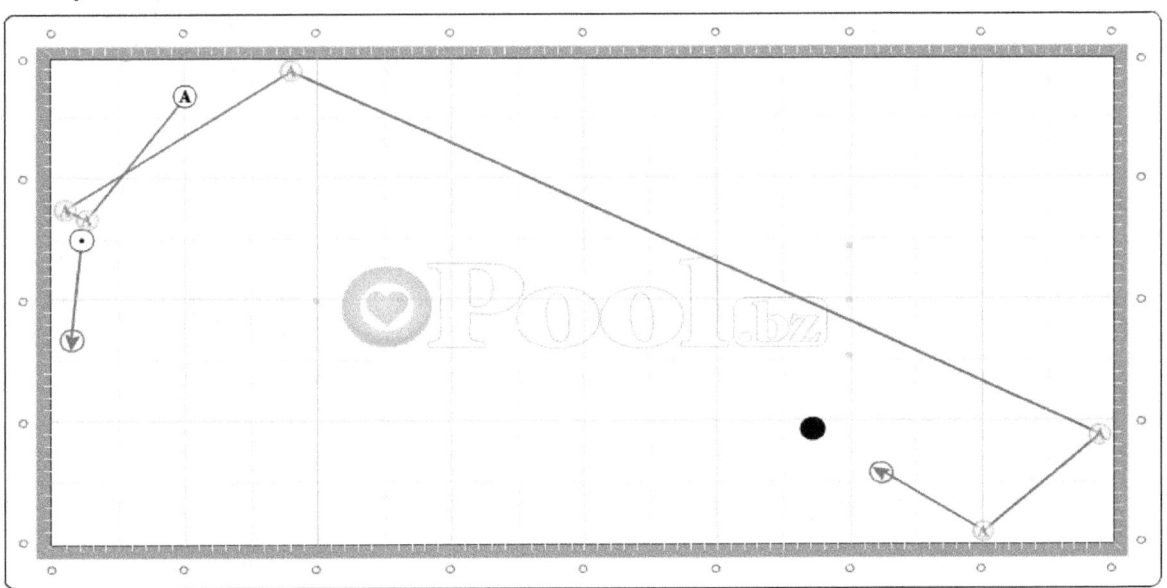

A:6b – Opstelling

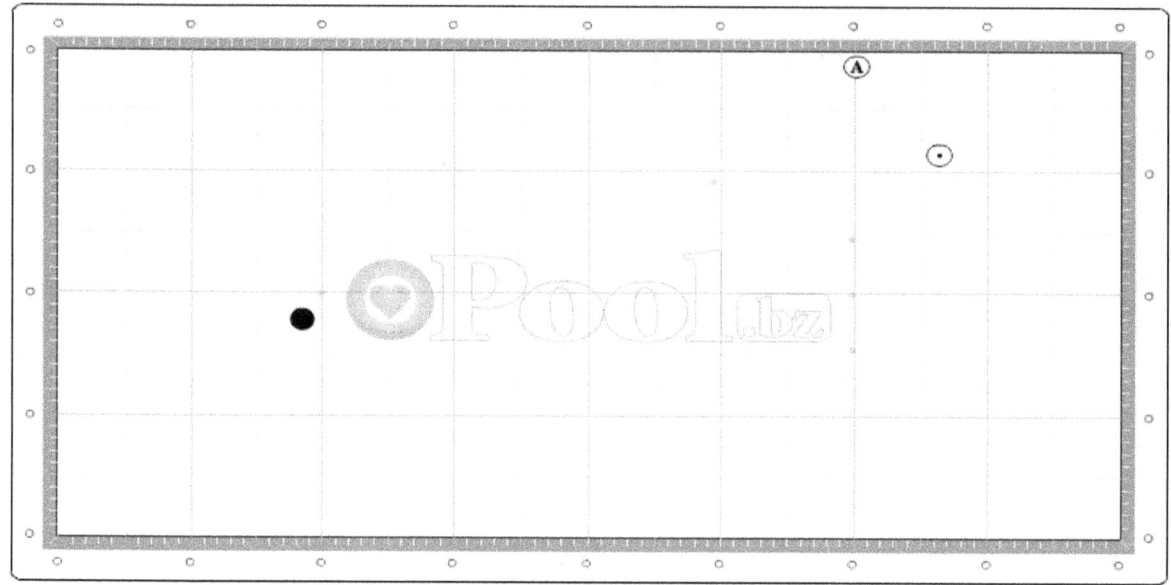

NOTAS VIR JOU IDEES:

Tabelpatroon

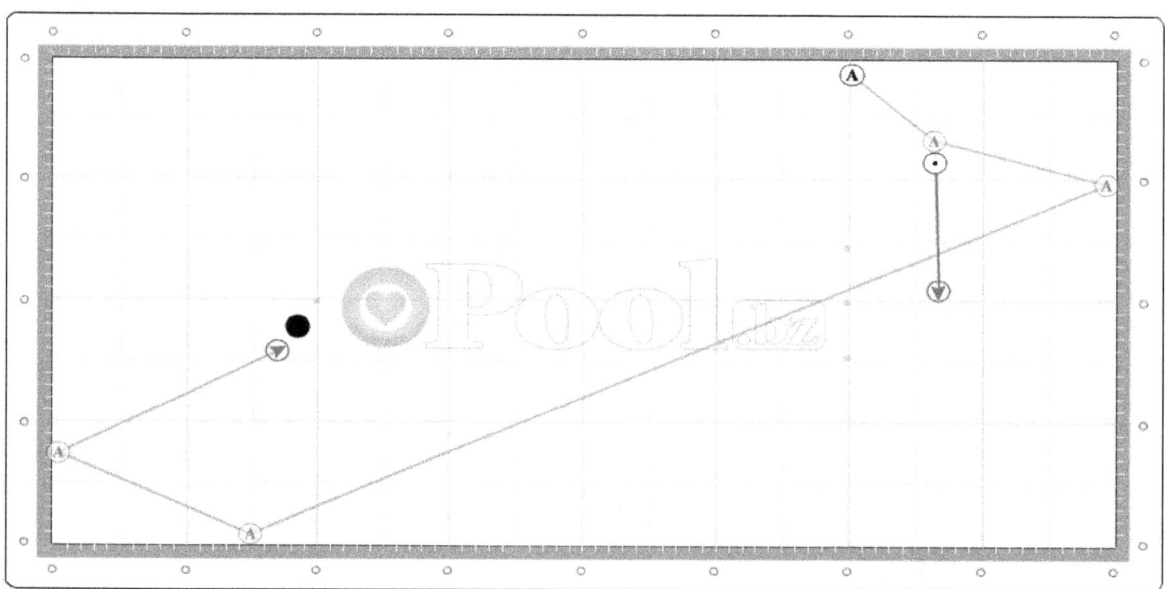

A:6c – Opstelling

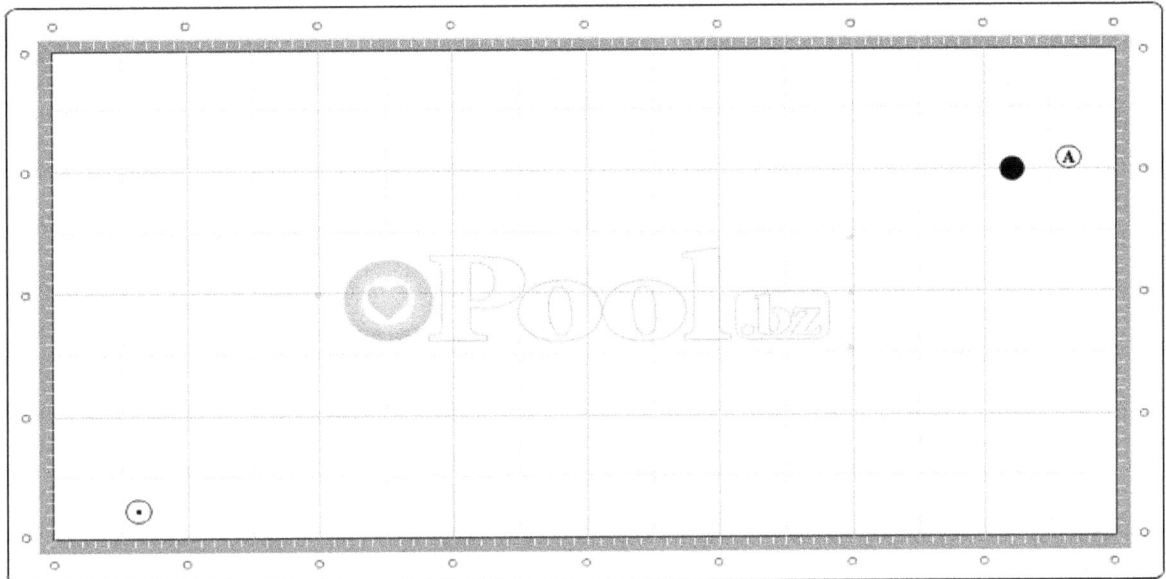

NOTAS VIR JOU IDEES:

Tabelpatroon

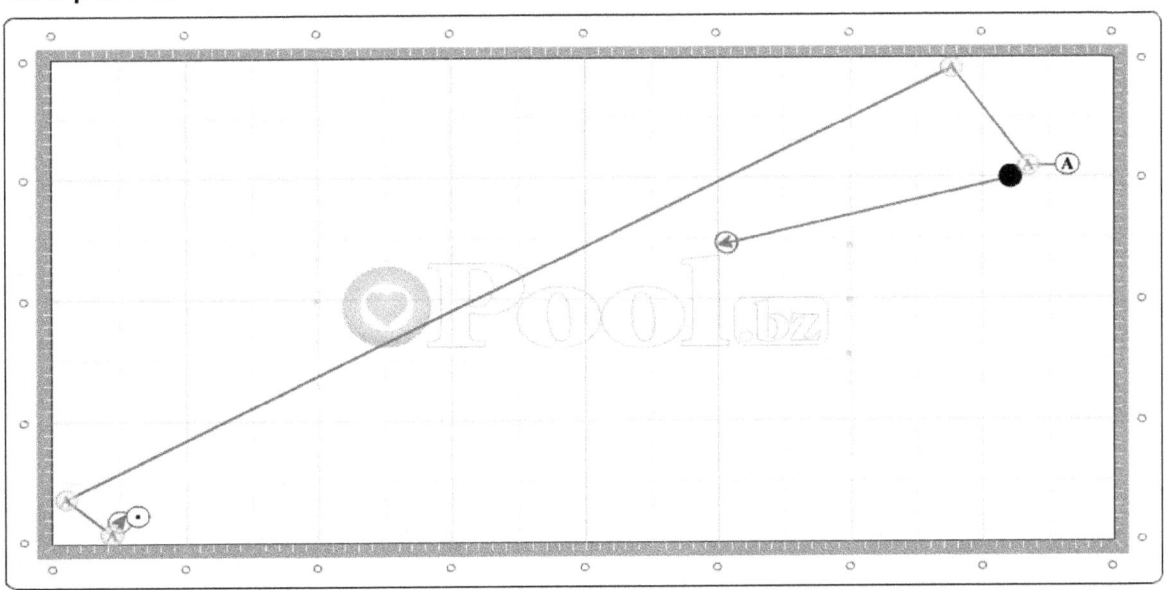

A:6d – Opstelling

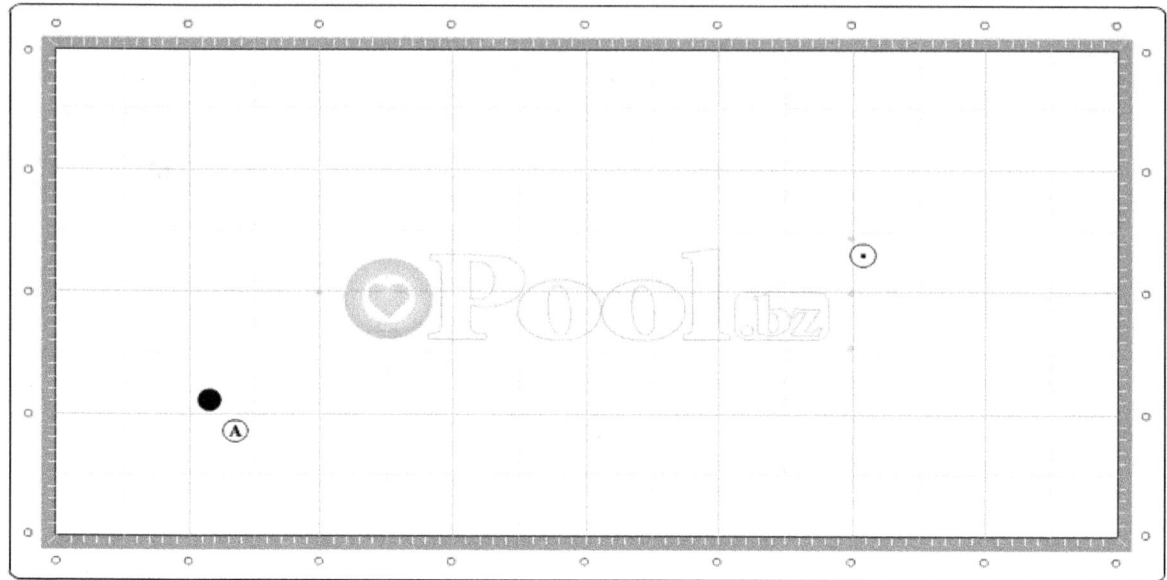

NOTAS VIR JOU IDEES:

Tabelpatroon

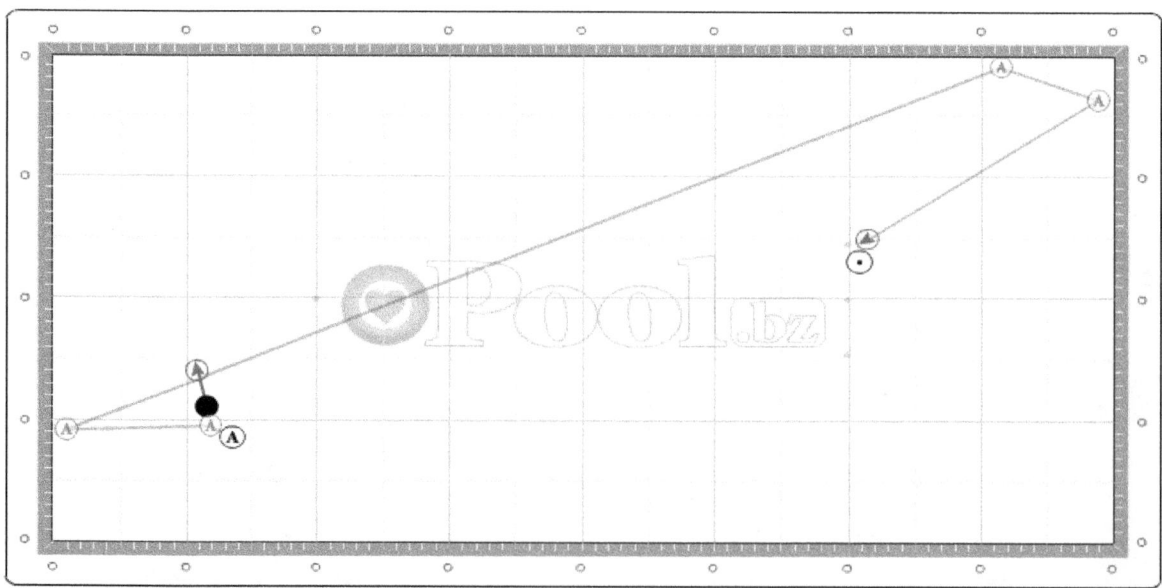

B: Eenvoudige gewysigde diagonale

Hierdie hoeke tot hoekpatrone word effens verander van die basiese kruishoekpatroon. Die skoot vereis 'n terugkeerhaak om punt te maak.

Ⓐ **(CB)** (jou biljartbal) – ⊙ **(OB)** (teenstander biljartbal) – ● **(OB)** (rooi bal)

B: Groep 1

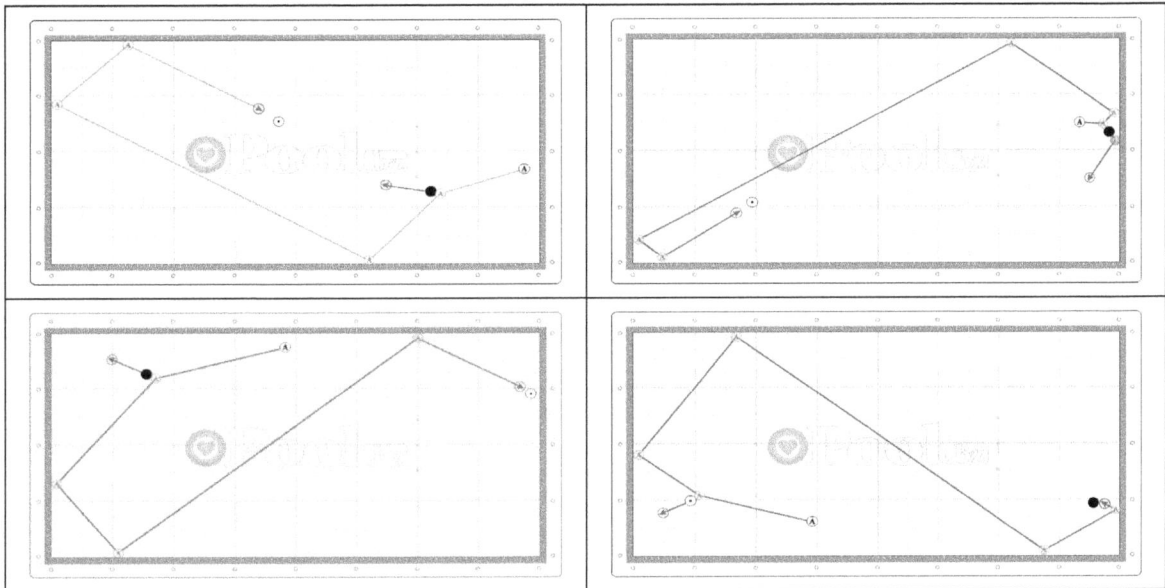

Analise:

B:1a. _____

B:1b. _____

B:1c. _____

B:1d. _____

B:1a – Opstelling

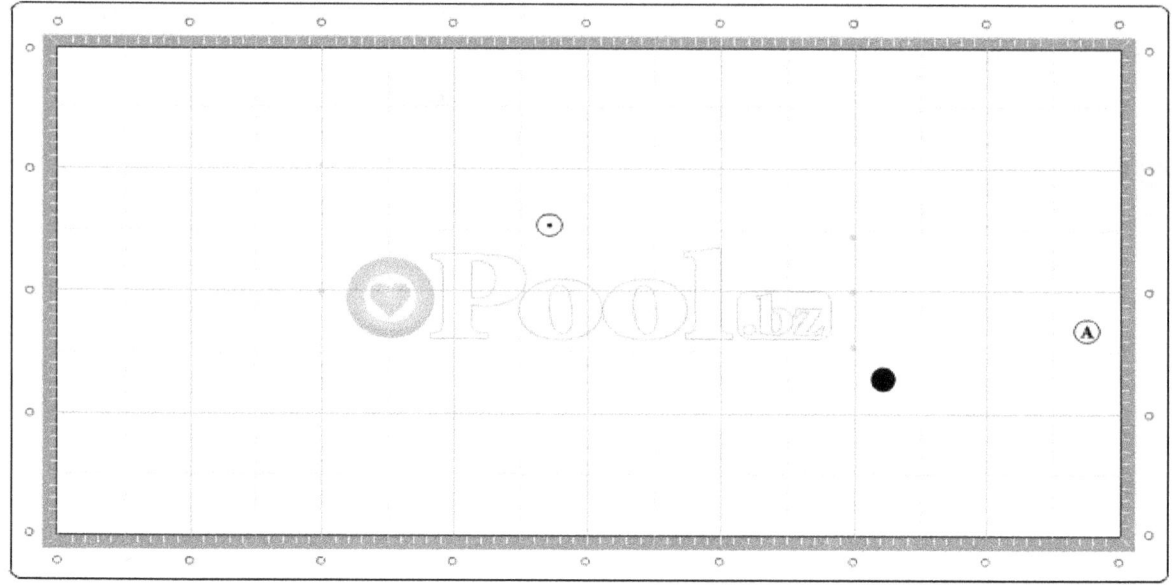

NOTAS VIR JOU IDEES:

Tabelpatroon

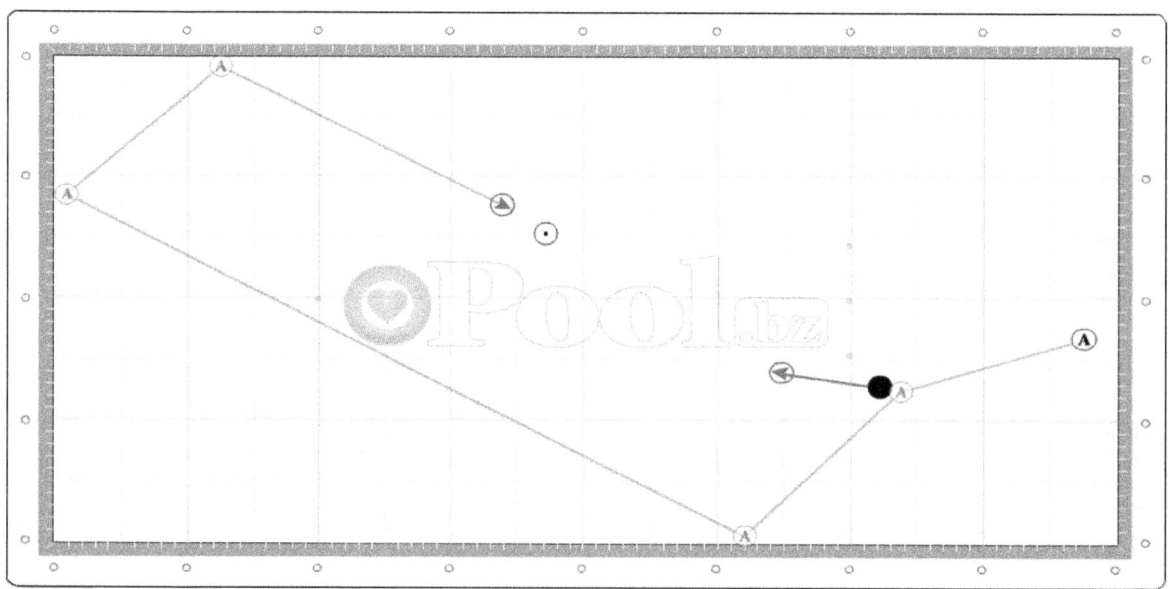

B:1b – Opstelling

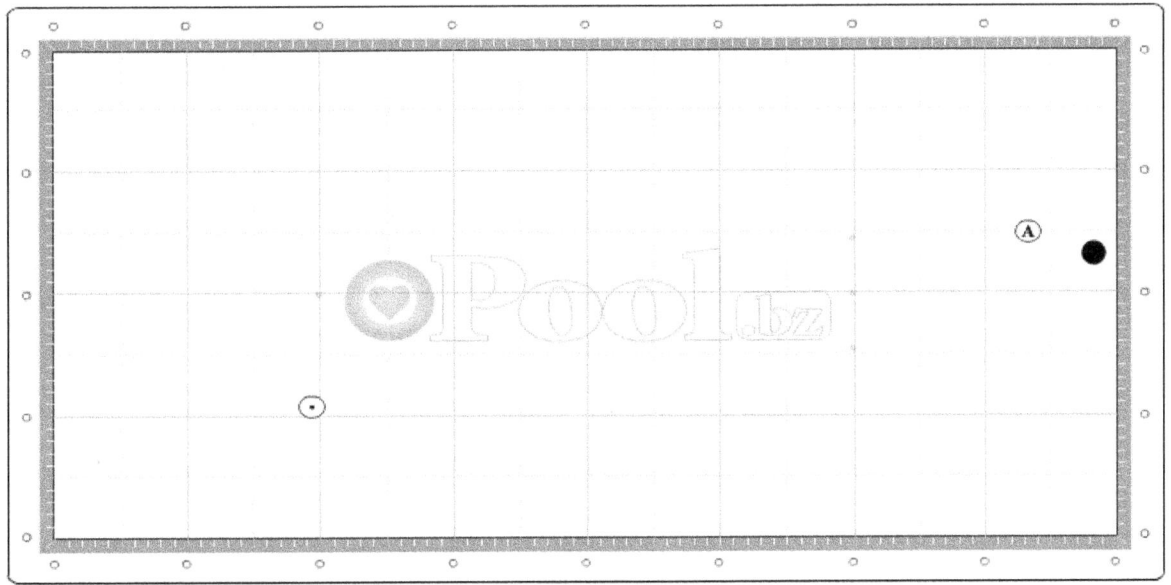

NOTAS VIR JOU IDEES:

Tabelpatroon

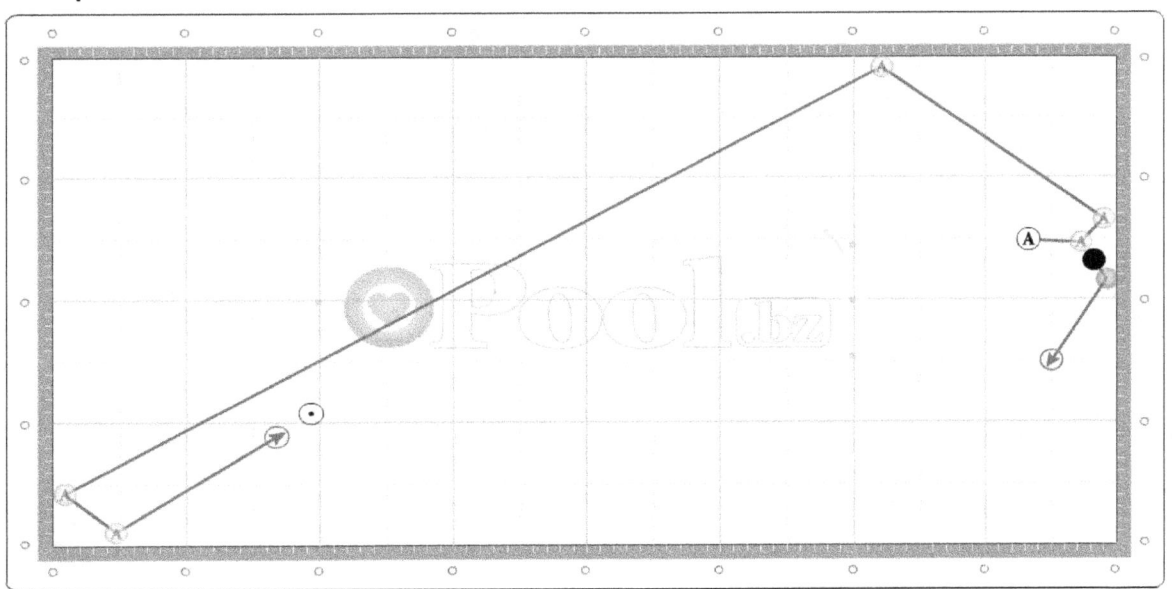

B:1c – Opstelling

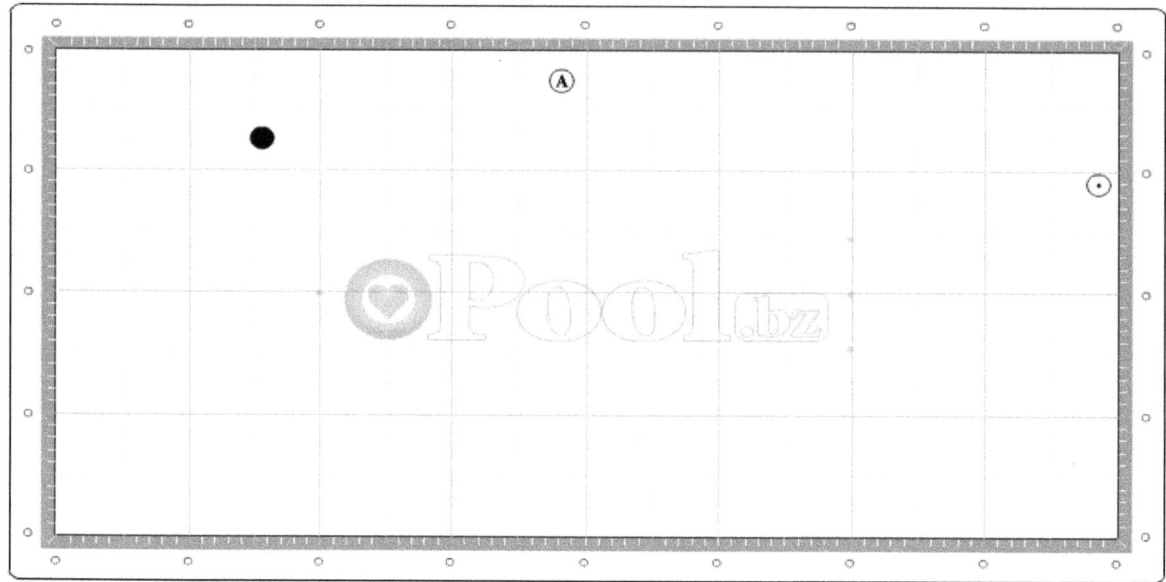

NOTAS VIR JOU IDEES:

Tabelpatroon

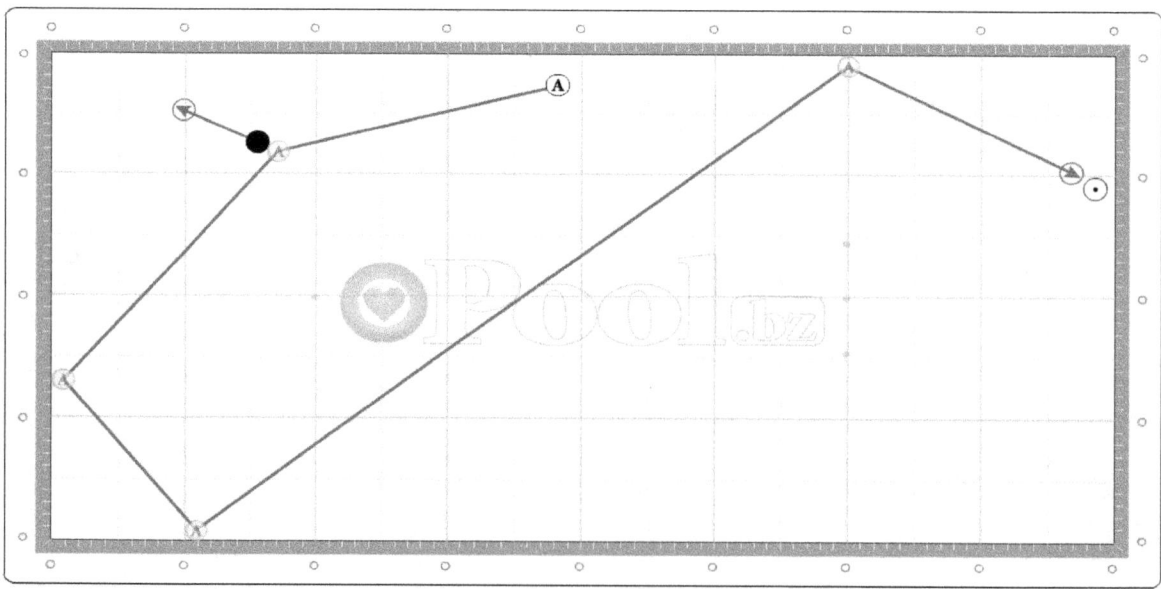

B:1d – Opstelling

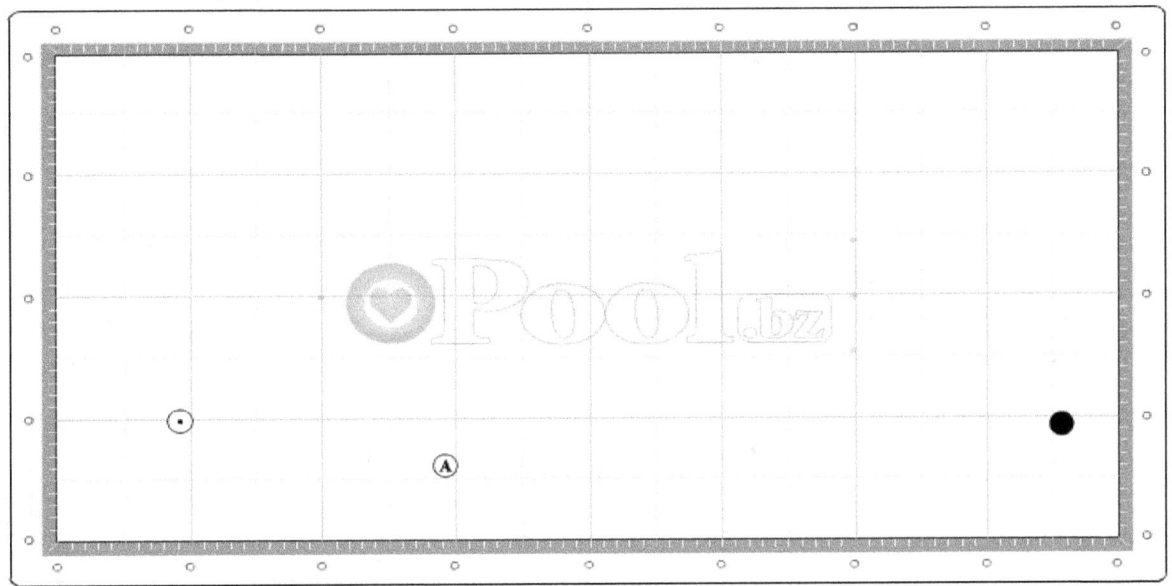

NOTAS VIR JOU IDEES:

Tabelpatroon

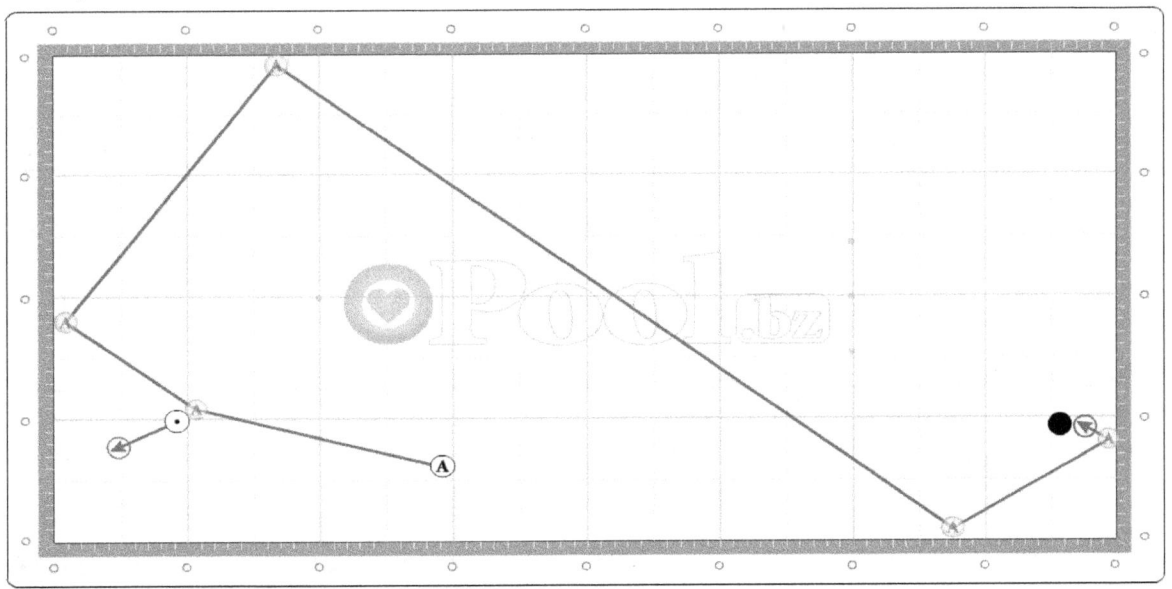

B: Groep 2

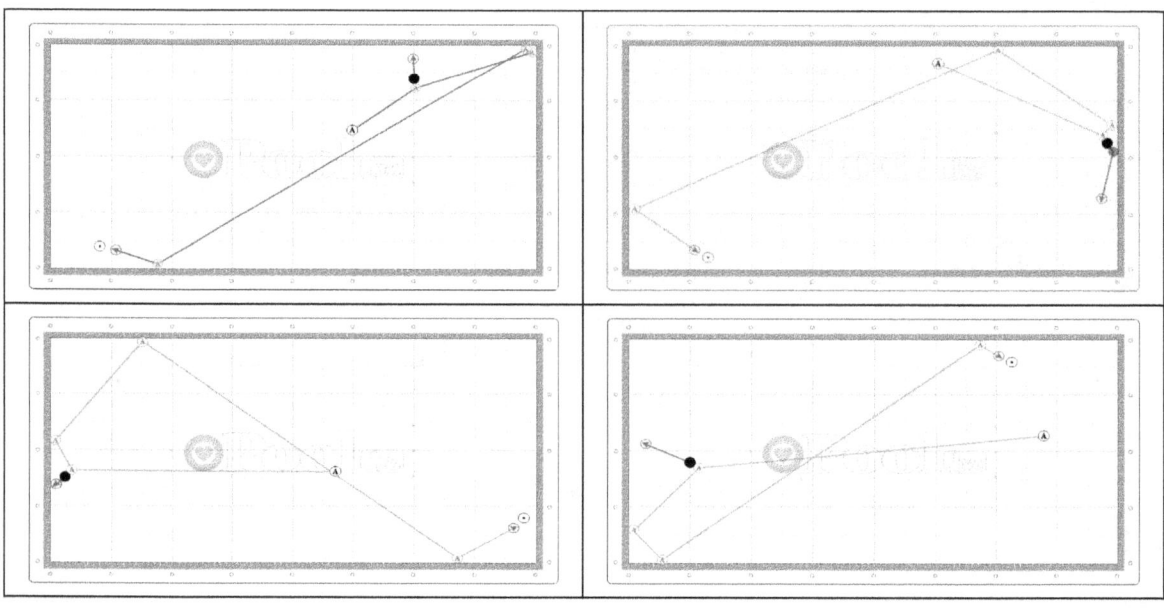

Analise:

B:2a. _____

B:2b. _____

B:2c. _____

B:2d. _____

B:2a – Opstelling

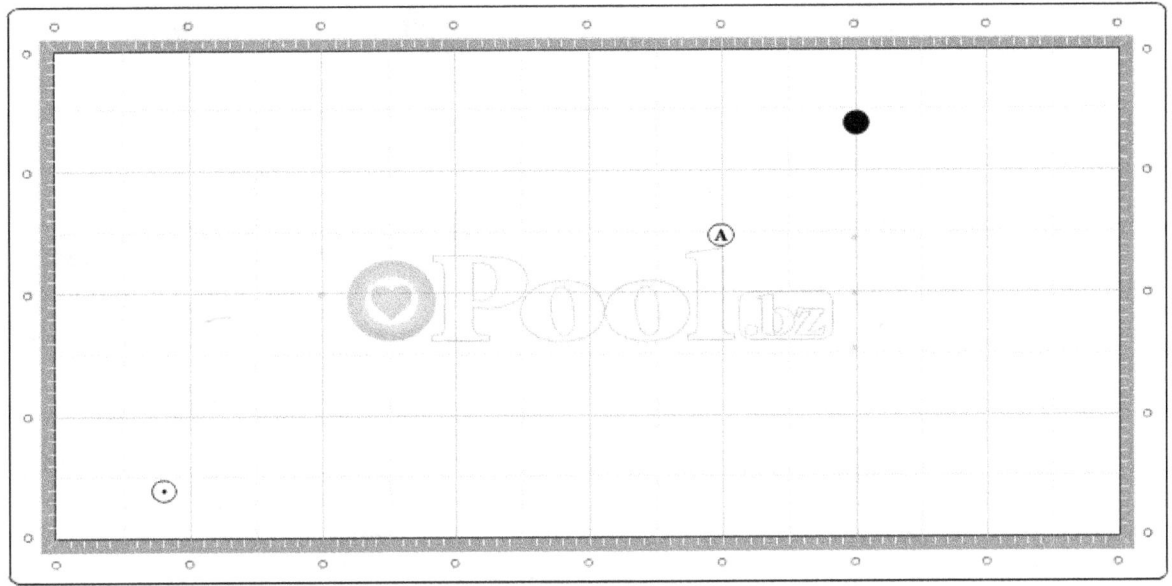

NOTAS VIR JOU IDEES:

Tabelpatroon

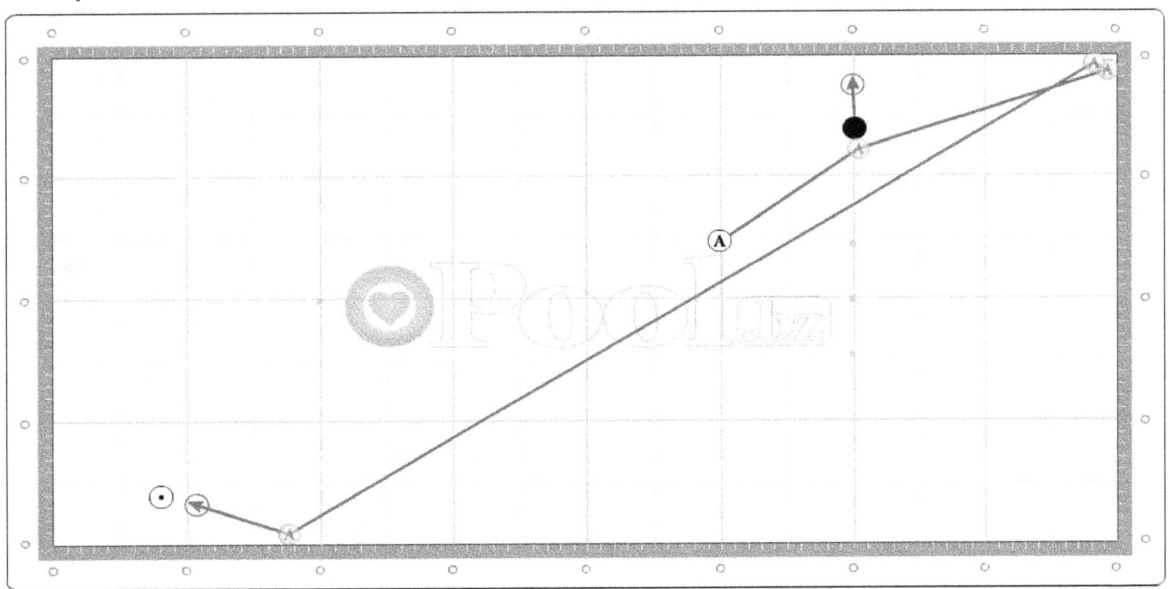

B:2b – Opstelling

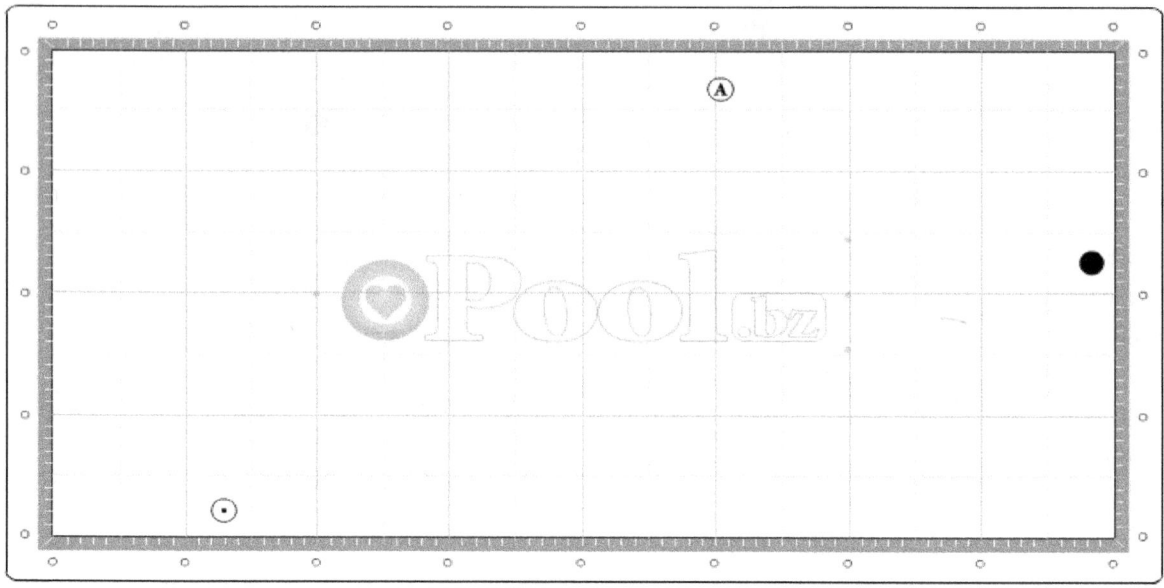

NOTAS VIR JOU IDEES:

Tabelpatroon

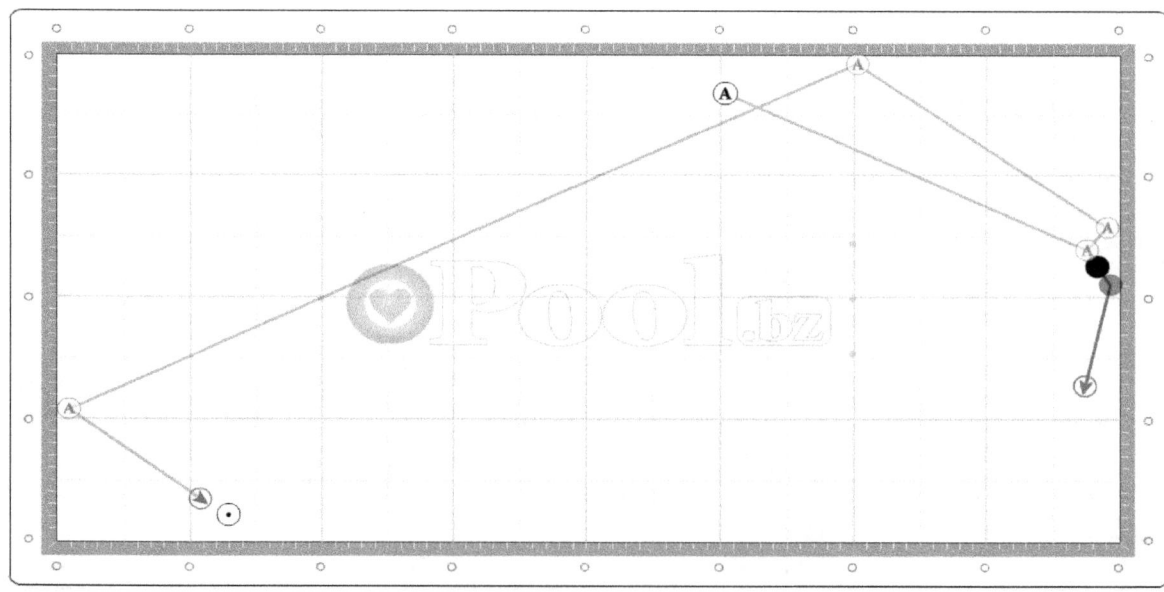

B:2c – Opstelling

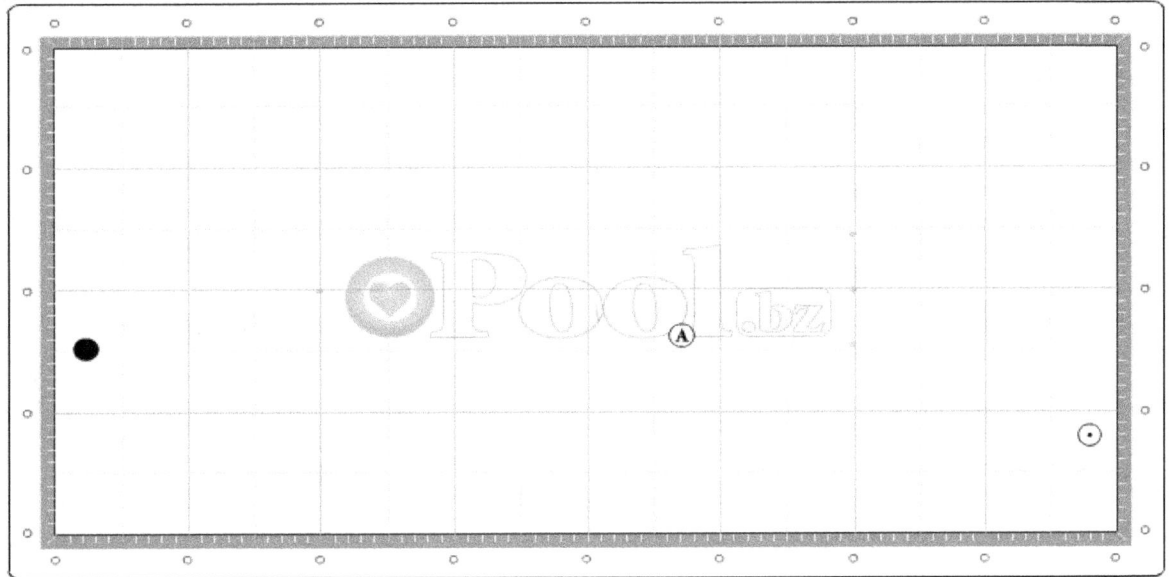

NOTAS VIR JOU IDEES:

Tabelpatroon

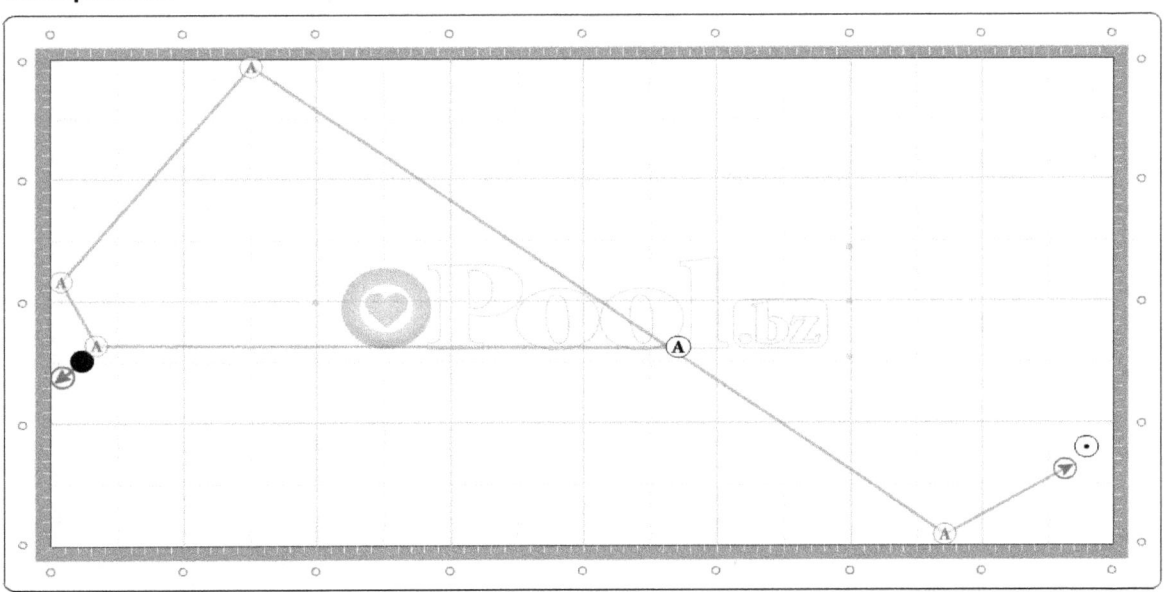

B:2d – Opstelling

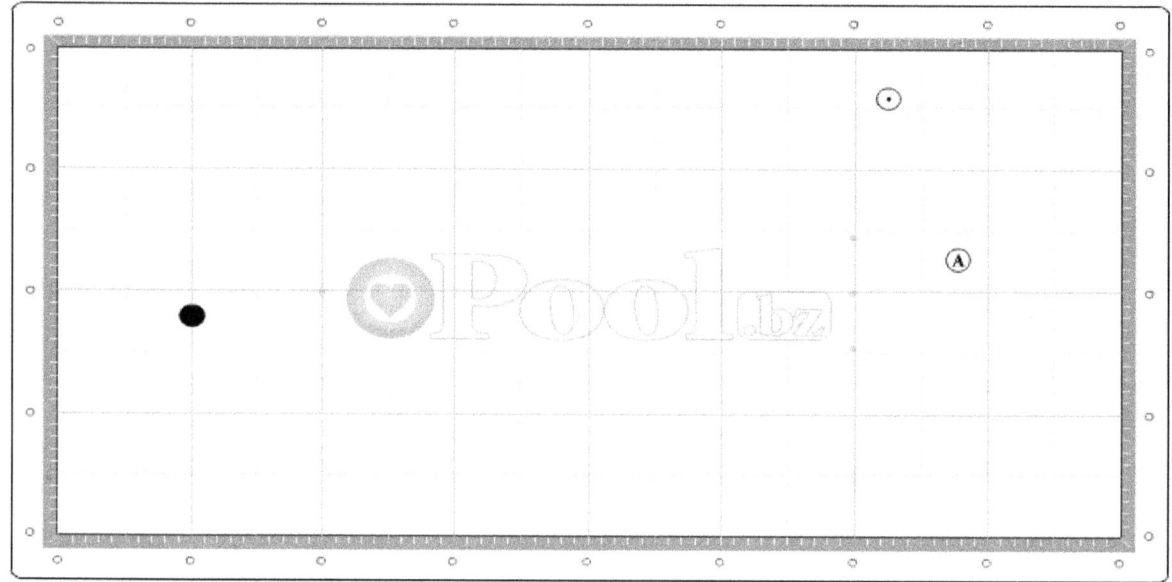

NOTAS VIR JOU IDEES:

Tabelpatroon

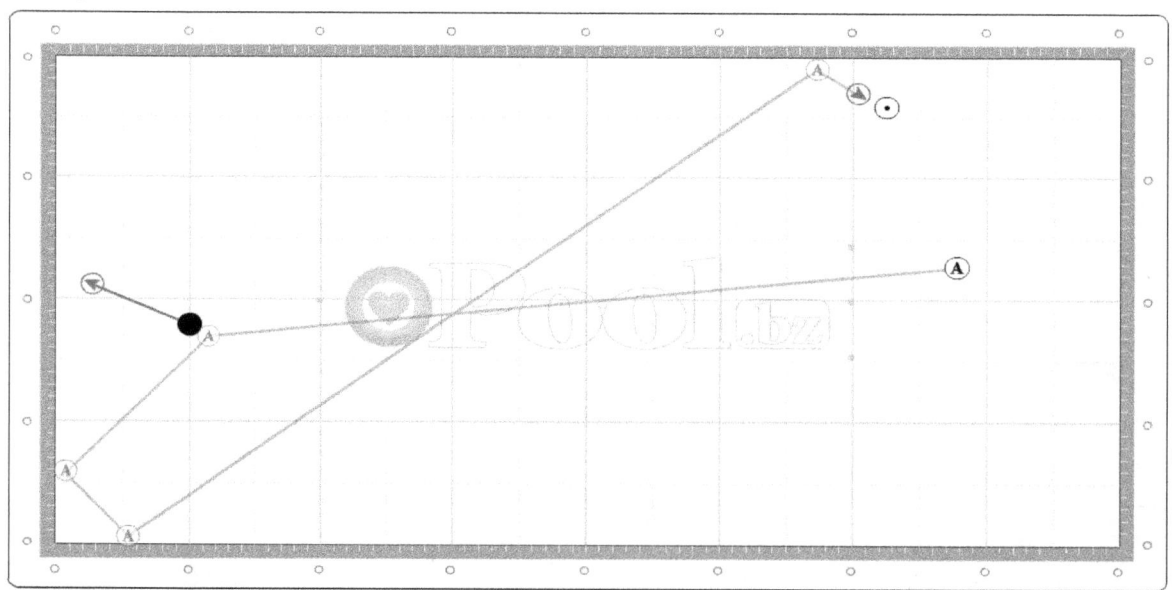

Driebanden biljart: Hoek tot hoek diagonale patrone

B: Groep 3

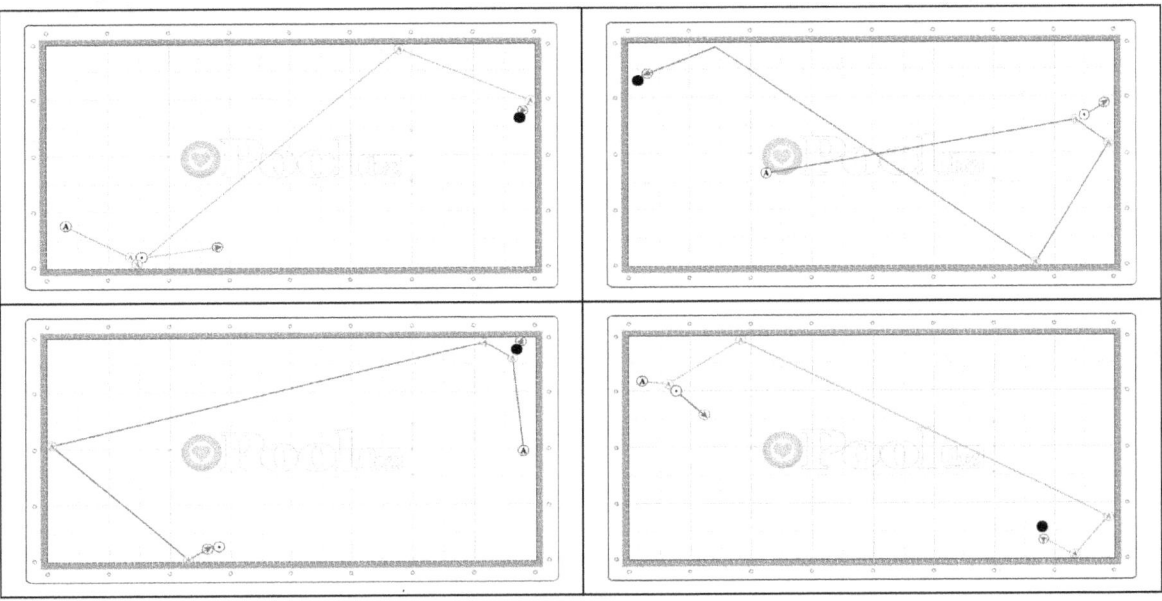

Analise:

B:3a. _____

B:3b. _____

B:3c. _____

B:3d. _____

B:3a – Opstelling

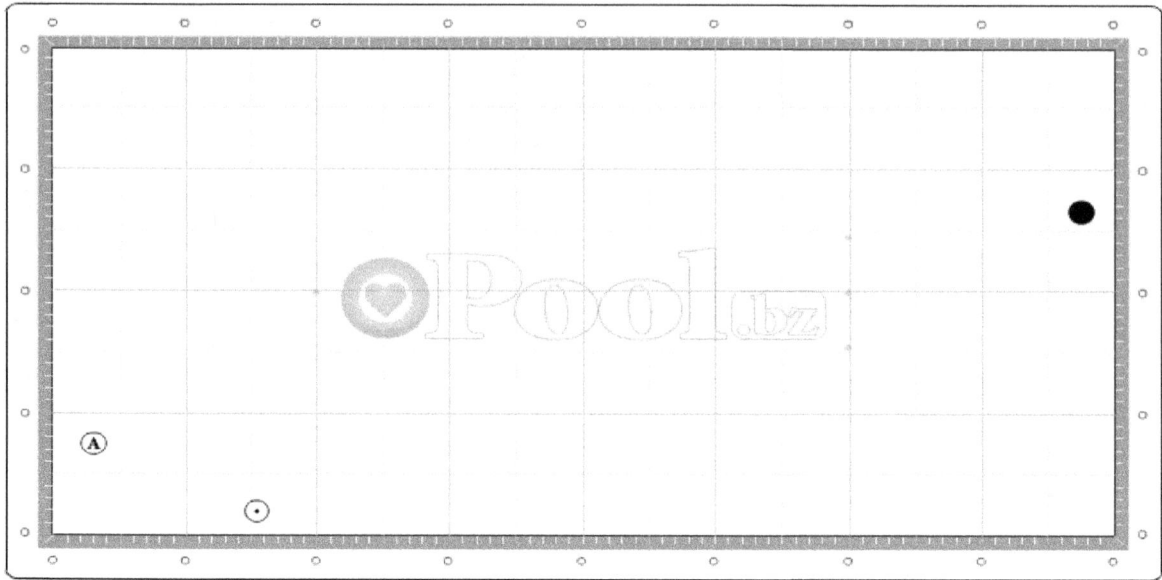

NOTAS VIR JOU IDEES:

Tabelpatroon

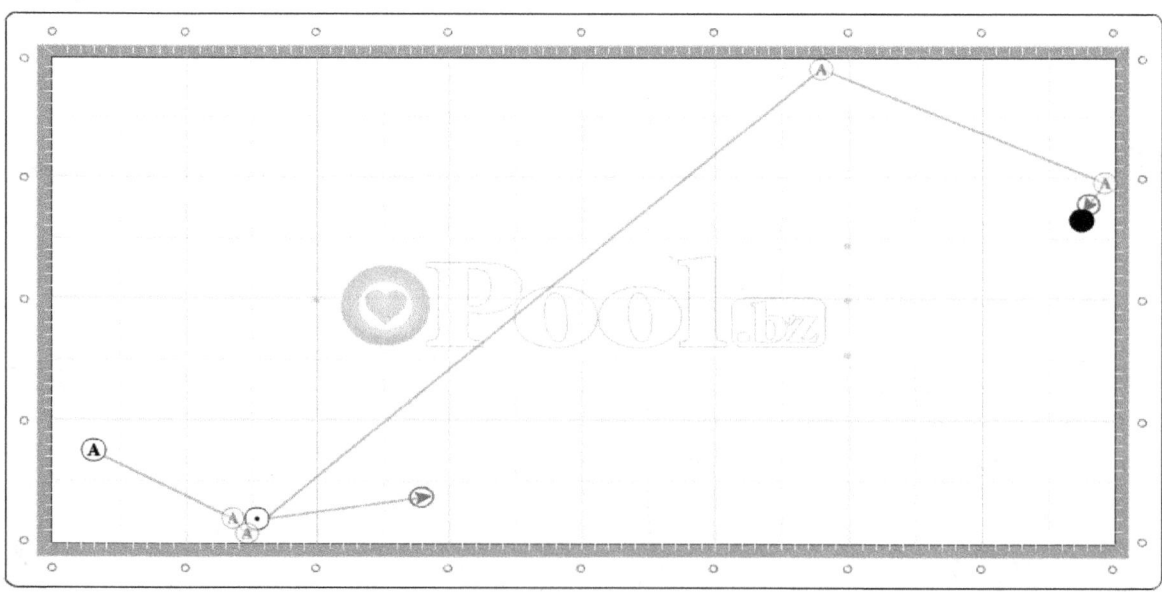

B:3b – Opstelling

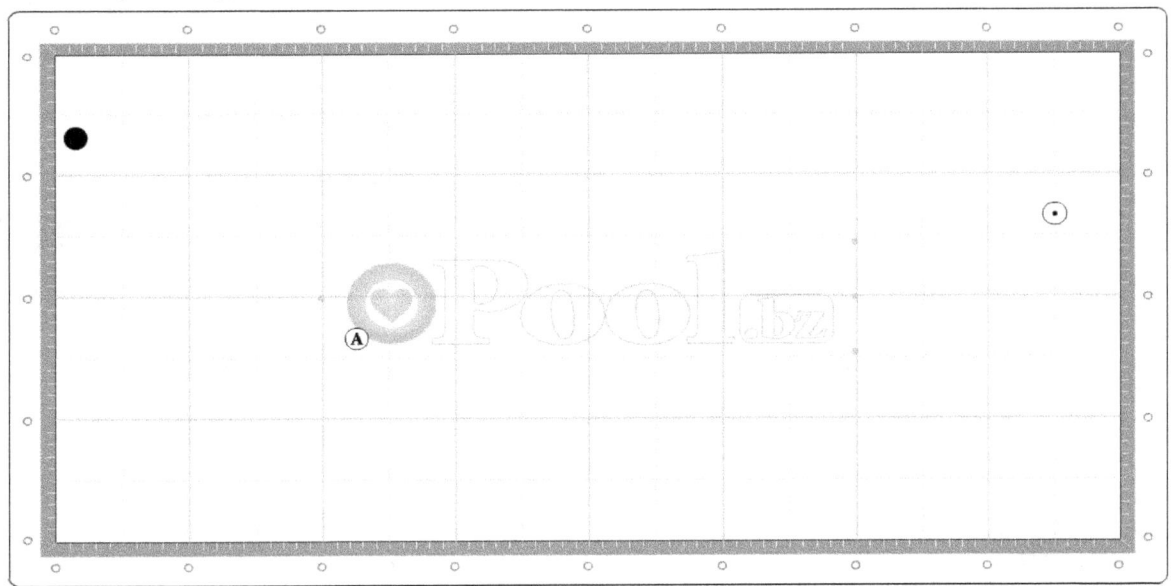

NOTAS VIR JOU IDEES:

Tabelpatroon

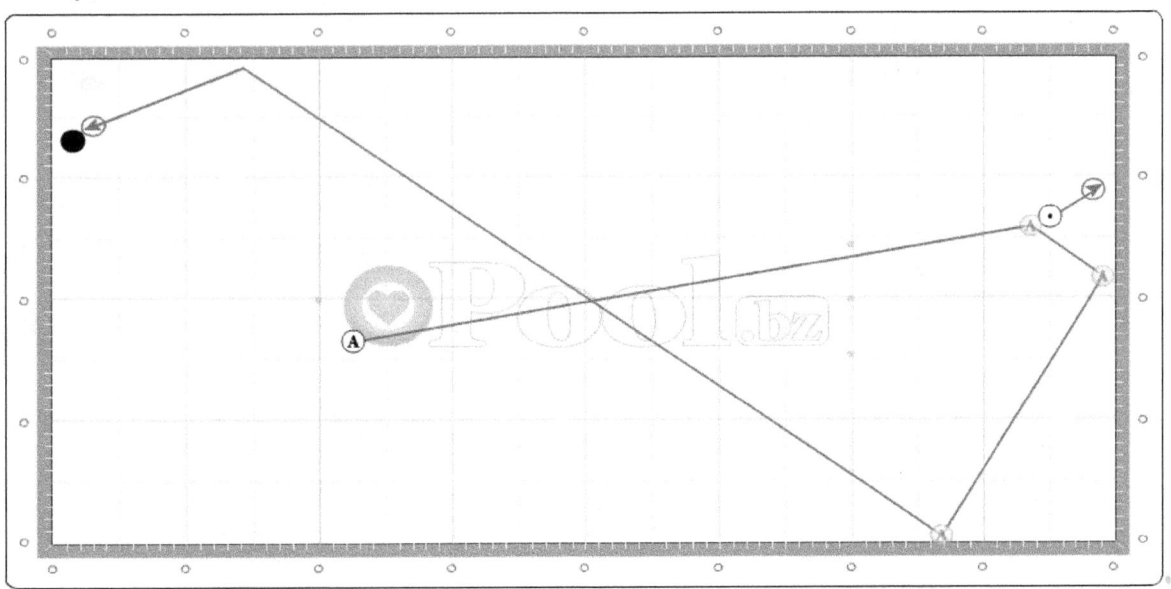

B:3c – Opstelling

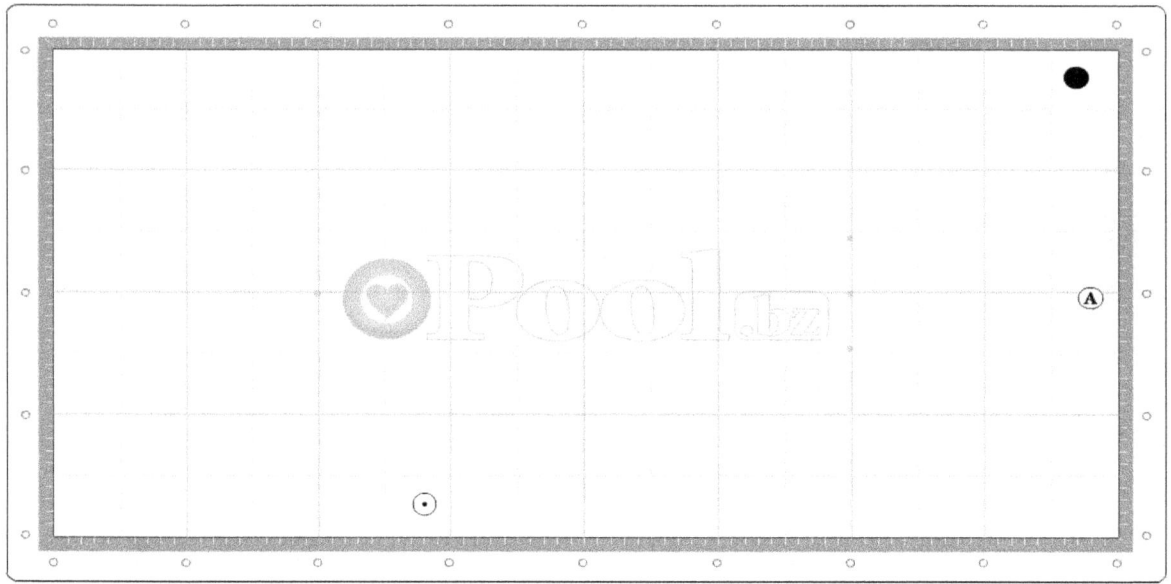

NOTAS VIR JOU IDEES:

Tabelpatroon

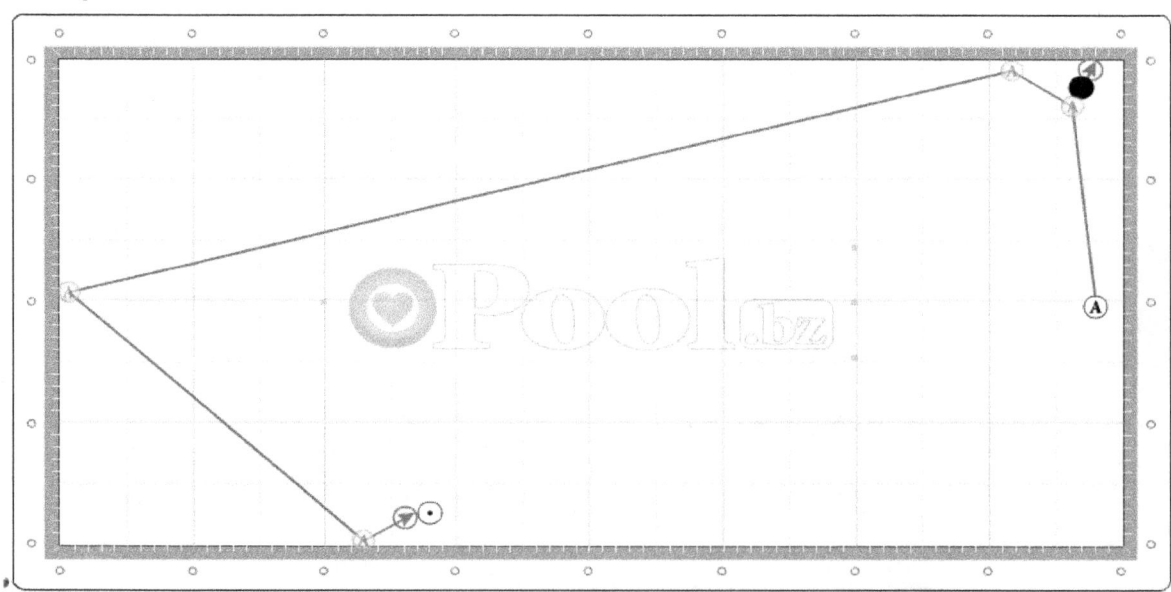

B:3d – Opstelling

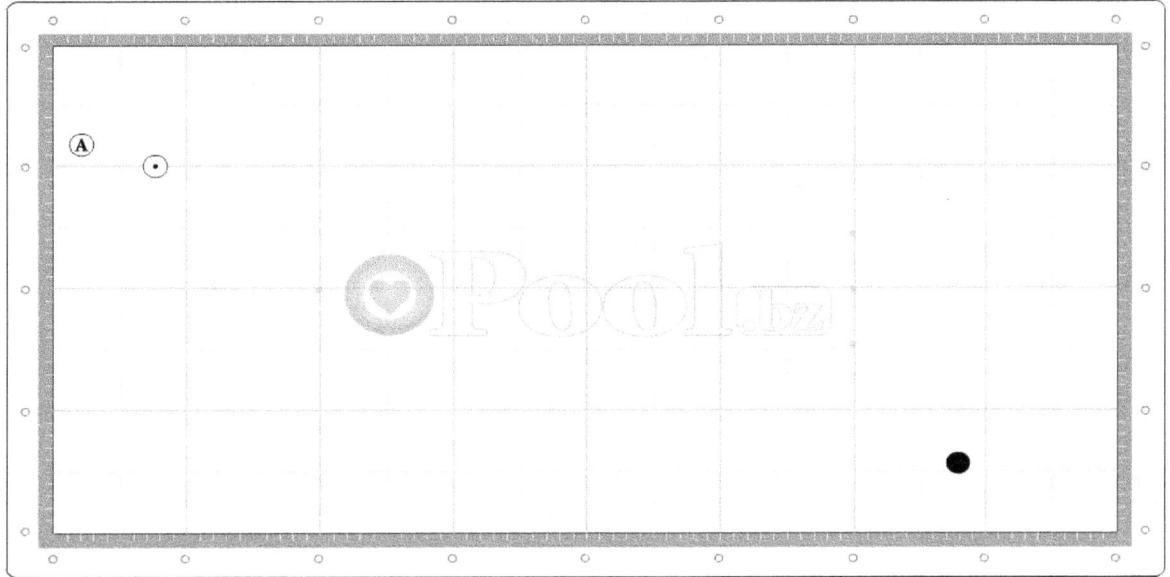

NOTAS VIR JOU IDEES:

Tabelpatroon

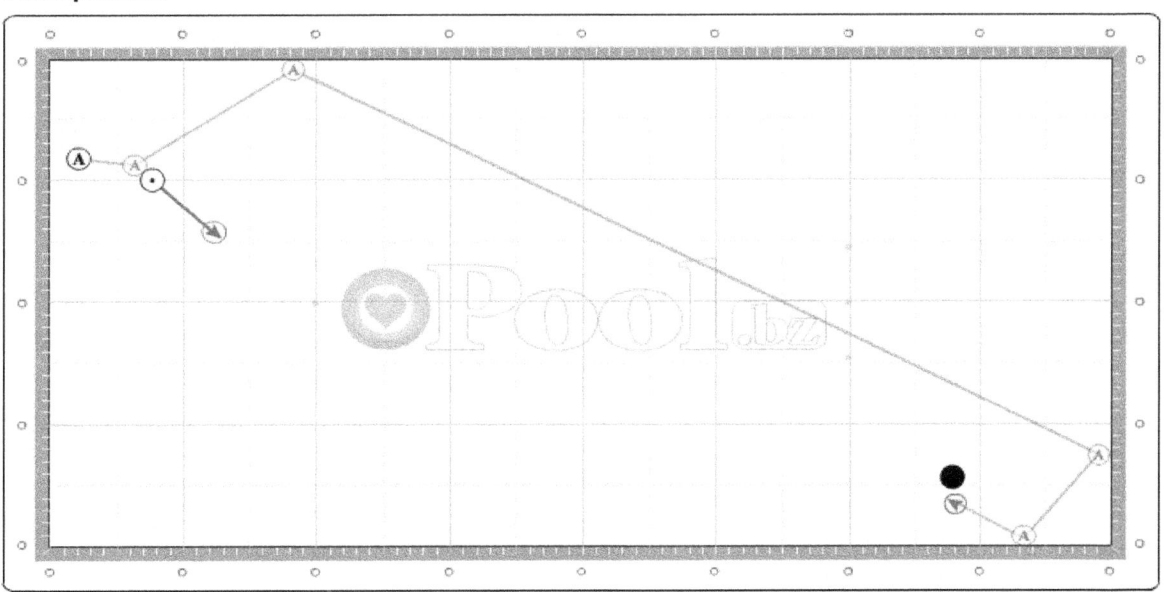

C: Parallelle diagonale

Op hierdie skote kom die (CB) van die eerste (OB) en reis na die teenoorgestelde kruishoek en kom dan terug in 'n parallelle pad om kontak te maak met die tweede (OB) en 'n punt.

Ⓐ **(CB)** (jou biljartbal) – ⊙ **(OB)** (teenstander biljartbal) – ● **(OB)** (rooi bal)

C: Groep 1

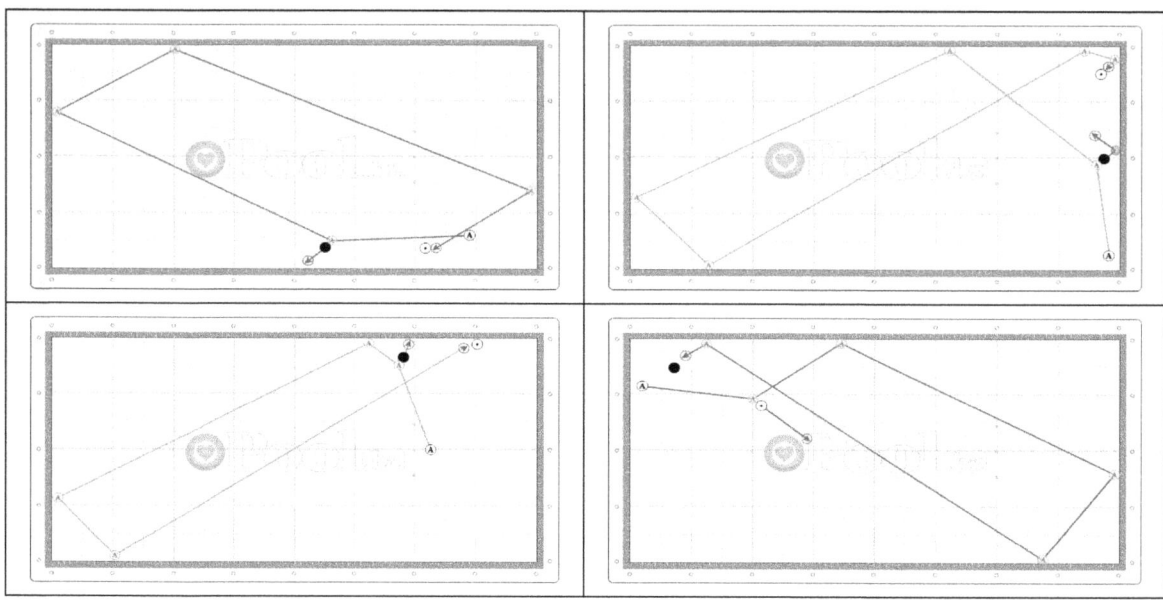

Analise:

C:1a. _____

C:1b. _____

C:1c. _____

C:1d. _____

C:1a – Opstelling

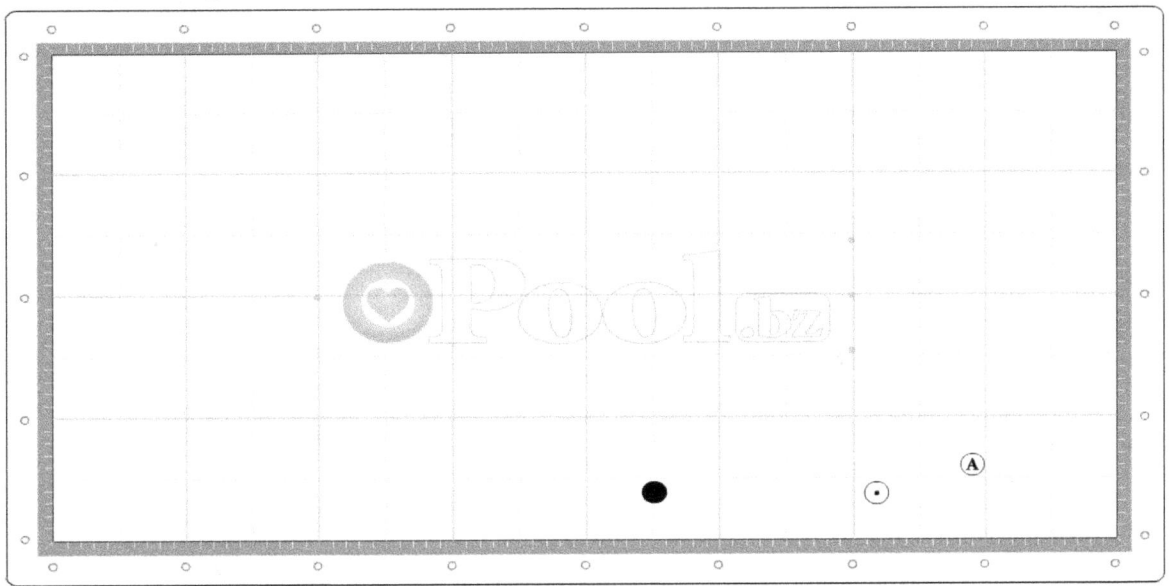

NOTAS VIR JOU IDEES:

Tabelpatroon

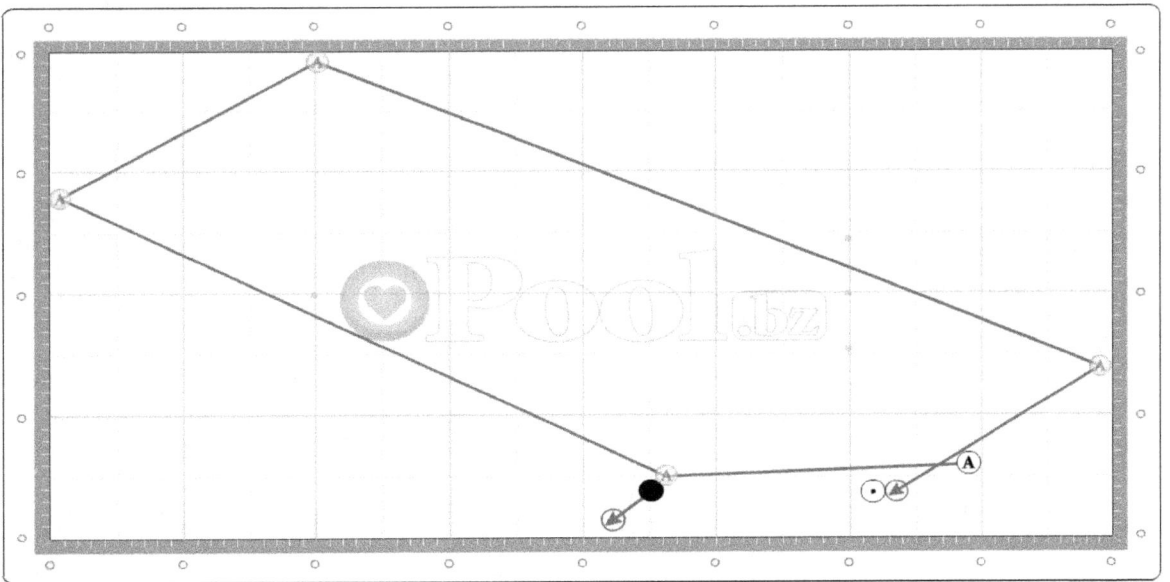

C:1b – Opstelling

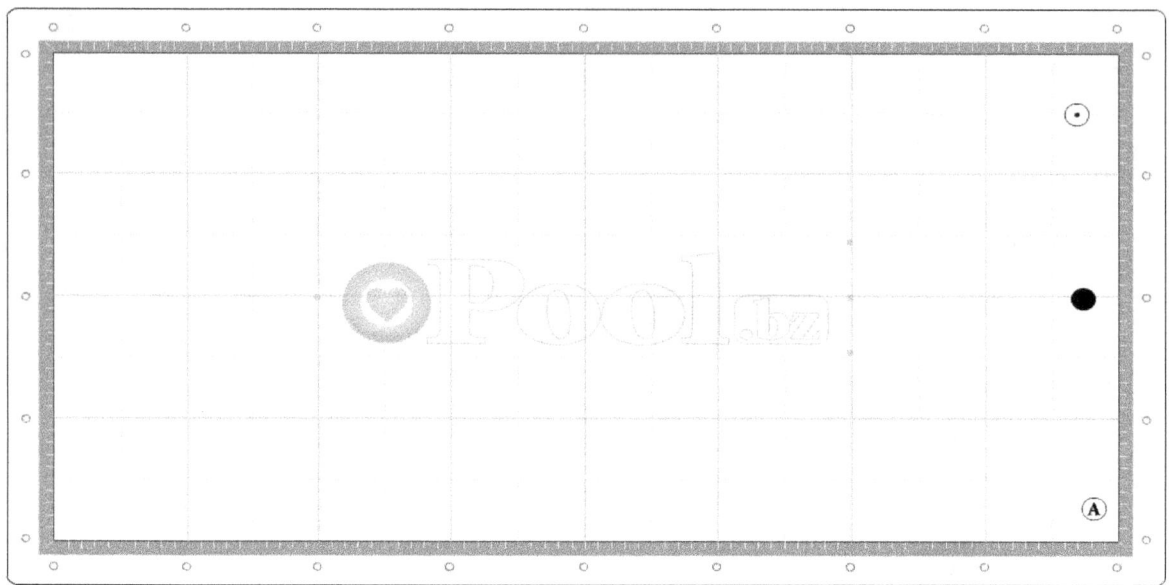

NOTAS VIR JOU IDEES:

Tabelpatroon

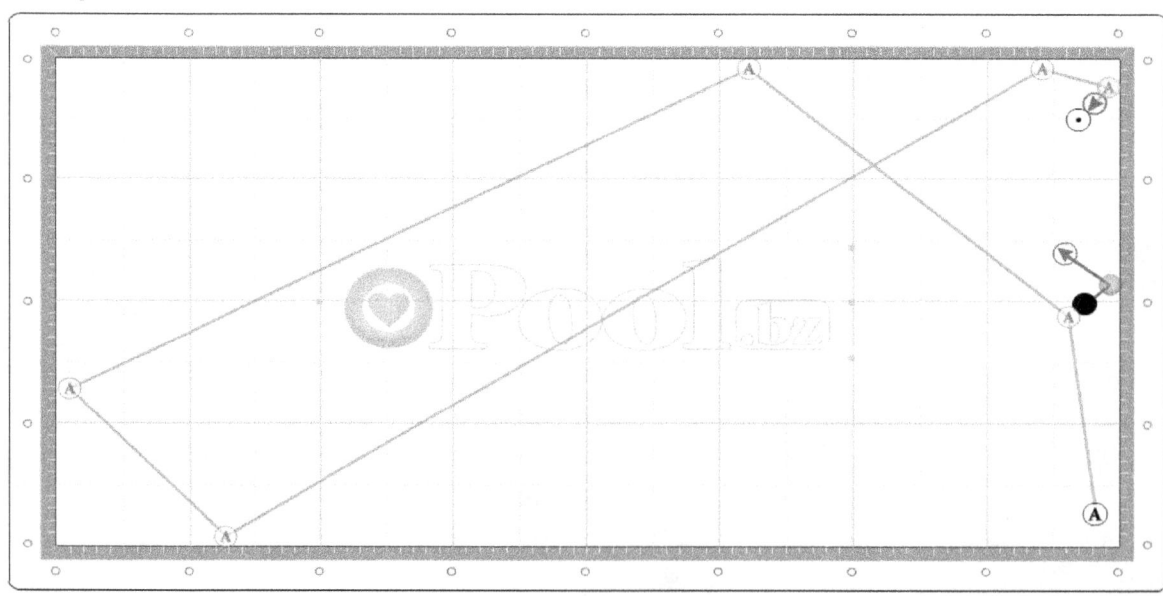

C:1c – Opstelling

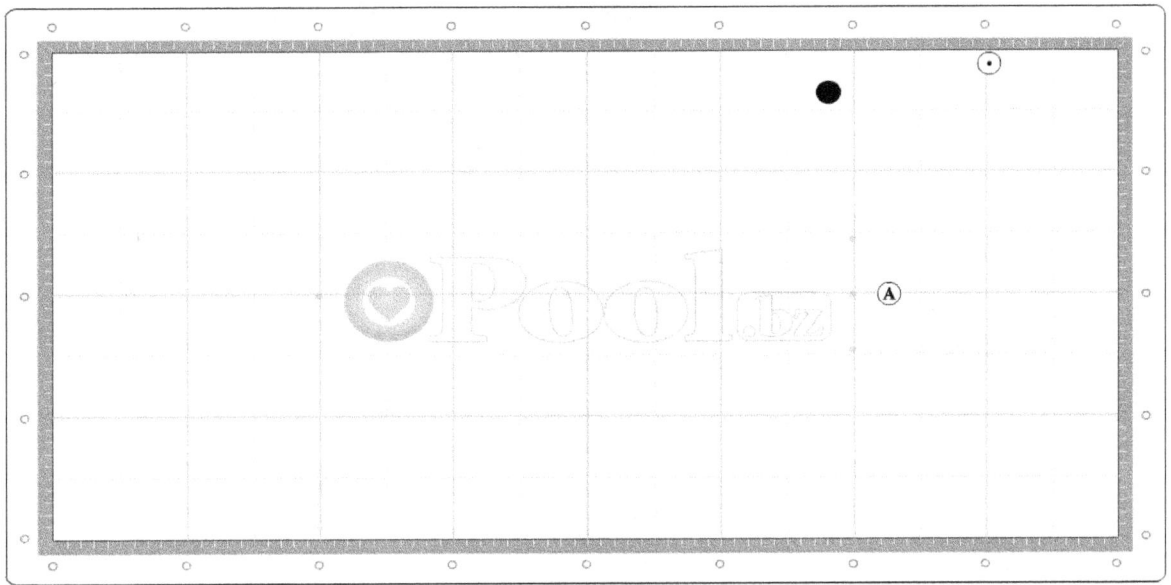

NOTAS VIR JOU IDEES:

Tabelpatroon

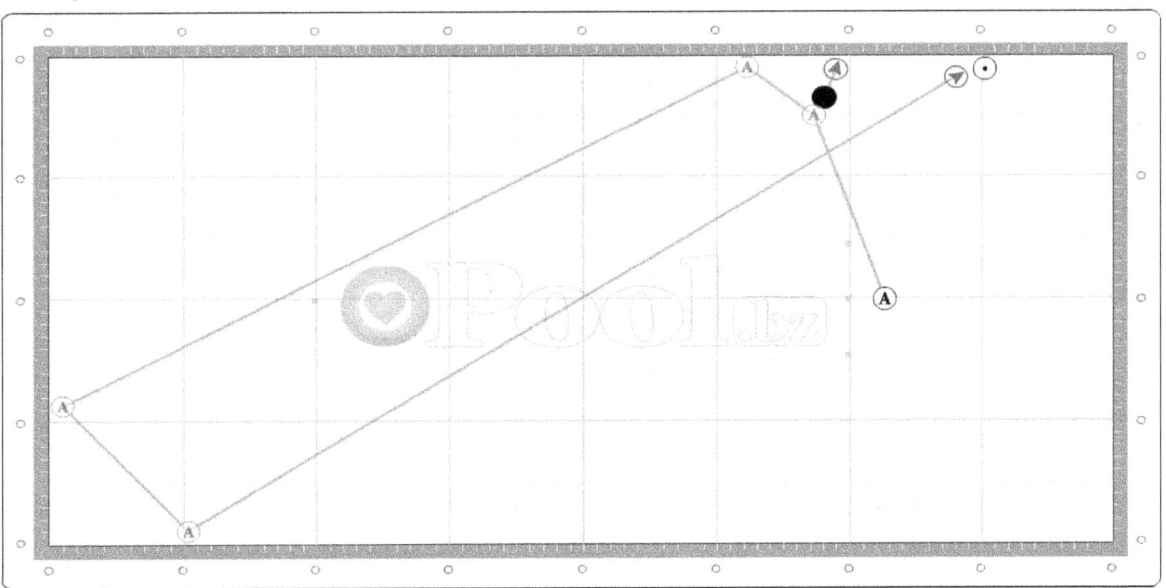

C:1d – Opstelling

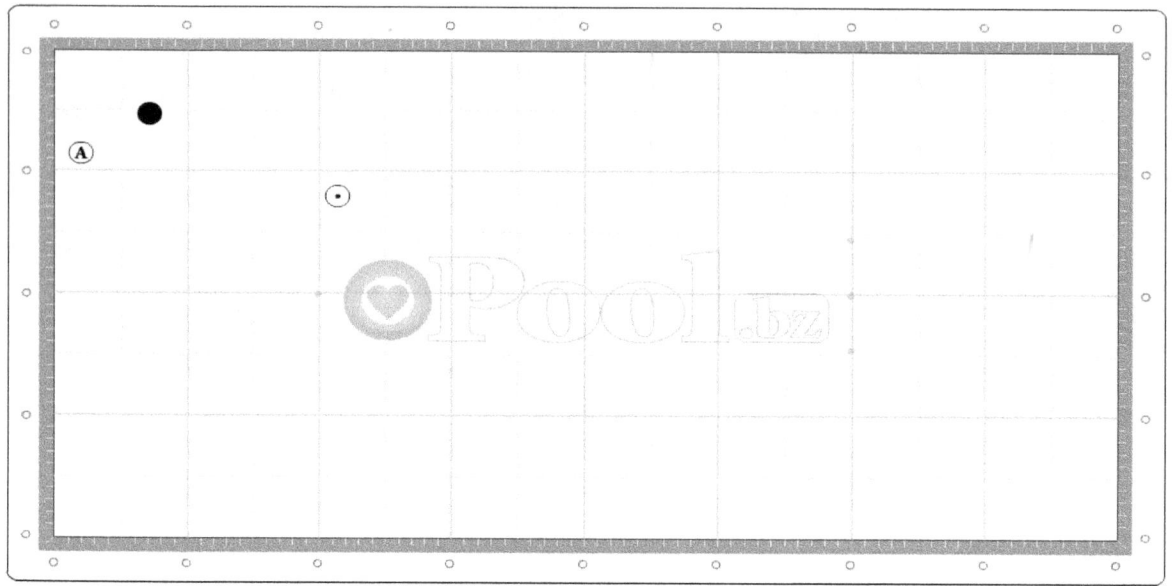

NOTAS VIR JOU IDEES:

Tabelpatroon

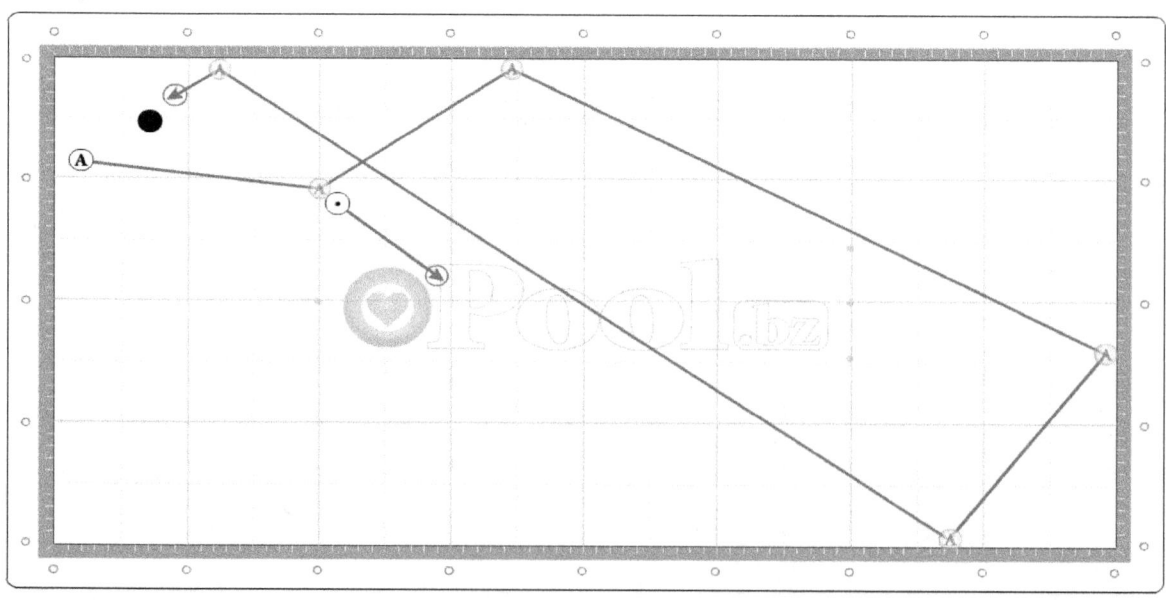

C: Groep 2

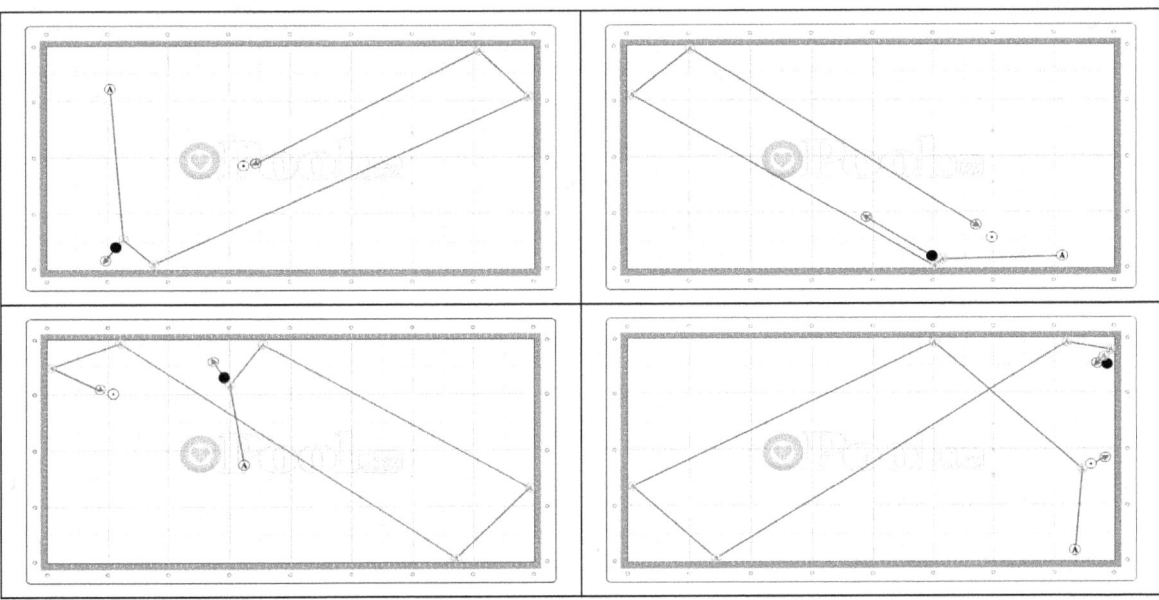

Analise:

C:2a. _____

C:2b. _____

C:2c. _____

C:2d. _____

C:2a – Opstelling

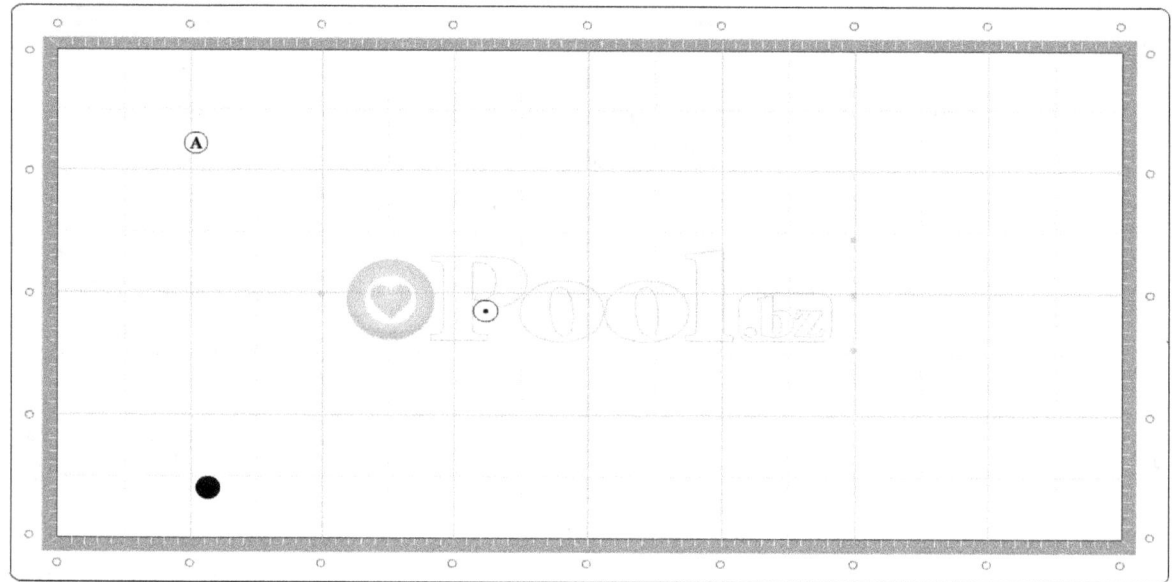

NOTAS VIR JOU IDEES:

Tabelpatroon

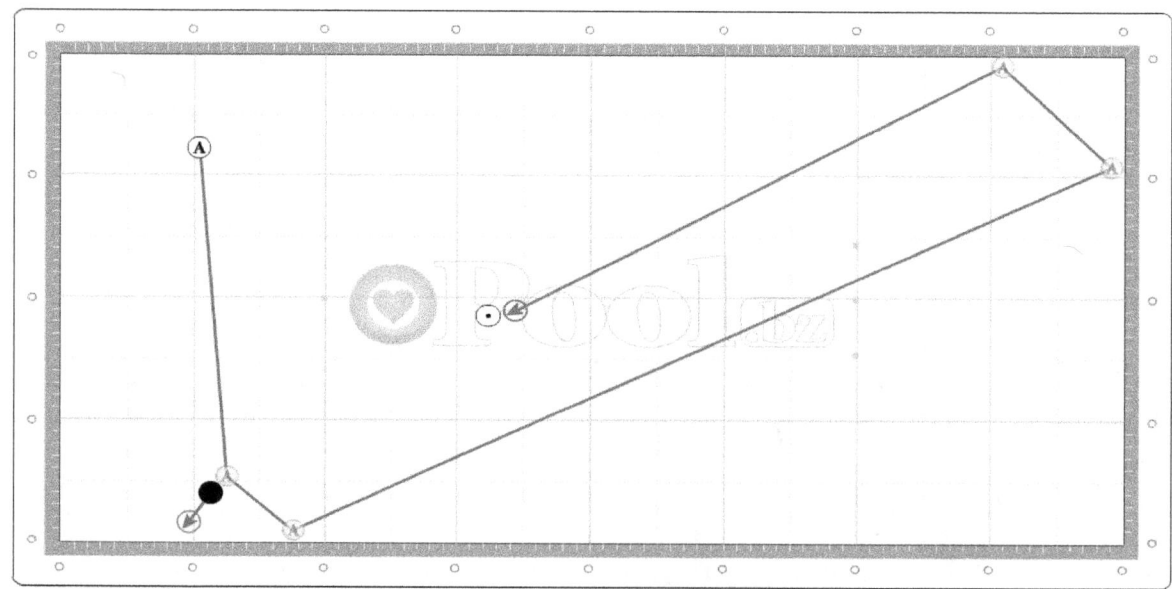

C:2b – Opstelling

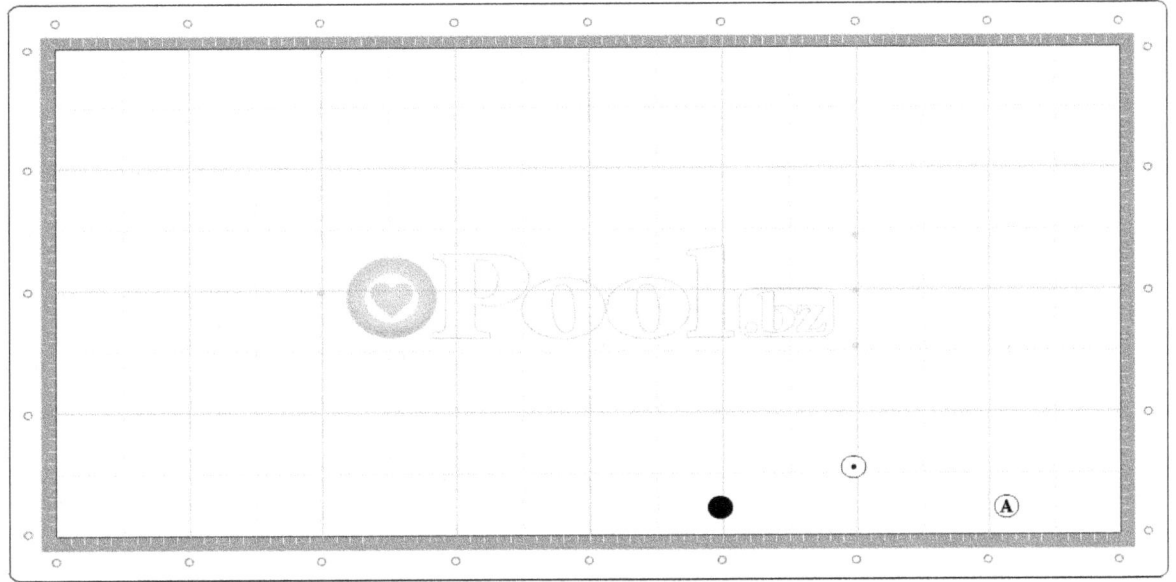

NOTAS VIR JOU IDEES:

Tabelpatroon

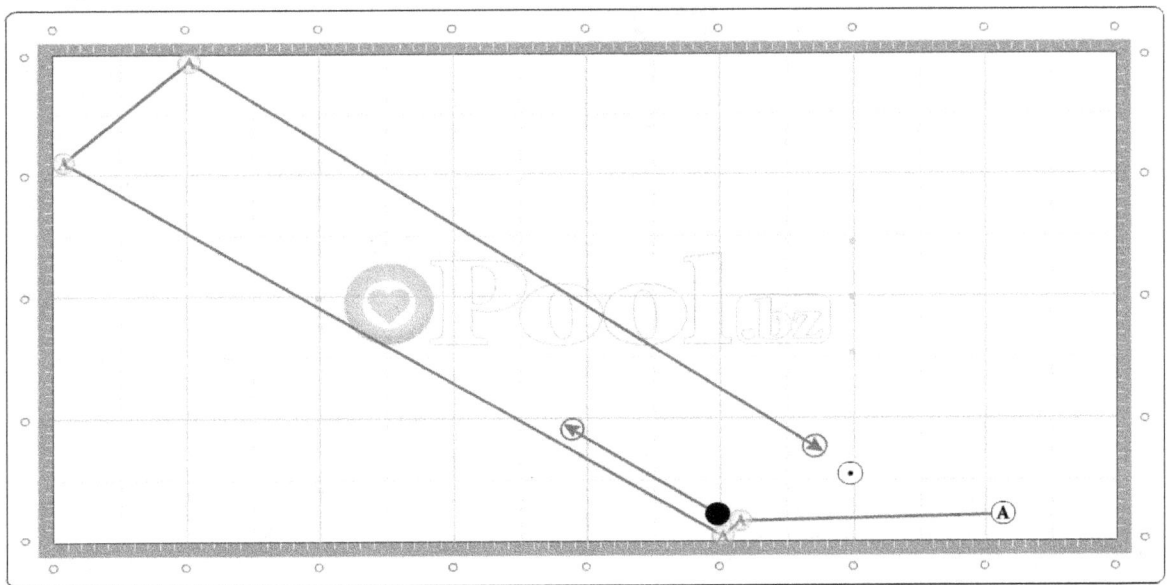

C:2c – Opstelling

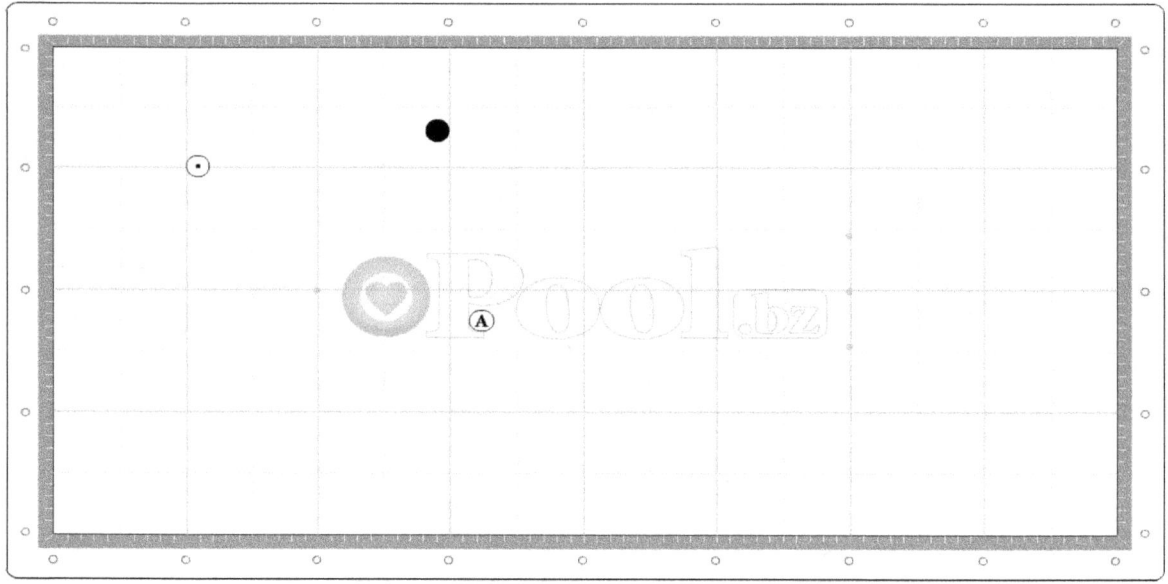

NOTAS VIR JOU IDEES:

Tabelpatroon

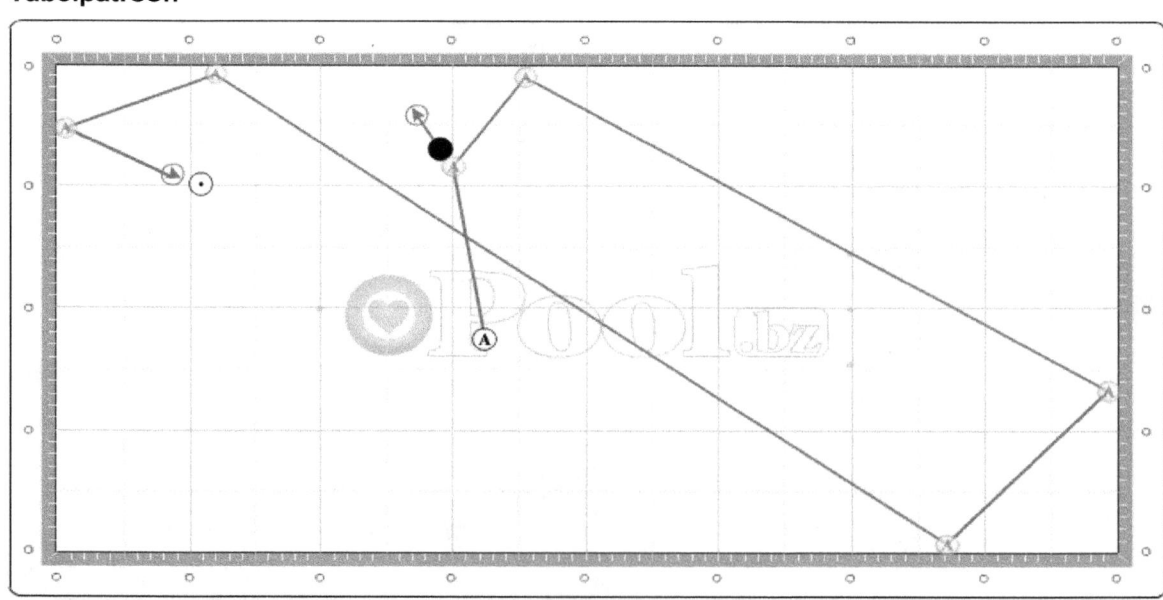

C:2d – Opstelling

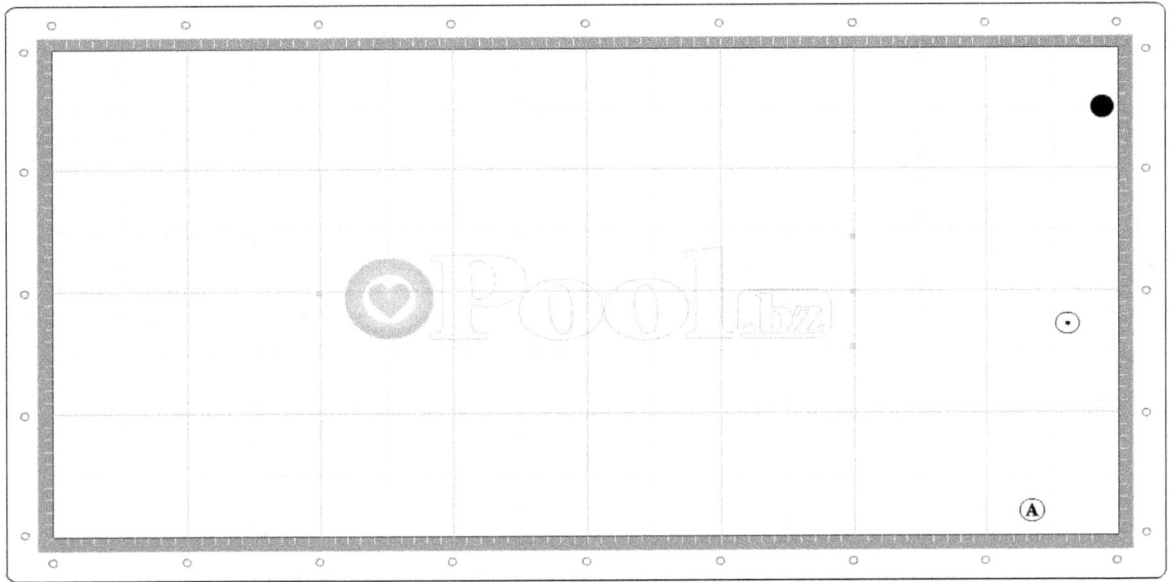

NOTAS VIR JOU IDEES:

Tabelpatroon

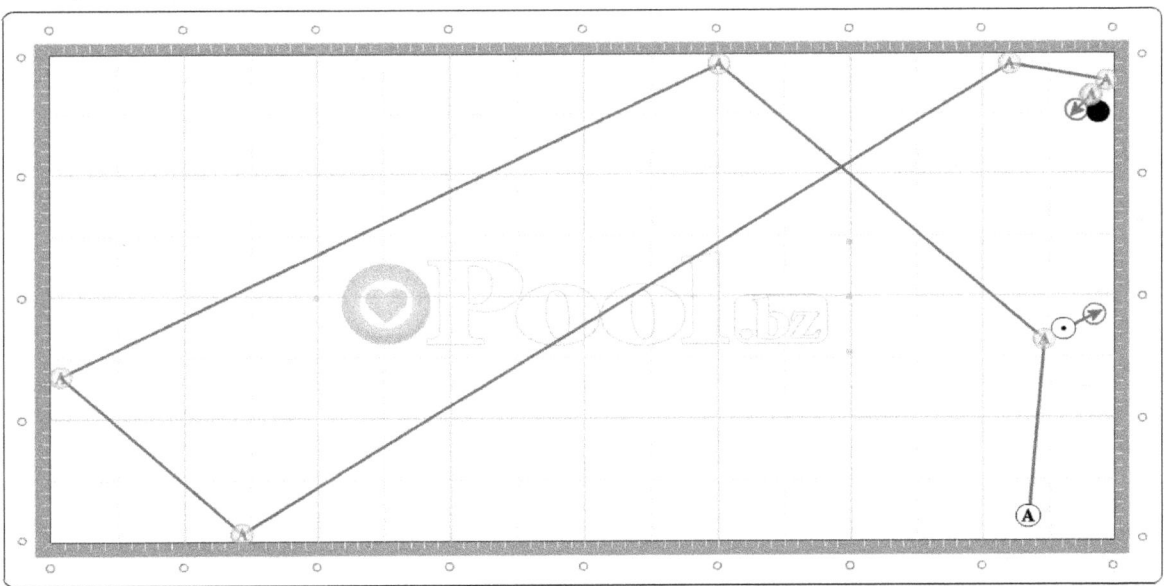

C: Groep 3

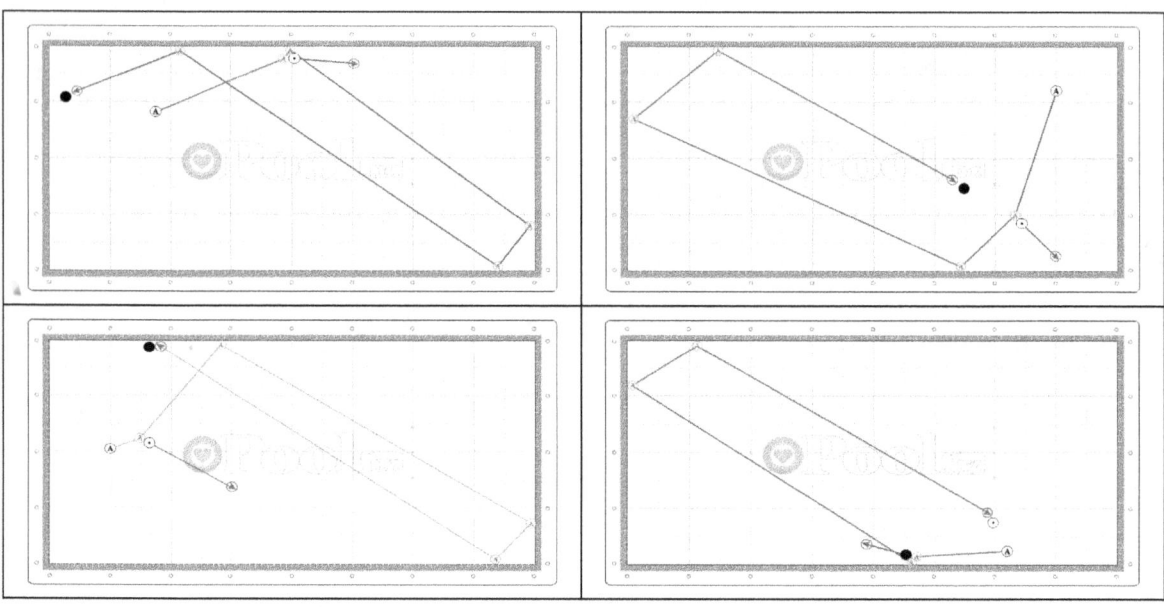

Analise:

C:3a. _____

C:3b. _____

C:3c. _____

C:3d. _____

C:3a – Opstelling

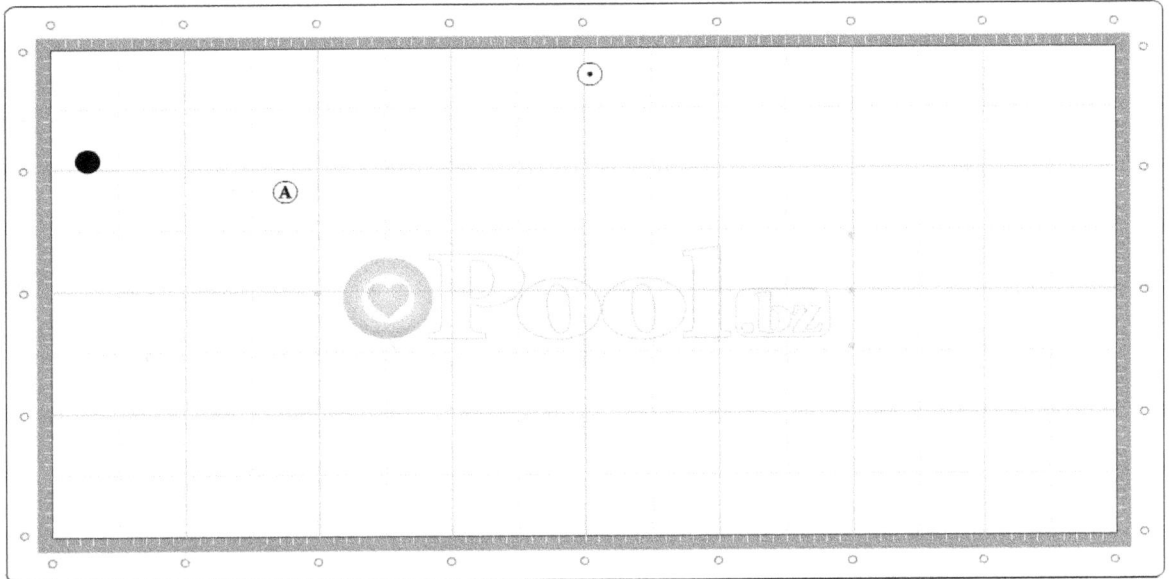

NOTAS VIR JOU IDEES:

Tabelpatroon

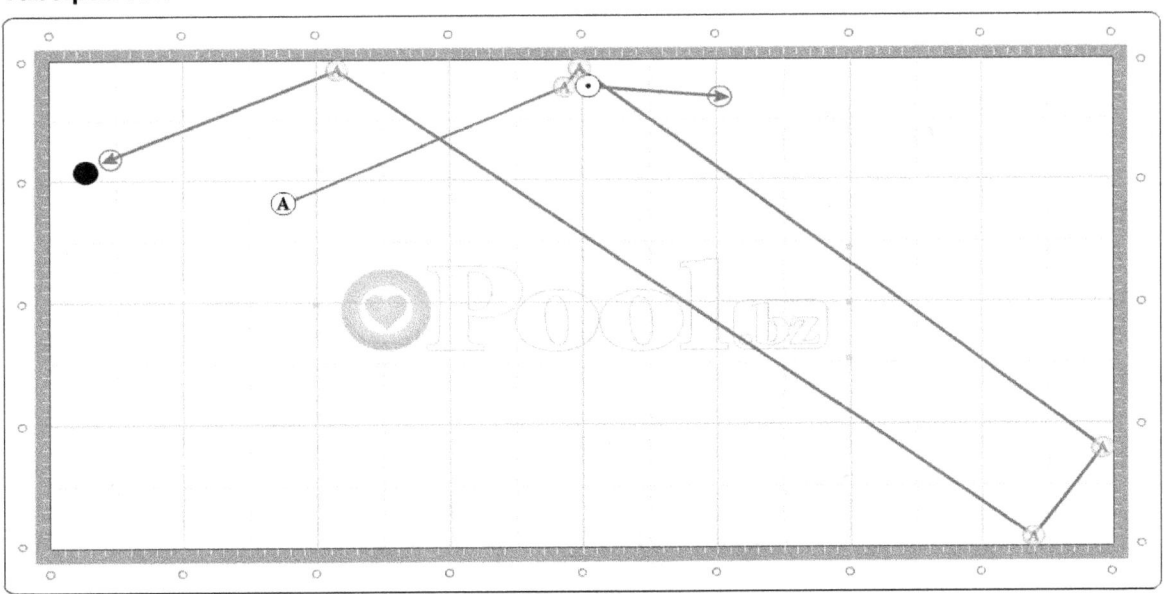

C:3b – Opstelling

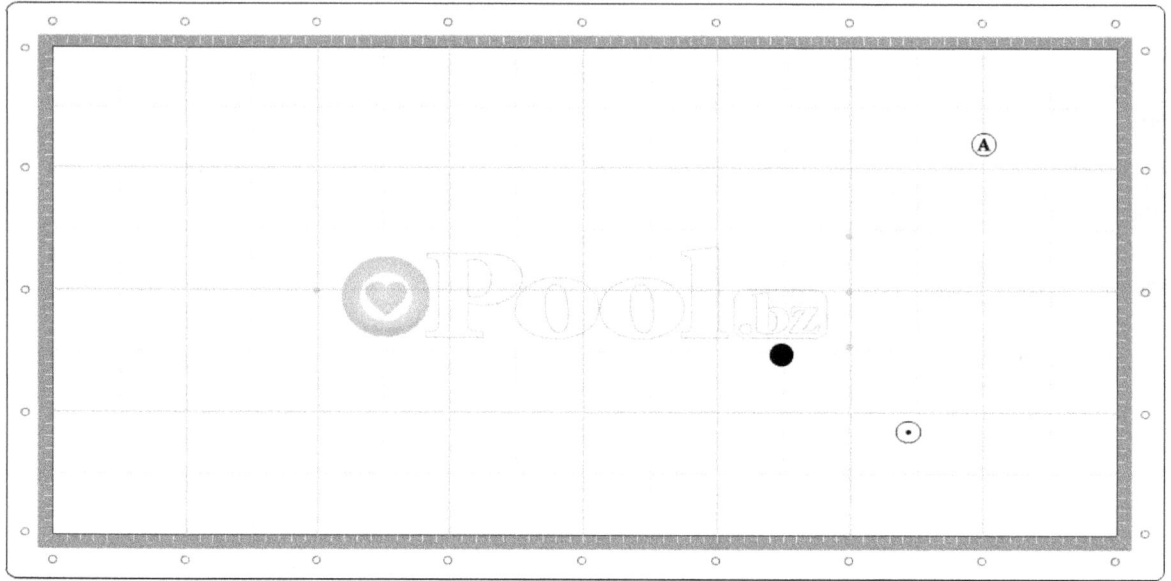

NOTAS VIR JOU IDEES:

Tabelpatroon

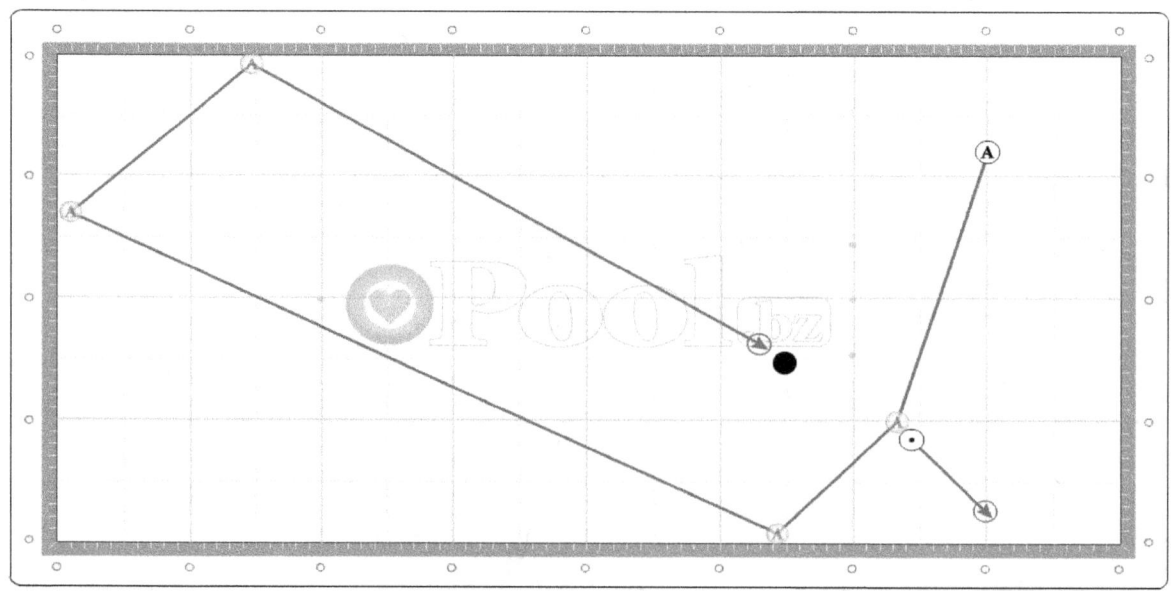

C:3c – Opstelling

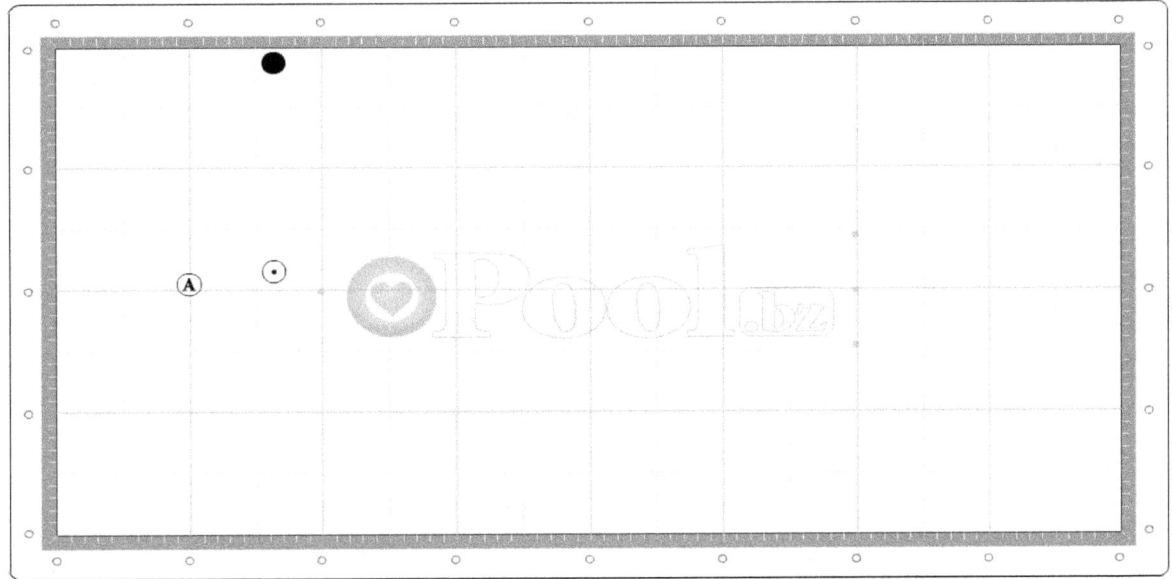

NOTAS VIR JOU IDEES:

Tabelpatroon

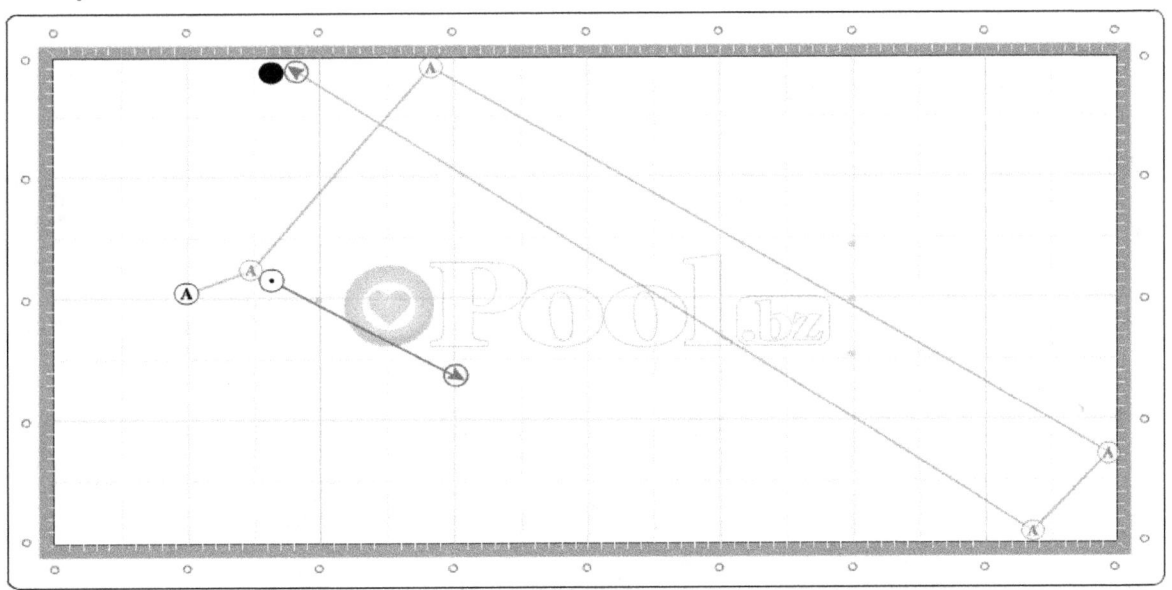

C:3d – Opstelling

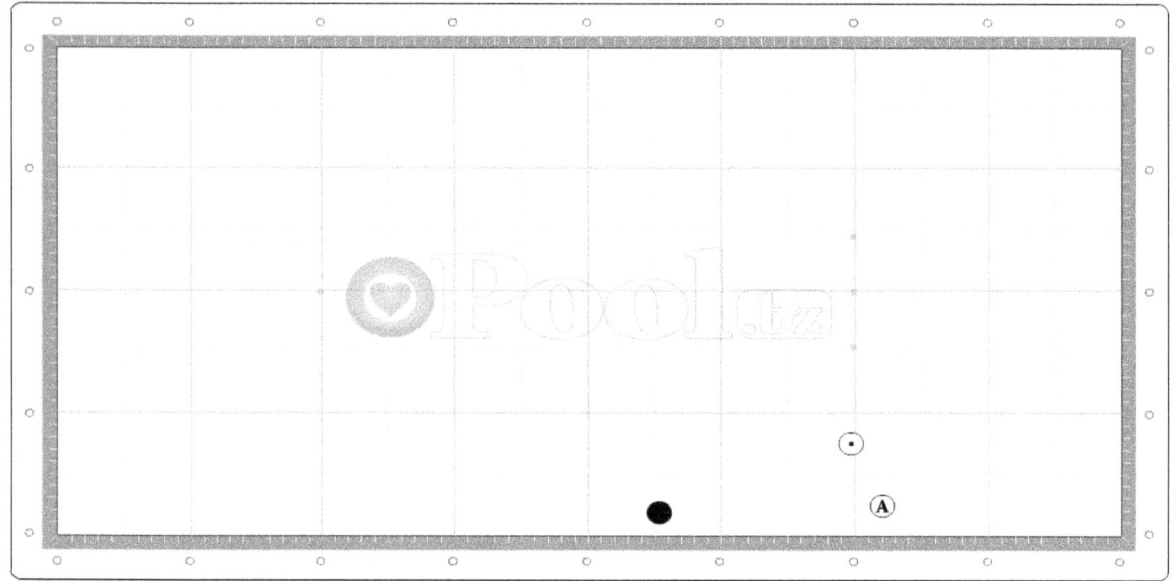

NOTAS VIR JOU IDEES:

Tabelpatroon

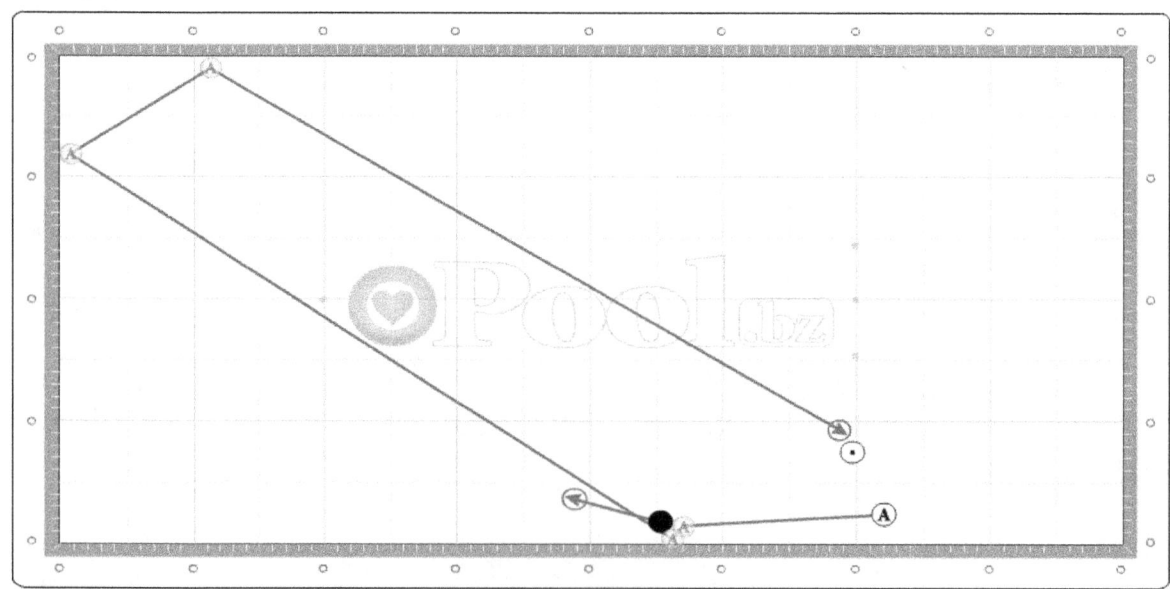

C: Groep 4

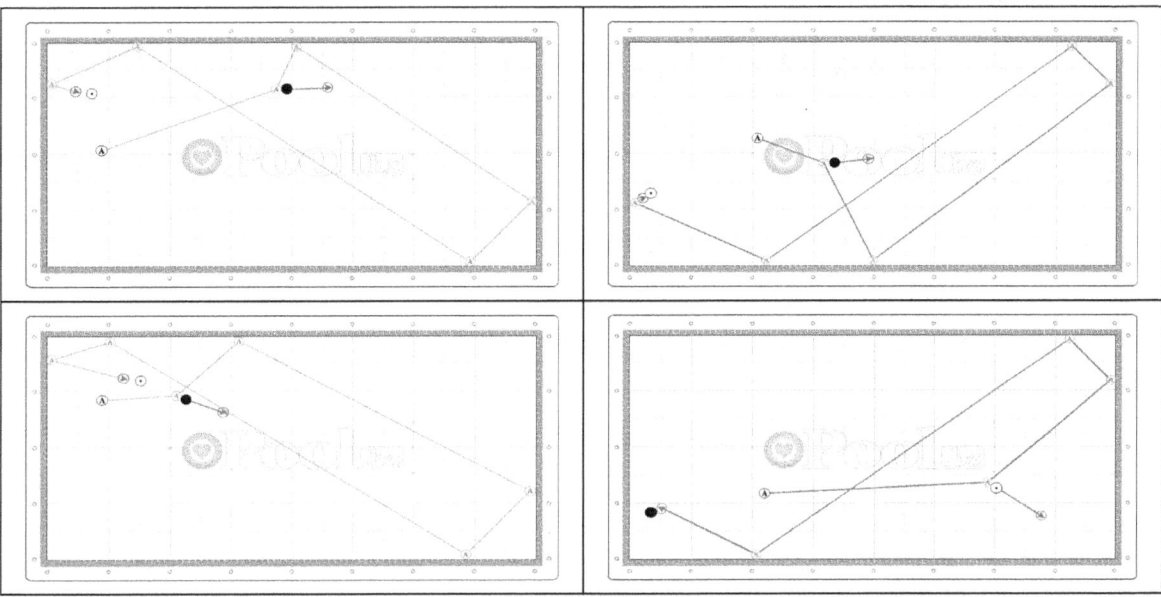

Analise:

C:4a. _____

C:4b. _____

C:4c. _____

C:4d. _____

C:4a – Opstelling

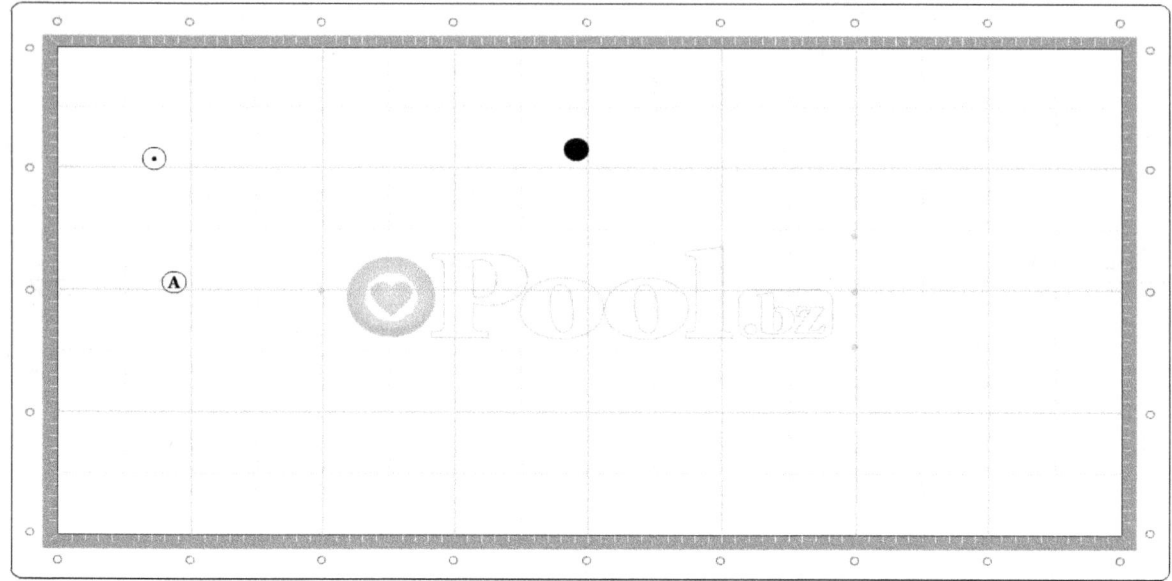

NOTAS VIR JOU IDEES:

Tabelpatroon

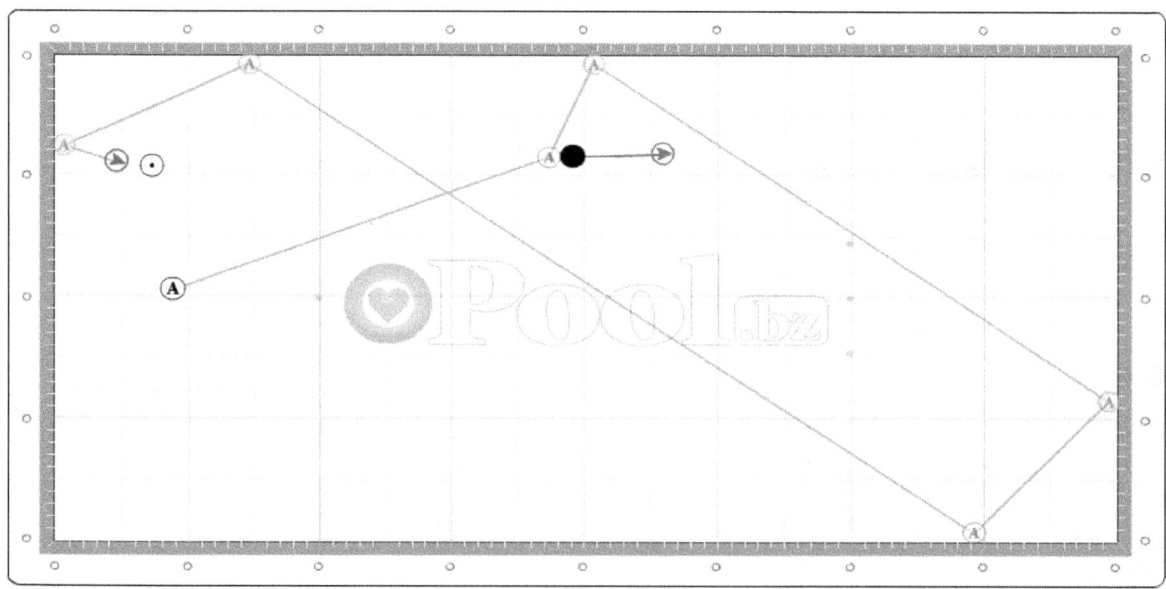

C:4b – Opstelling

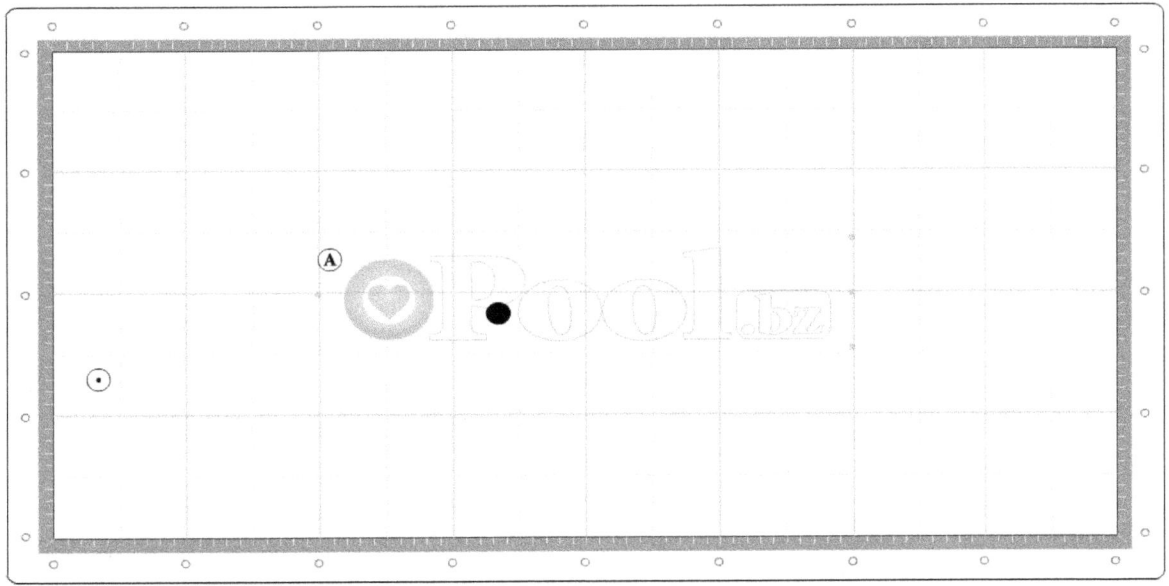

NOTAS VIR JOU IDEES:

Tabelpatroon

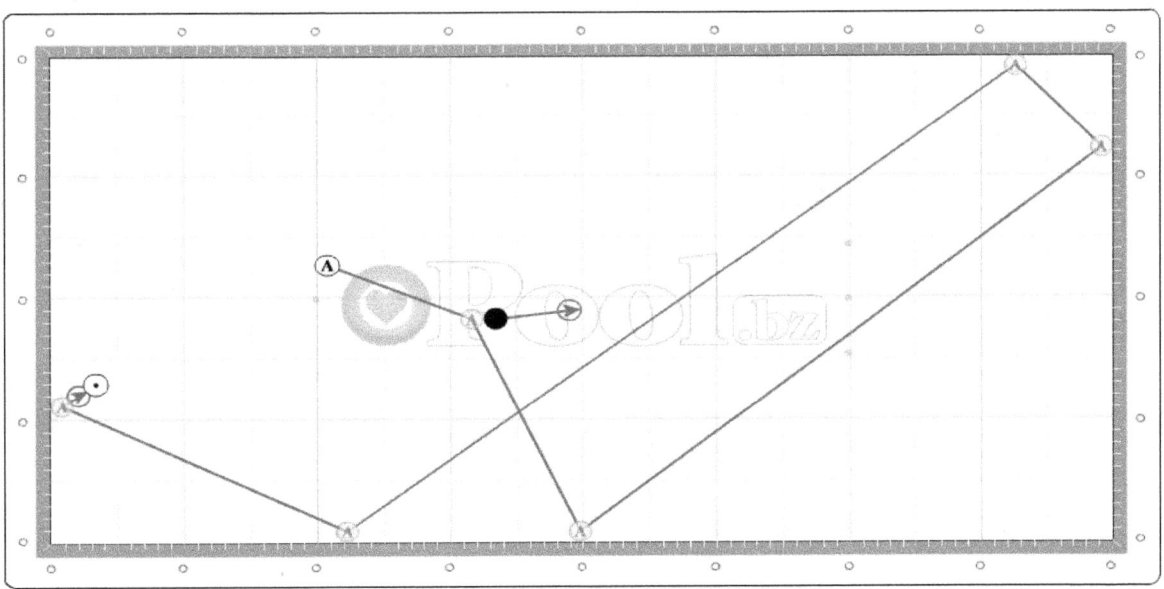

C:4c – Opstelling

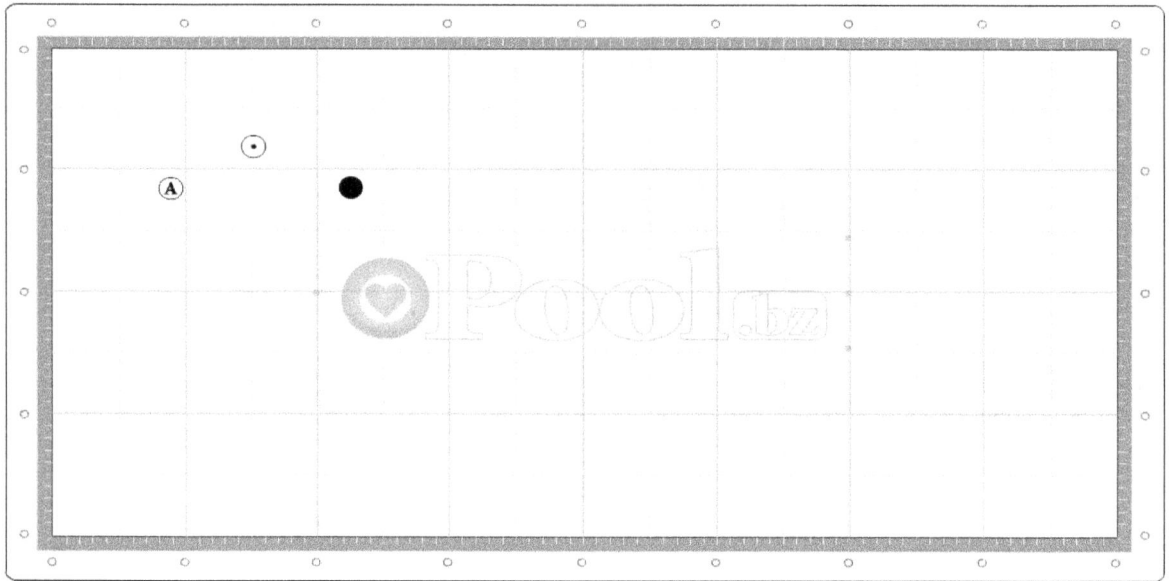

NOTAS VIR JOU IDEES:

Tabelpatroon

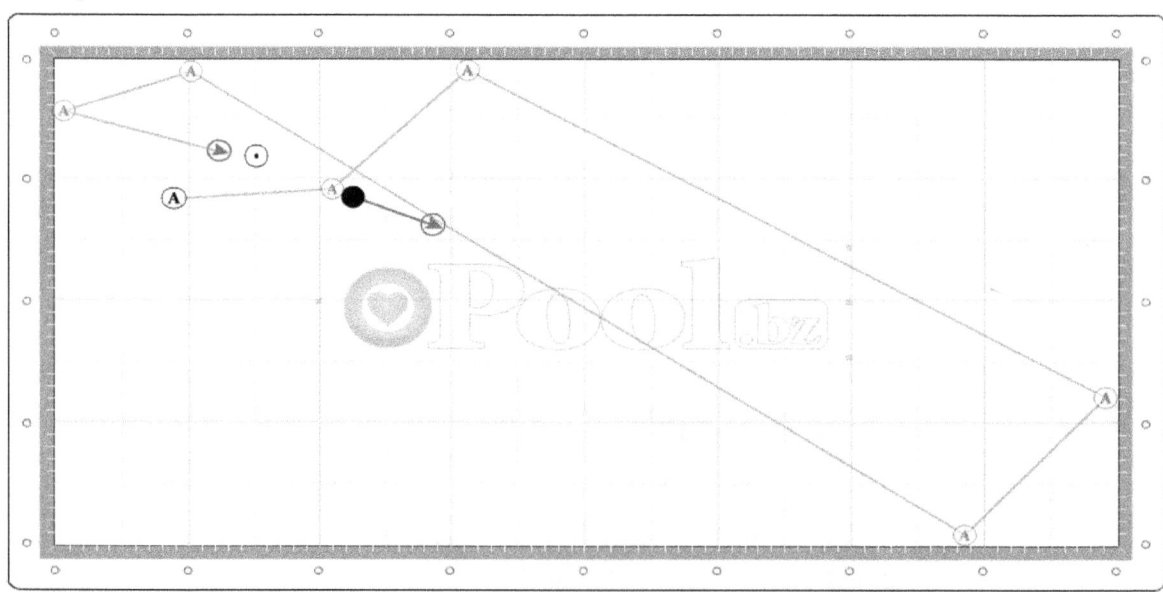

C:4d – Opstelling

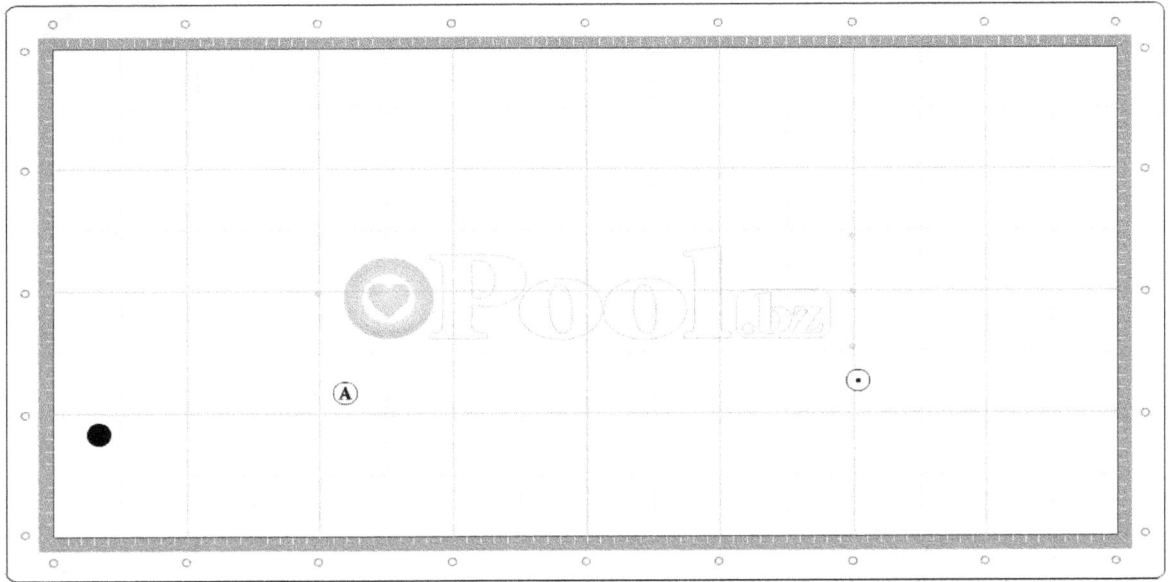

NOTAS VIR JOU IDEES:

Tabelpatroon

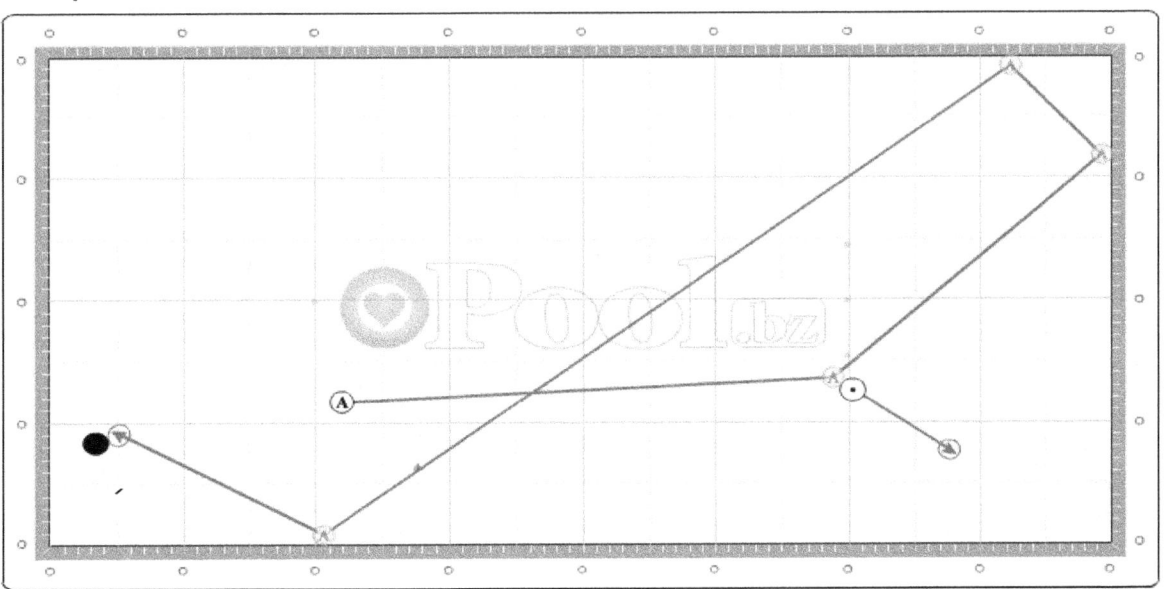

C: Groep 5

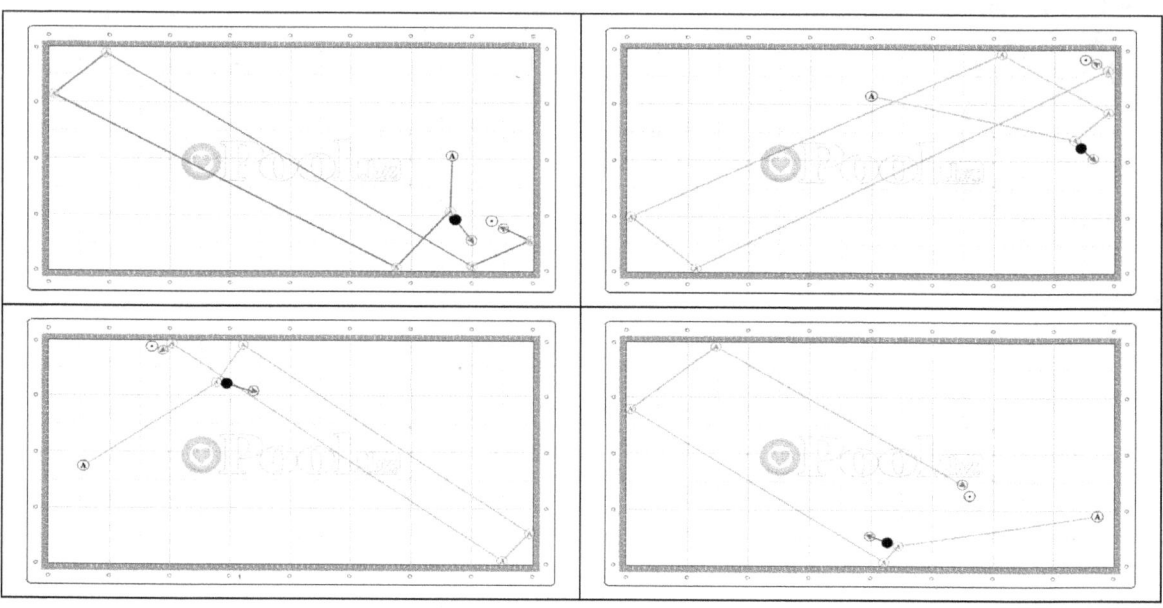

Analise:

C:5a. _____

C:5b. _____

C:5c. _____

C:5d. _____

C:5a – Opstelling

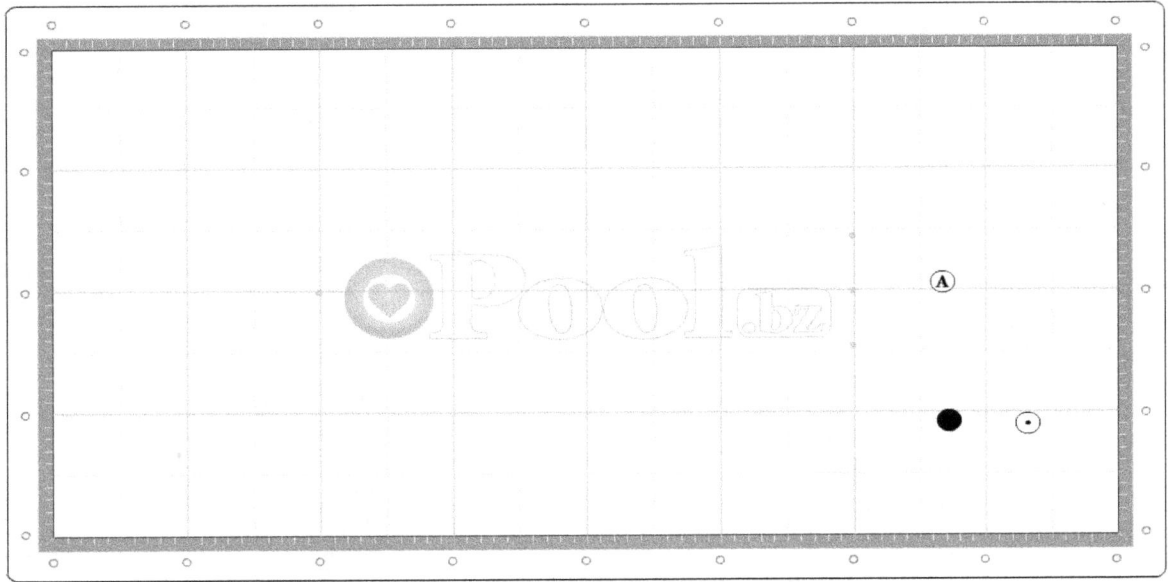

NOTAS VIR JOU IDEES:

Tabelpatroon

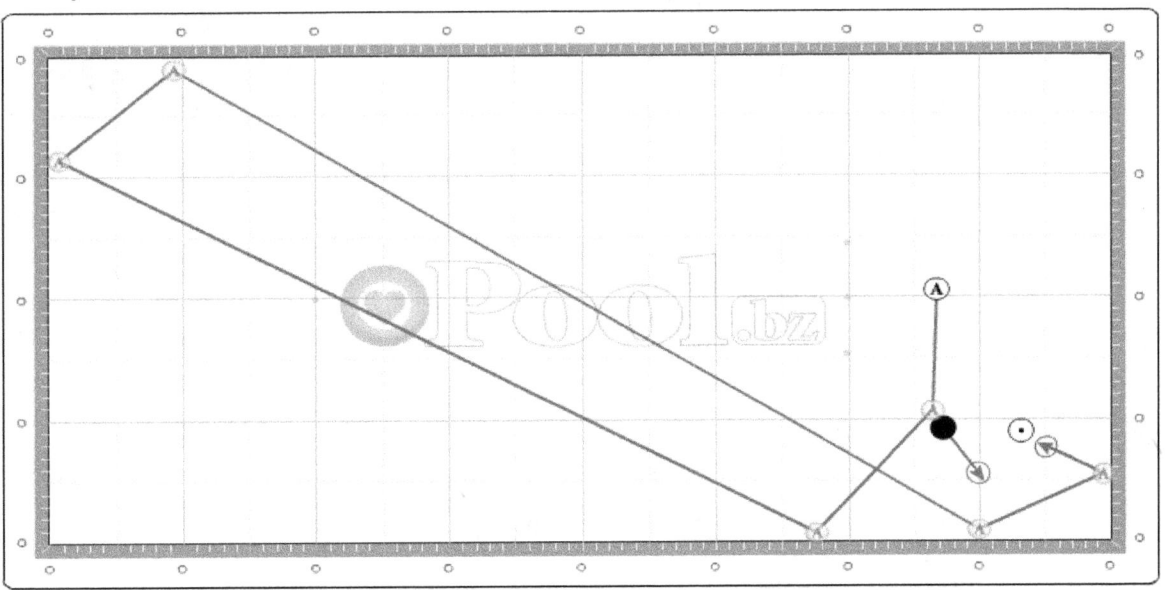

C:5b – Opstelling

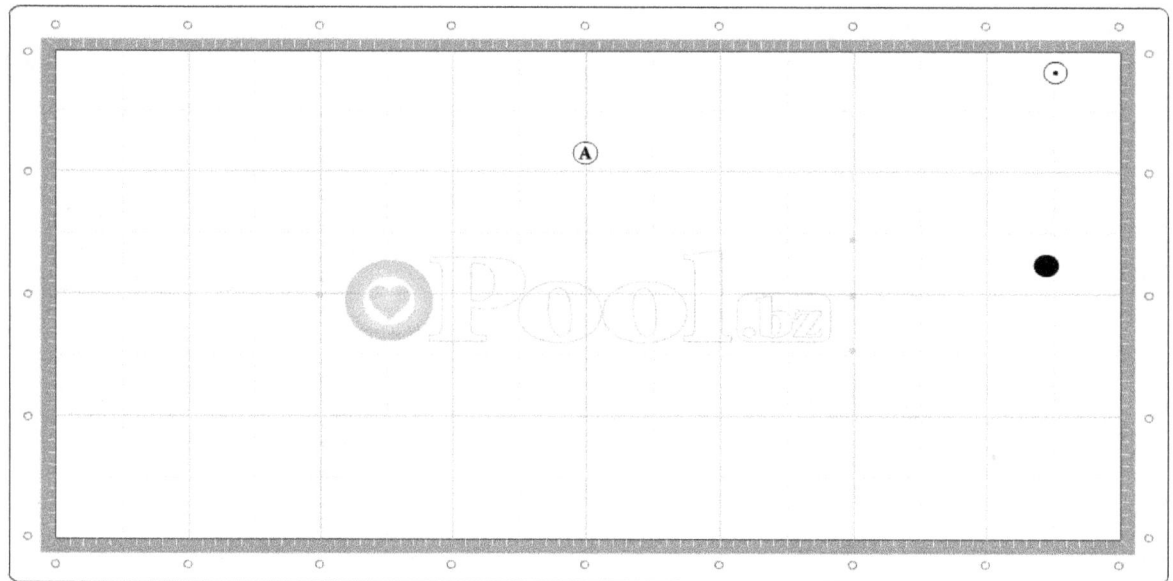

NOTAS VIR JOU IDEES:

Tabelpatroon

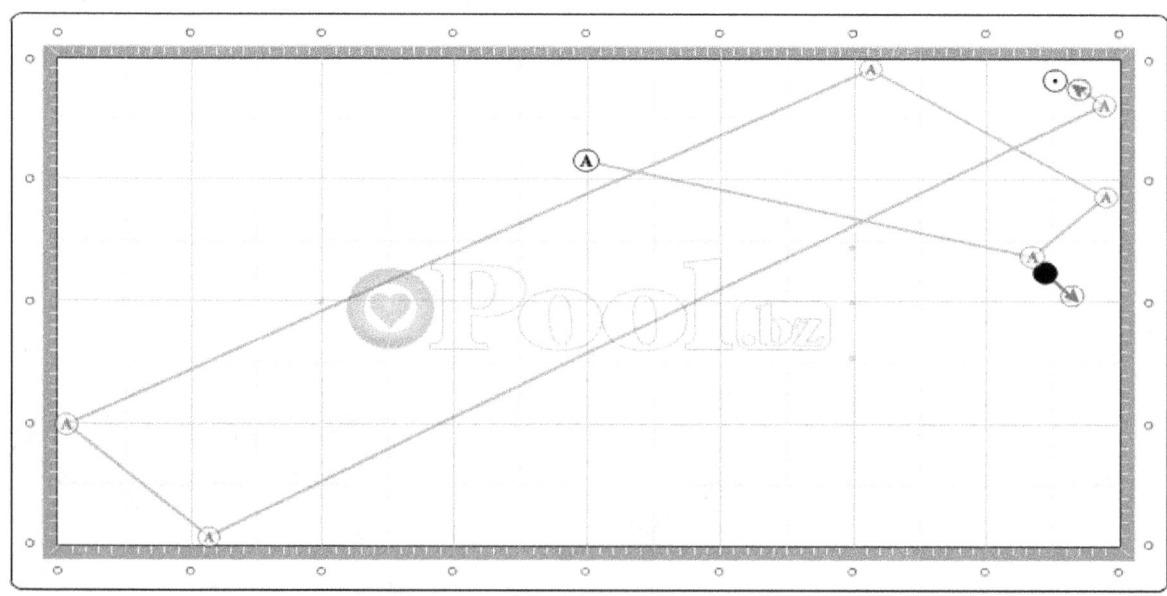

C:5c – Opstelling

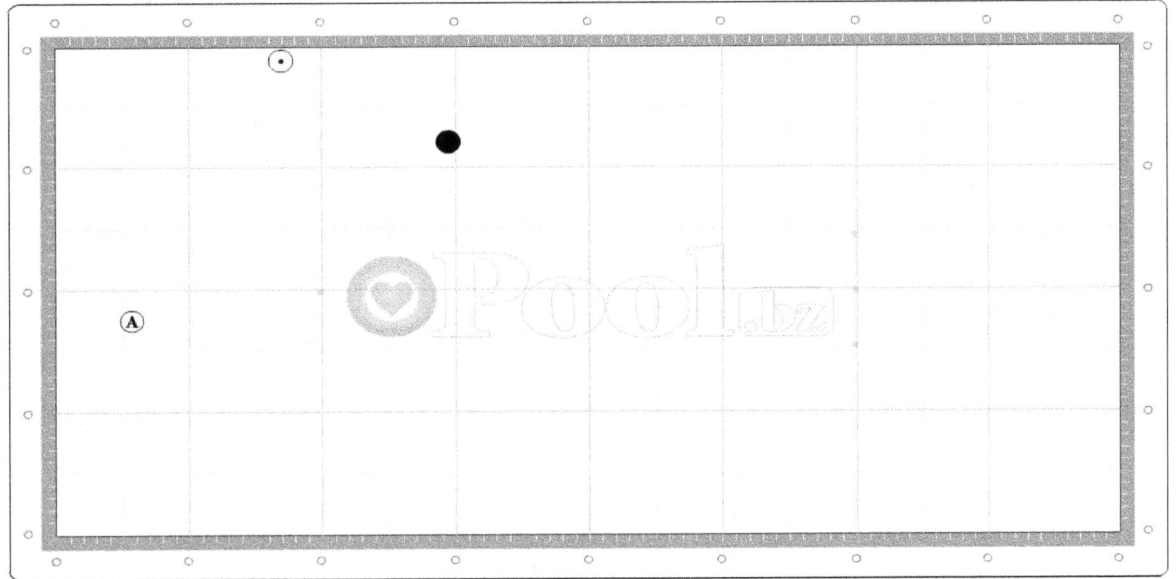

NOTAS VIR JOU IDEES:

Tabelpatroon

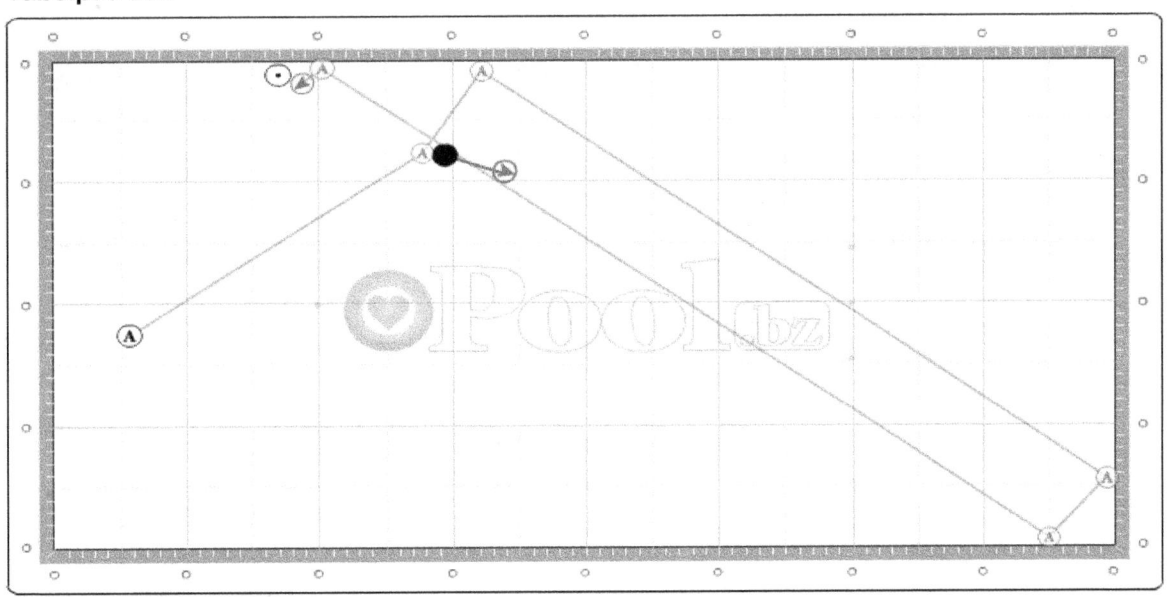

C:5d – Opstelling

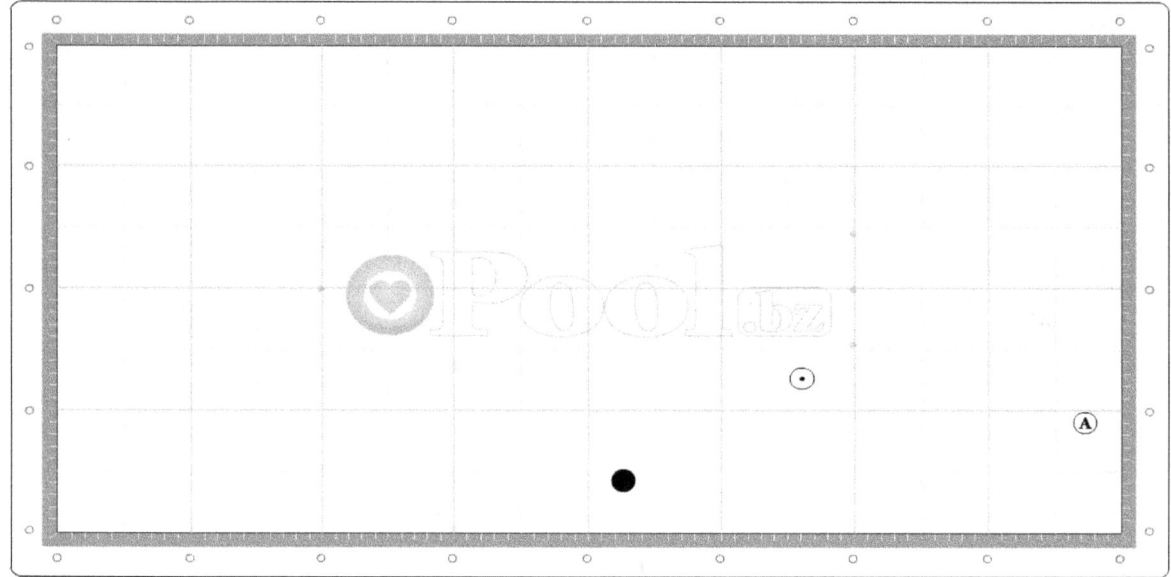

NOTAS VIR JOU IDEES:

Tabelpatroon

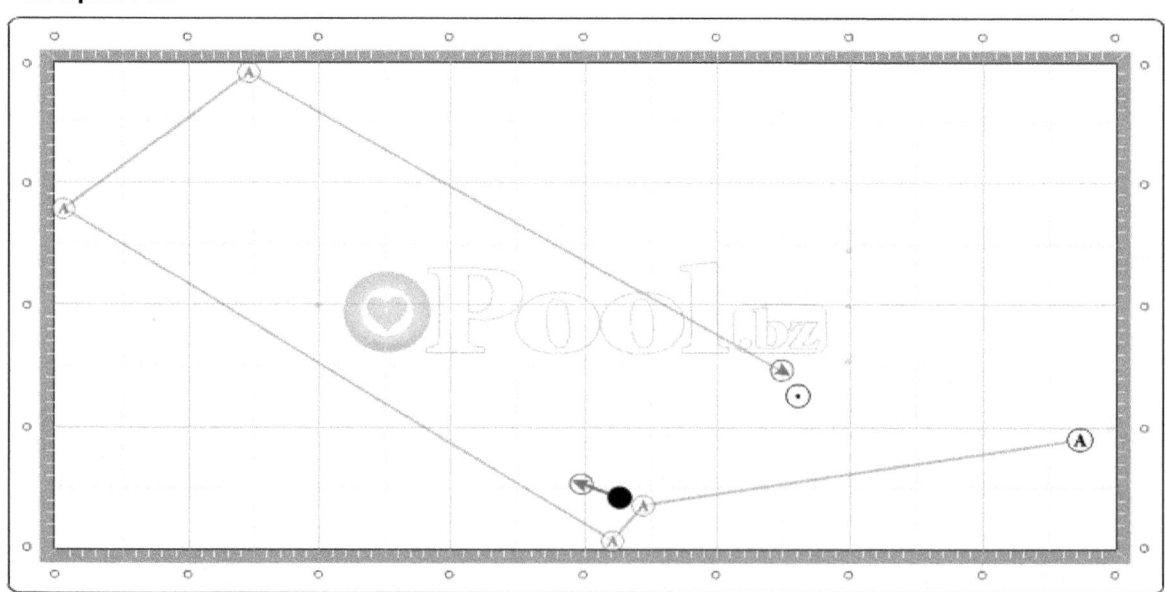

D: Dubbele diagonale

Op hierdie skote kom die (CB) van die eerste (OB) in een van die hoeke af. Dit kom uit en kop na die teenoorgestelde hoek. Die inkomende en uitgaande paaie is nie parallel nie.

Ⓐ **(CB)** (jou biljartbal) – ⊙ **(OB)** (teenstander biljartbal) – ● **(OB)** (rooi bal)

D: Groep 1

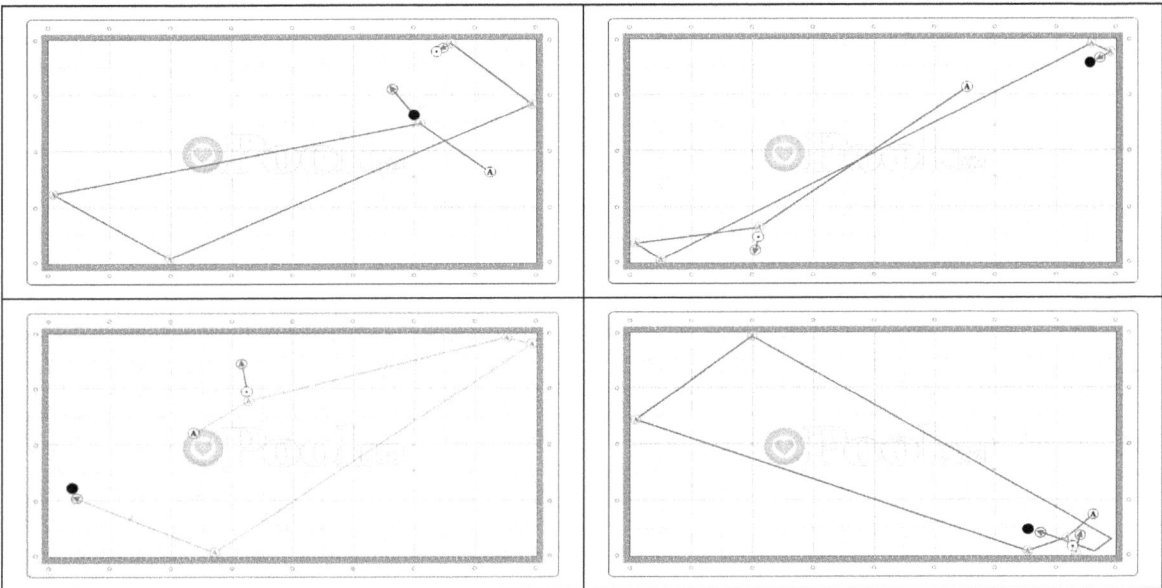

Analise:

D:1a. _____

D:1b. _____

D:1c. _____

D:1d. _____

D:1a – Opstelling

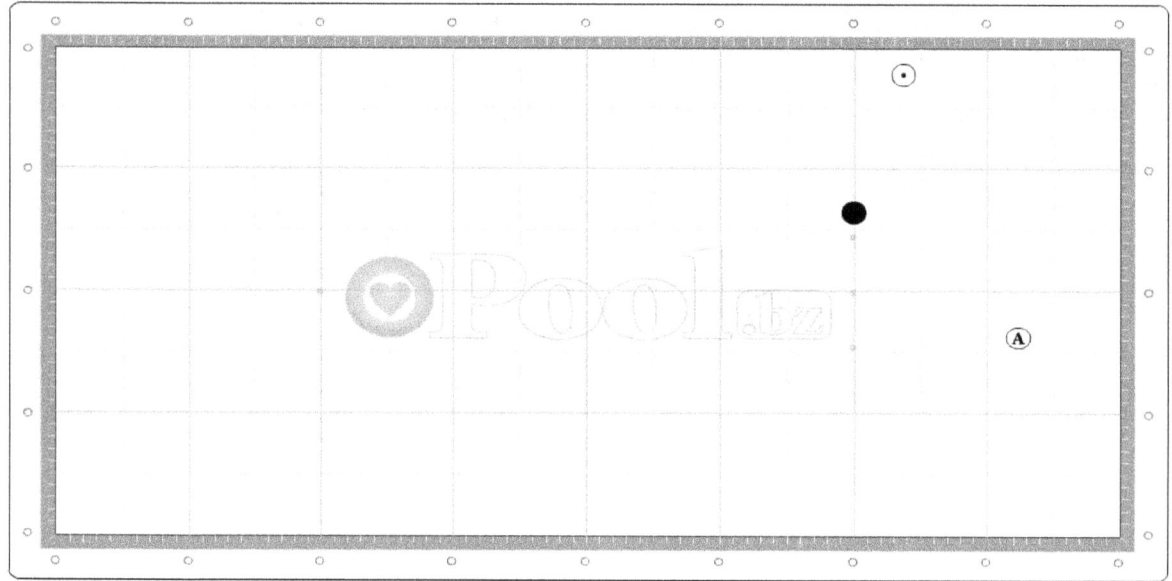

NOTAS VIR JOU IDEES:

Tabelpatroon

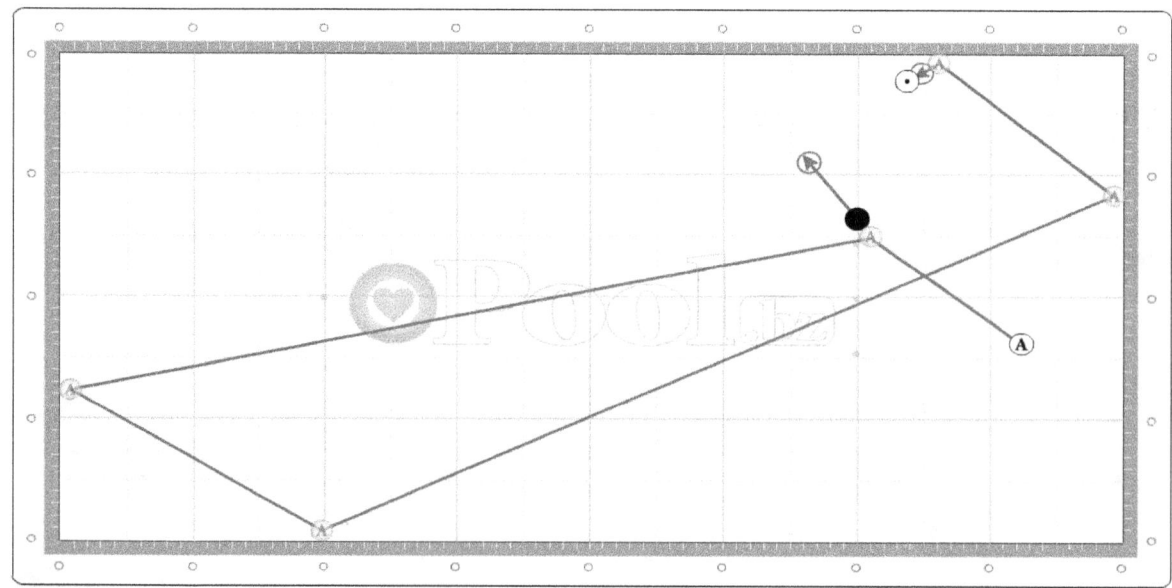

D:1b – Opstelling

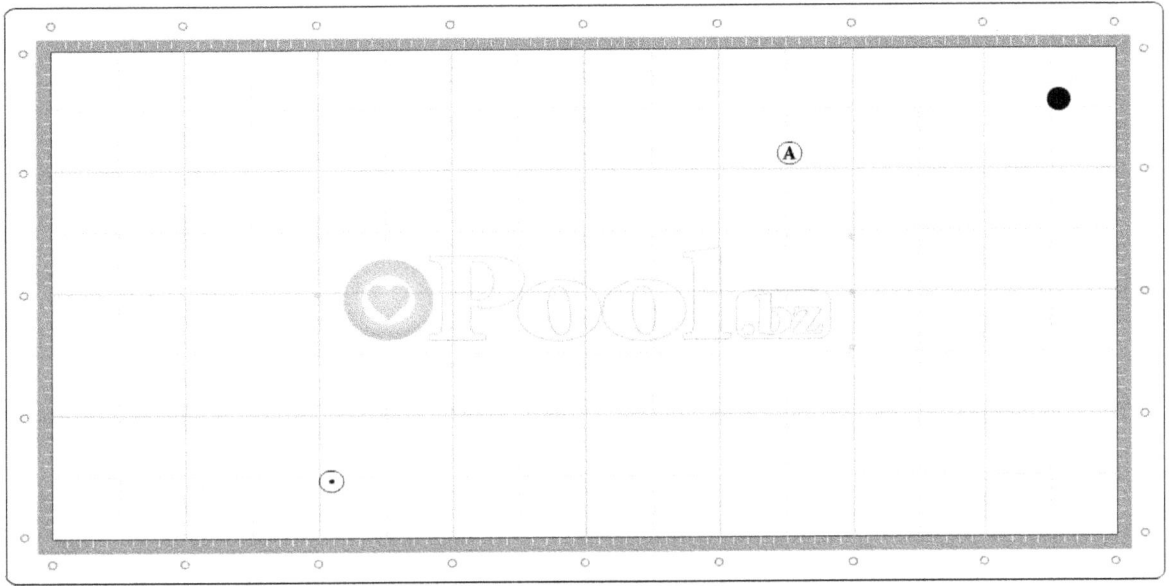

NOTAS VIR JOU IDEES:

Tabelpatroon

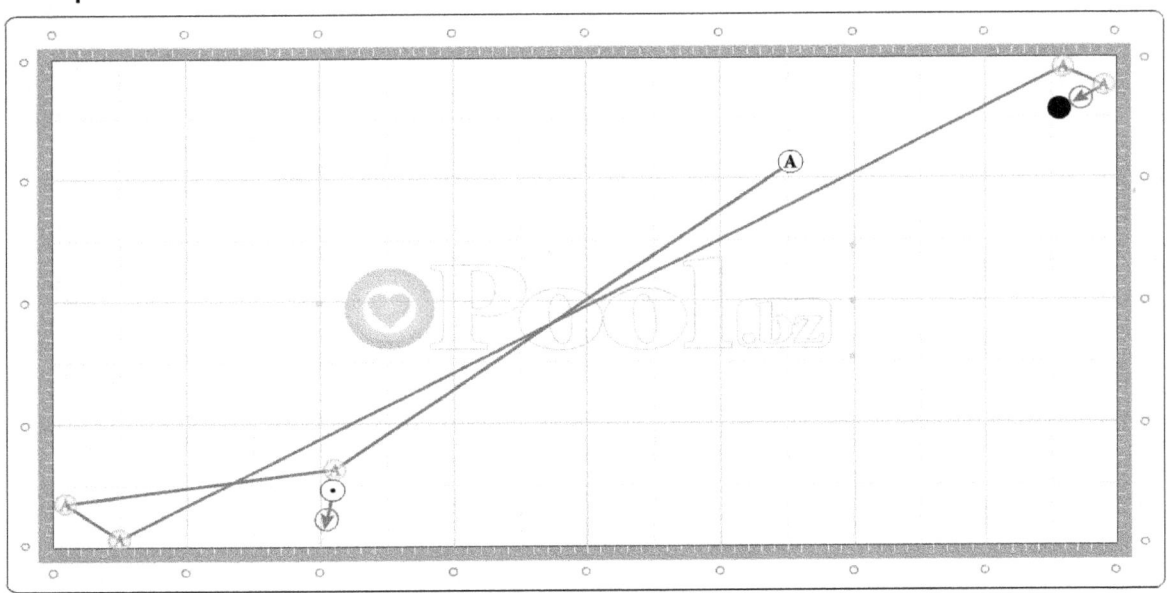

D:1c – Opstelling

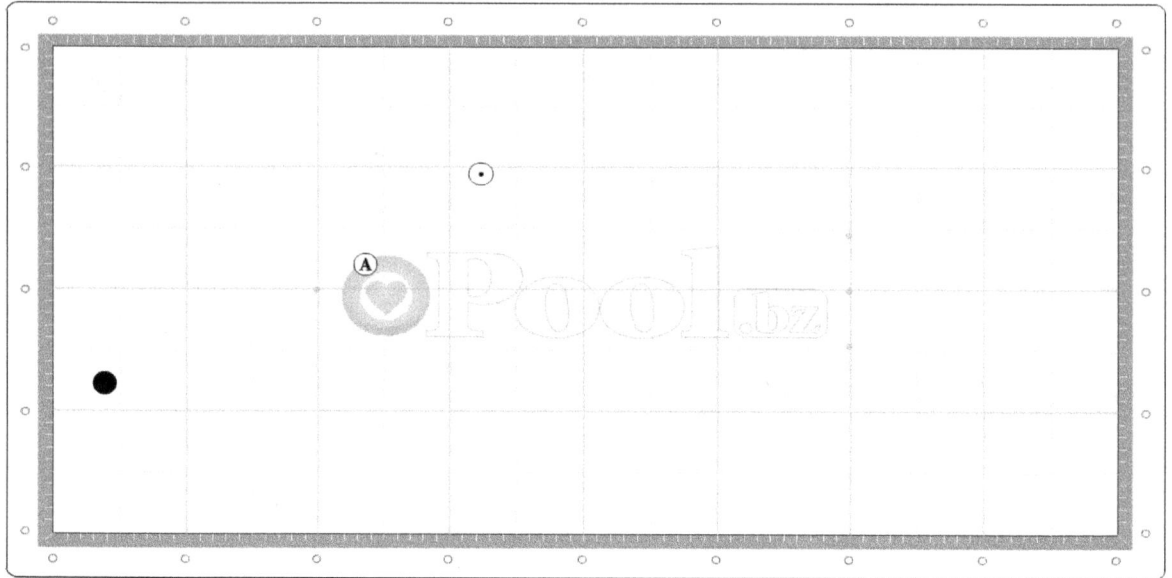

NOTAS VIR JOU IDEES:

Tabelpatroon

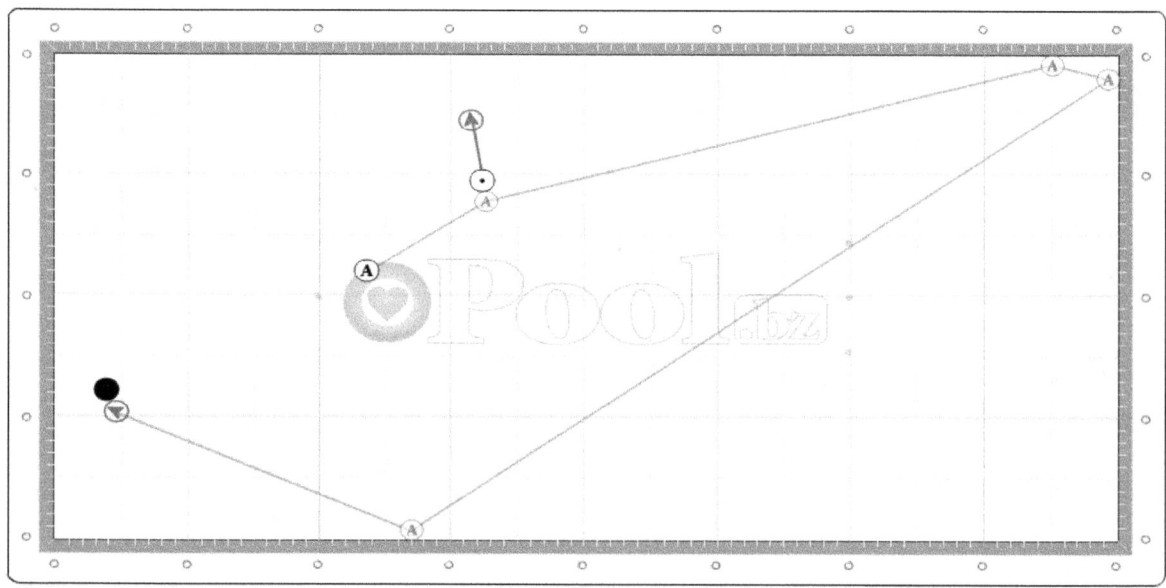

D:1d – Opstelling

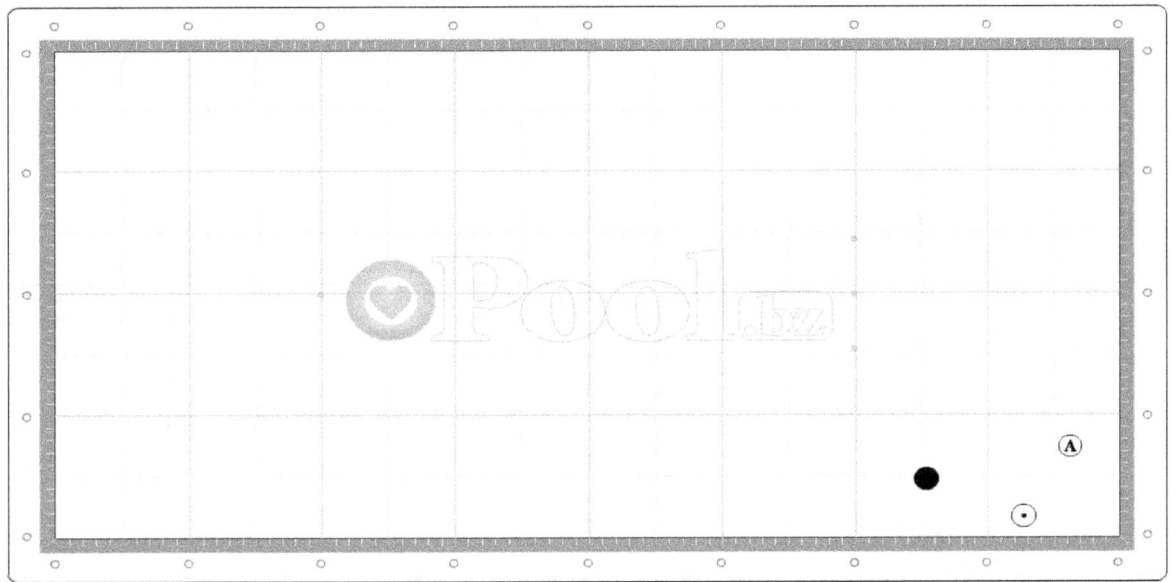

NOTAS VIR JOU IDEES:

Tabelpatroon

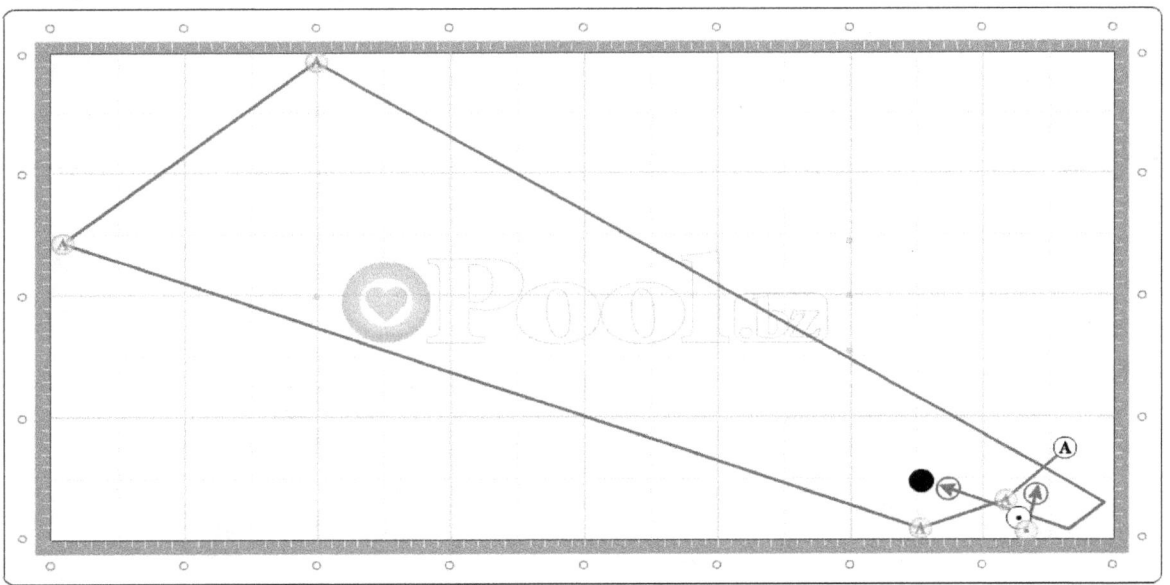

D: Groep 2

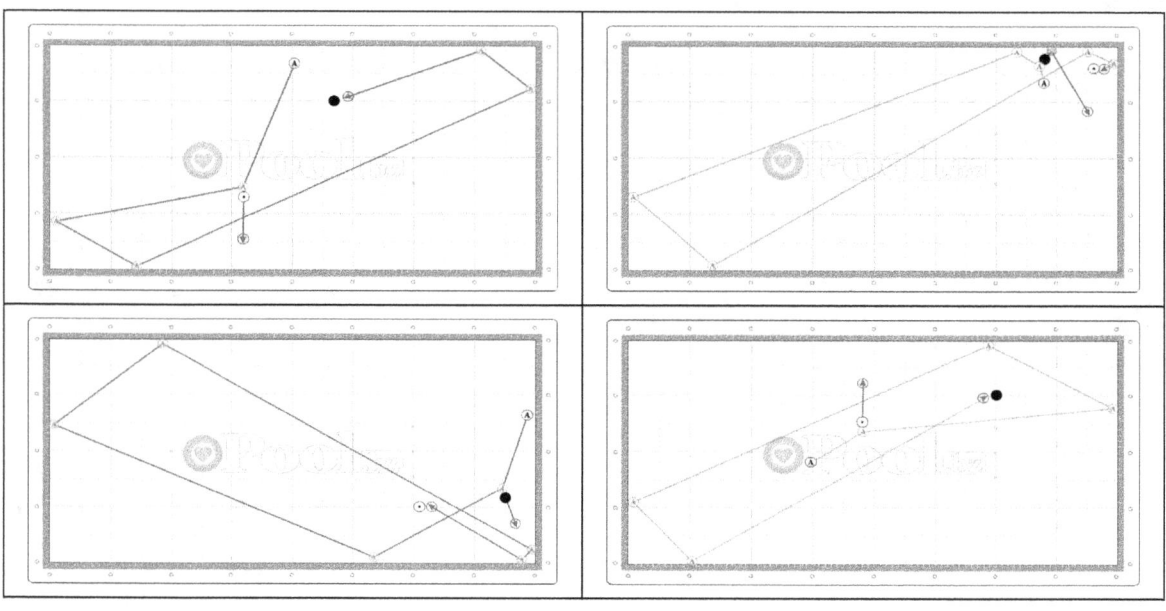

Analise:

D:2a. _____

D:2b. _____

D:2c. _____

D:2d. _____

D:2a – Opstelling

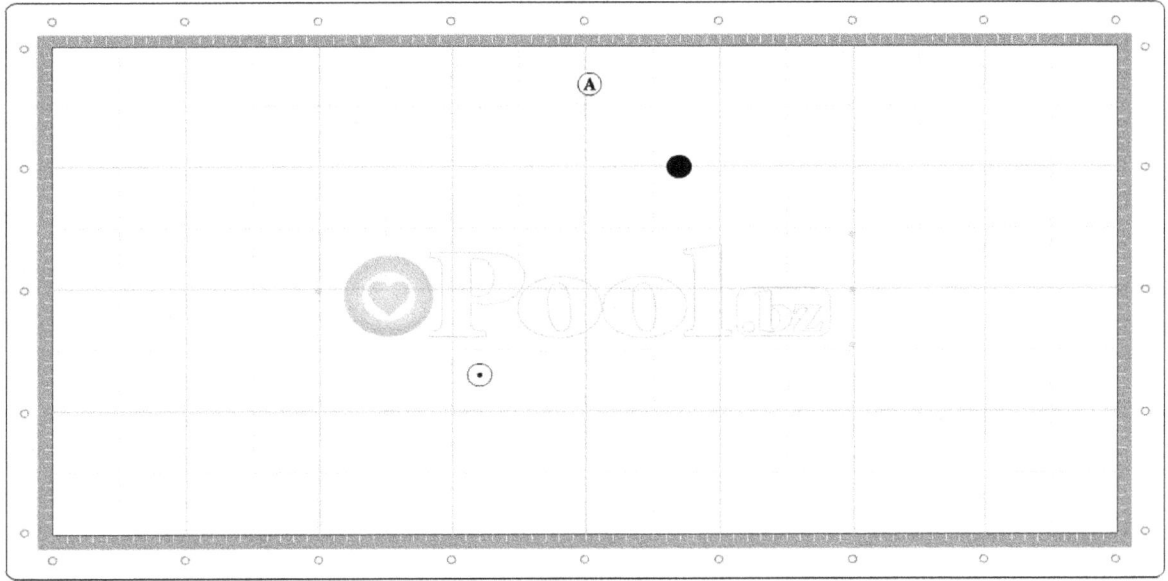

NOTAS VIR JOU IDEES:

Tabelpatroon

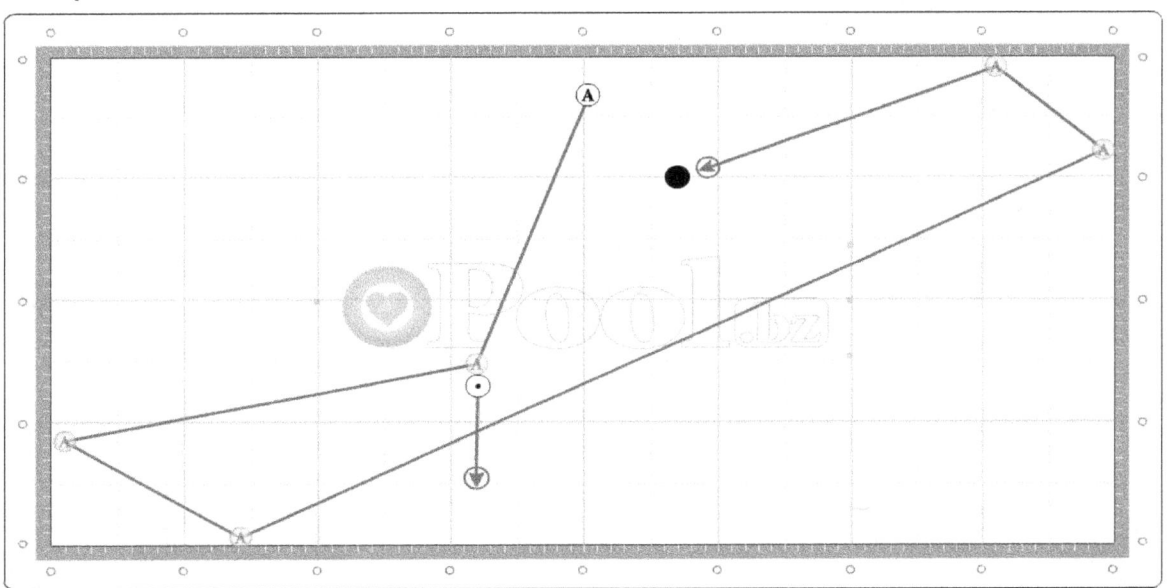

D:2b – Opstelling

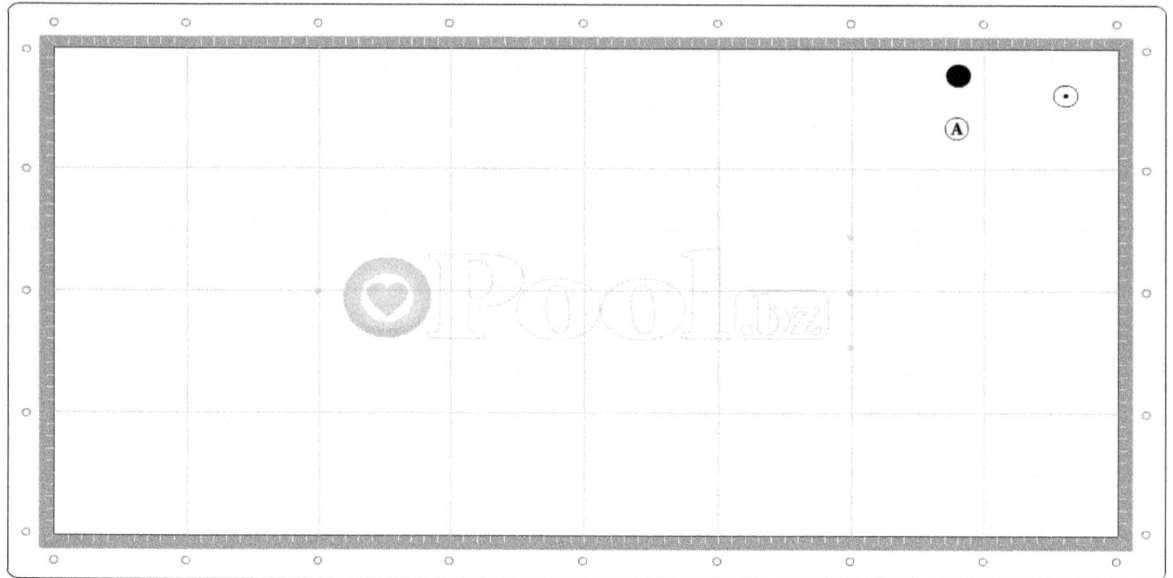

NOTAS VIR JOU IDEES:

Tabelpatroon

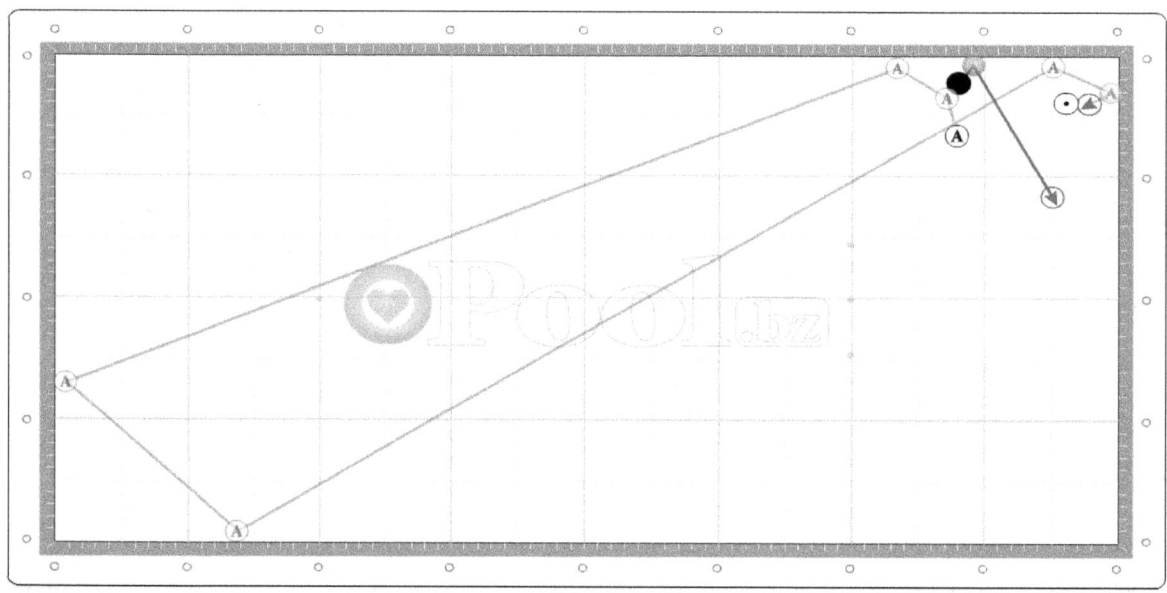

D:2c – Opstelling

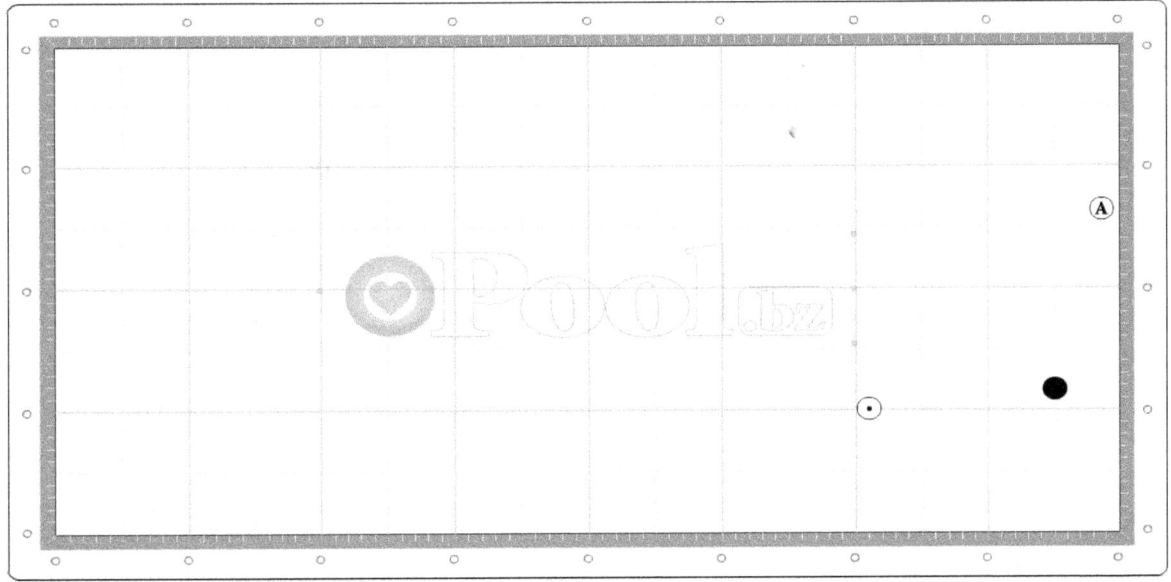

NOTAS VIR JOU IDEES:

Tabelpatroon

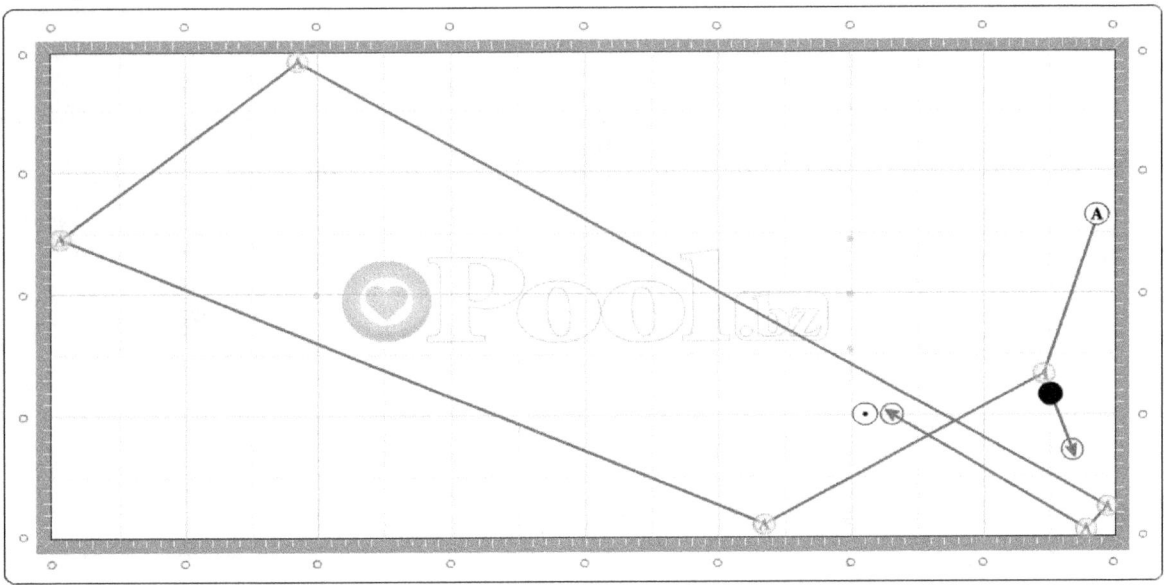

D:2d – Opstelling

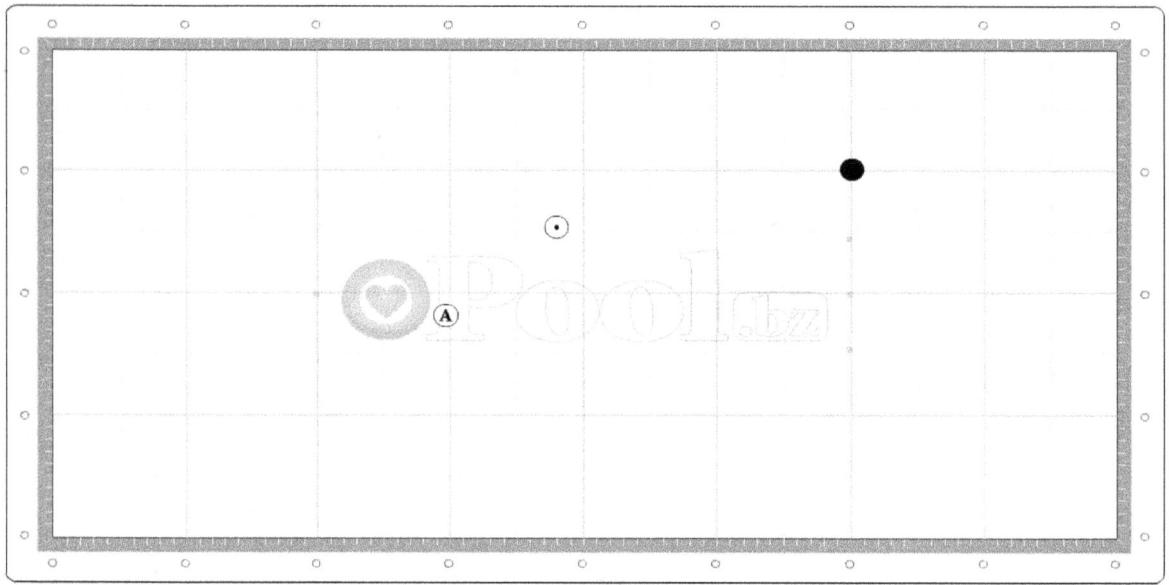

NOTAS VIR JOU IDEES:

Tabelpatroon

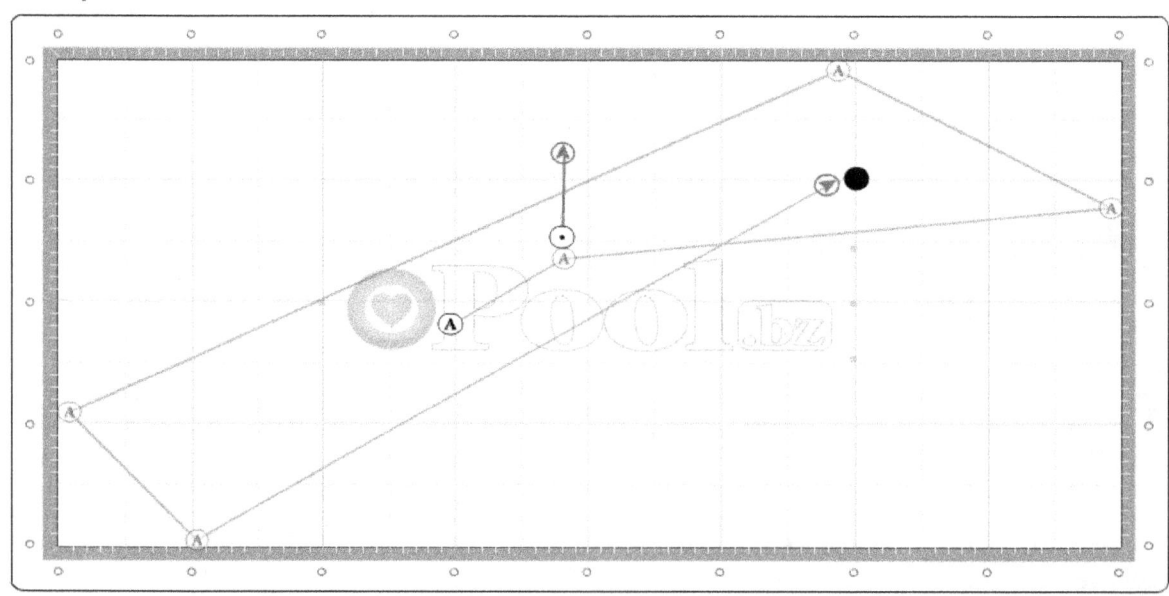

D: Groep 3

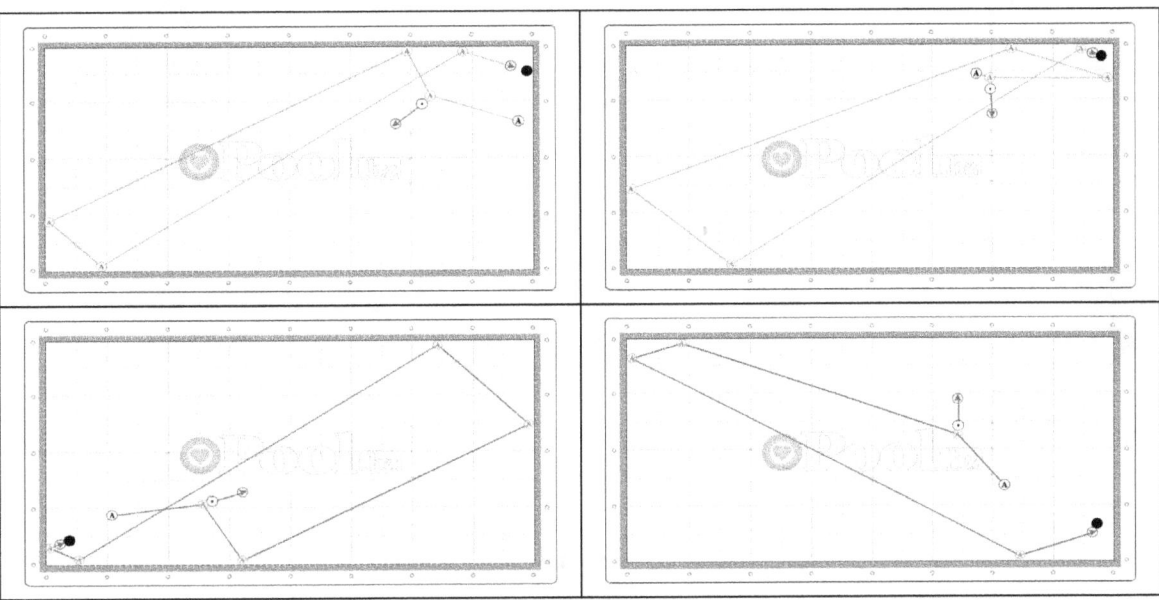

Analise:

D:3a. _____

D:3b. _____

D:3c. _____

D:3d. _____

D:3a – Opstelling

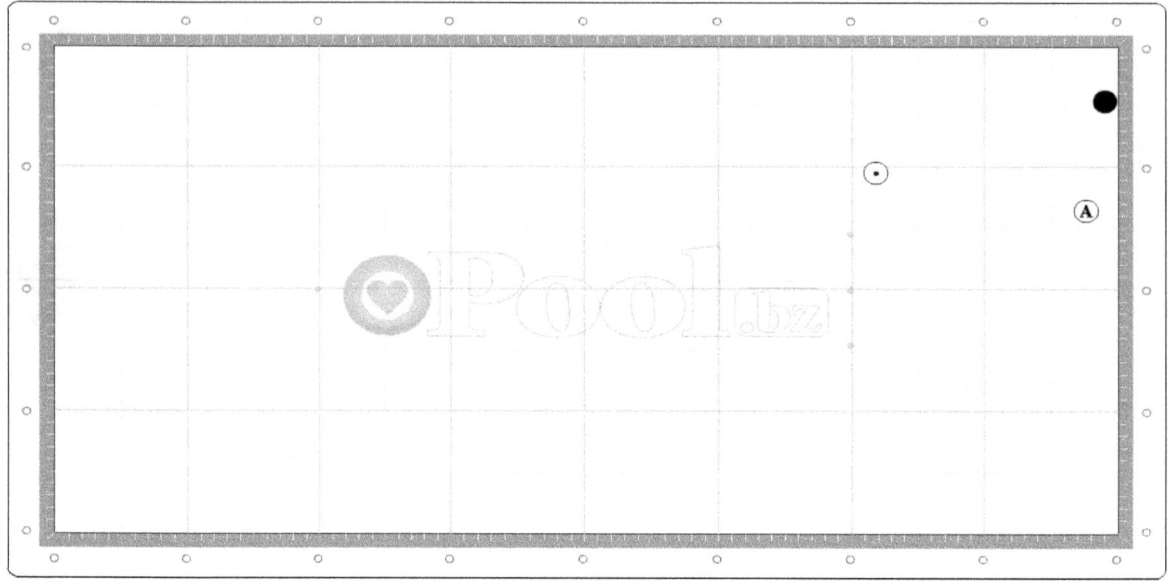

NOTAS VIR JOU IDEES:

Tabelpatroon

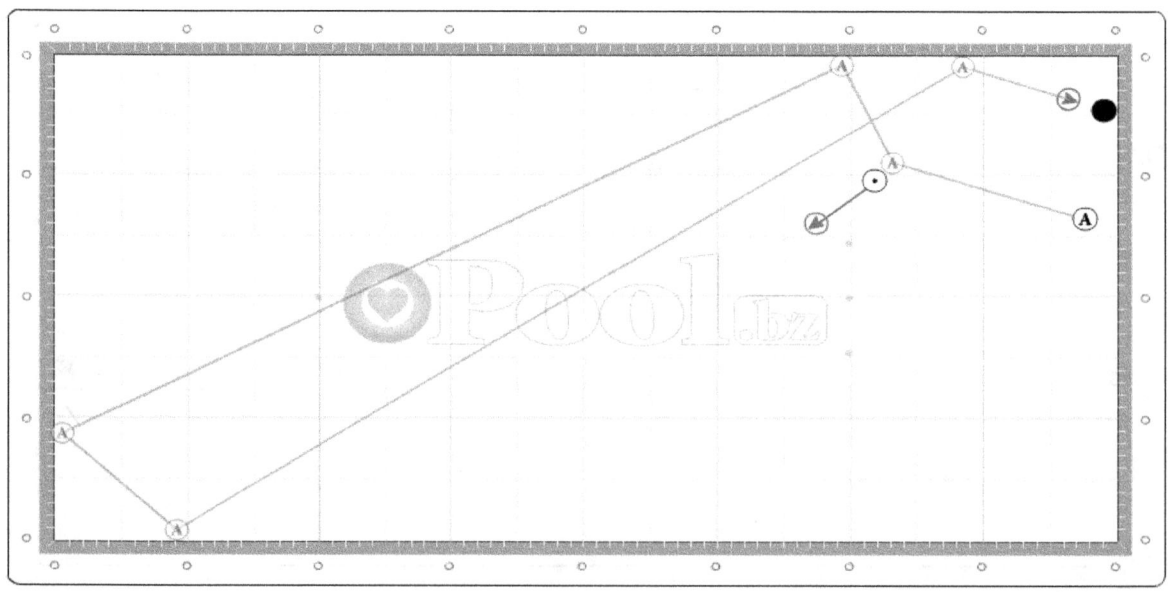

D:3b – Opstelling

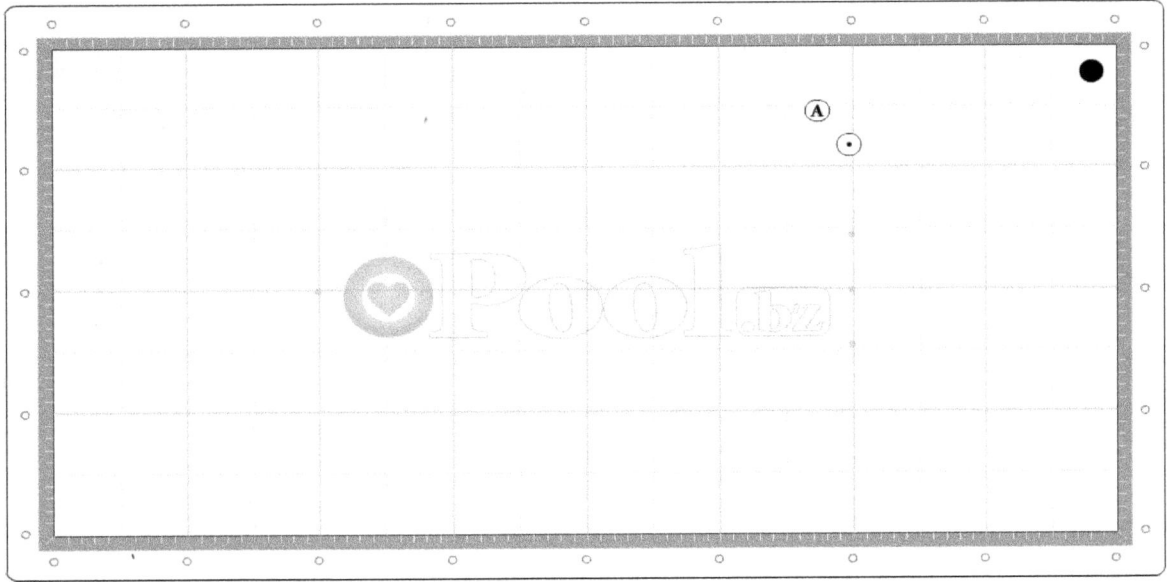

NOTAS VIR JOU IDEES:

Tabelpatroon

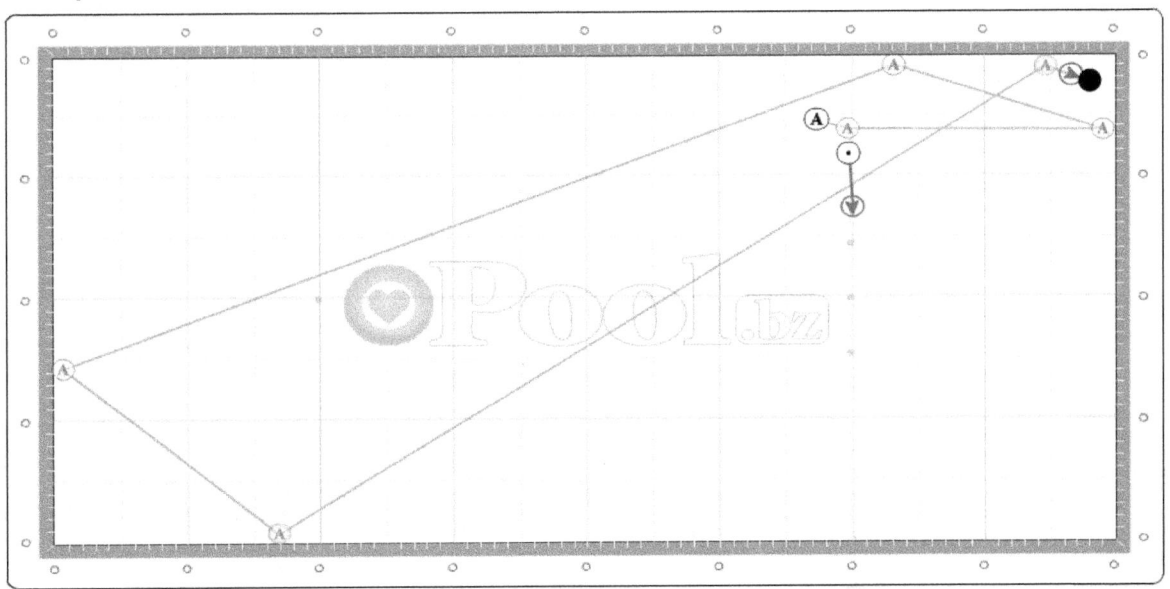

D:3c – Opstelling

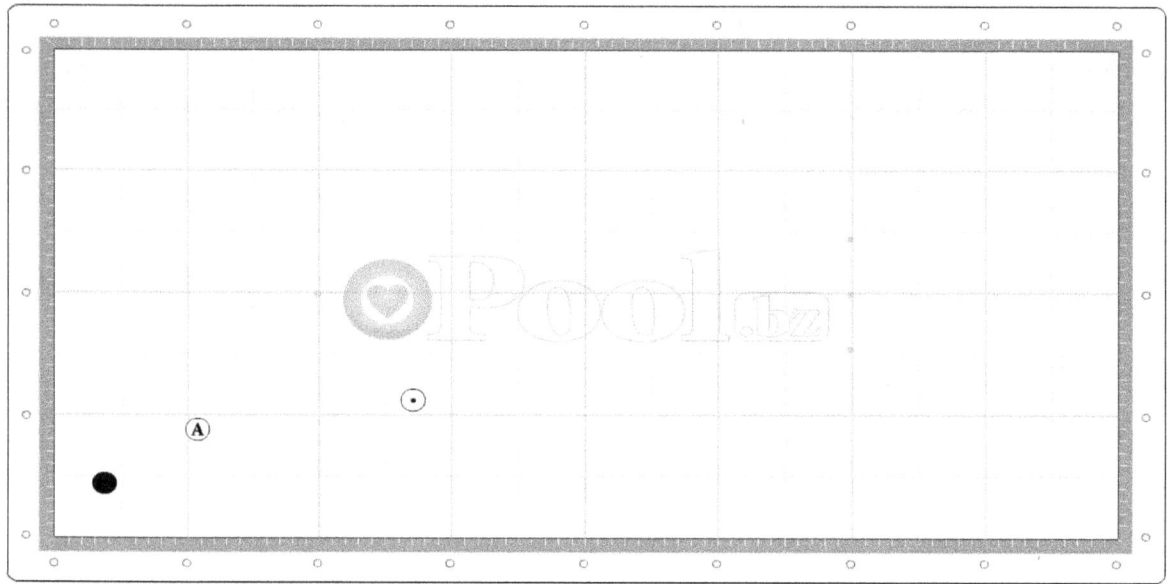

NOTAS VIR JOU IDEES:

Tabelpatroon

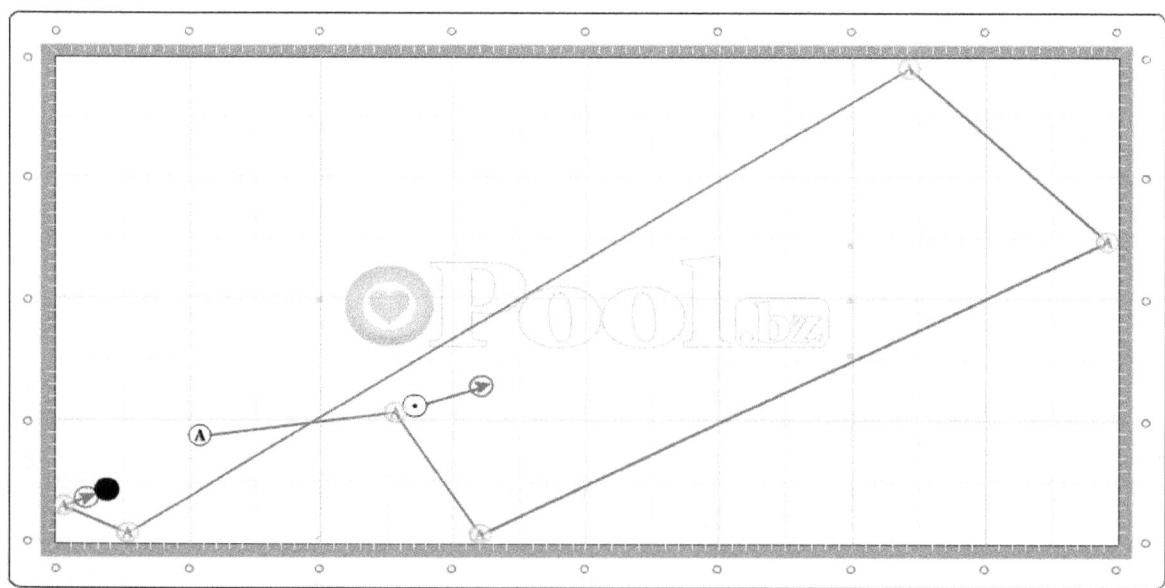

D:3d – Opstelling

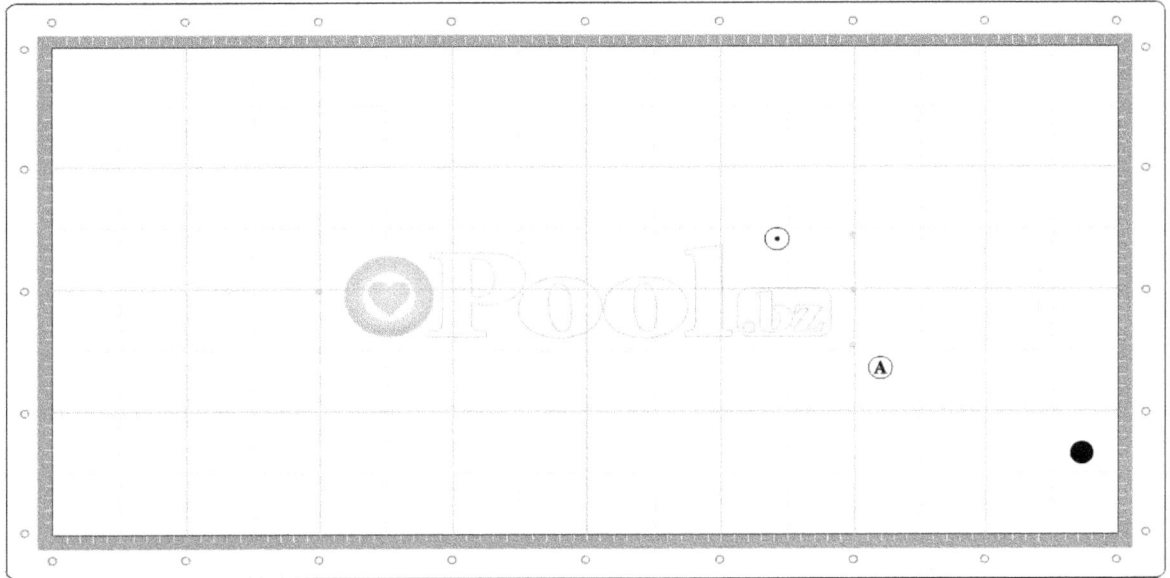

NOTAS VIR JOU IDEES:

Tabelpatroon

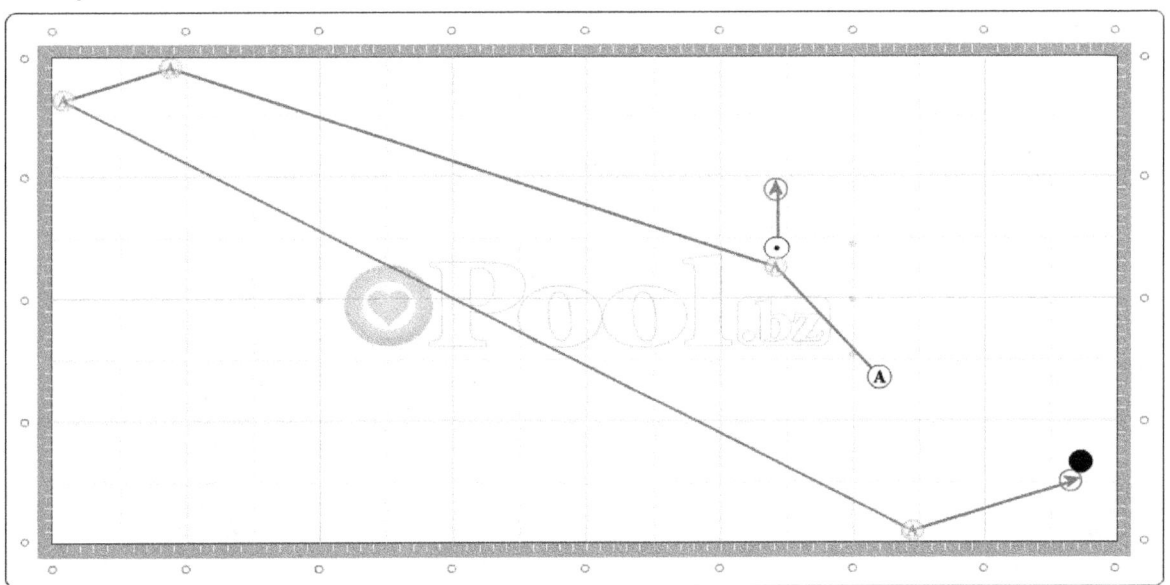

D: Groep 4

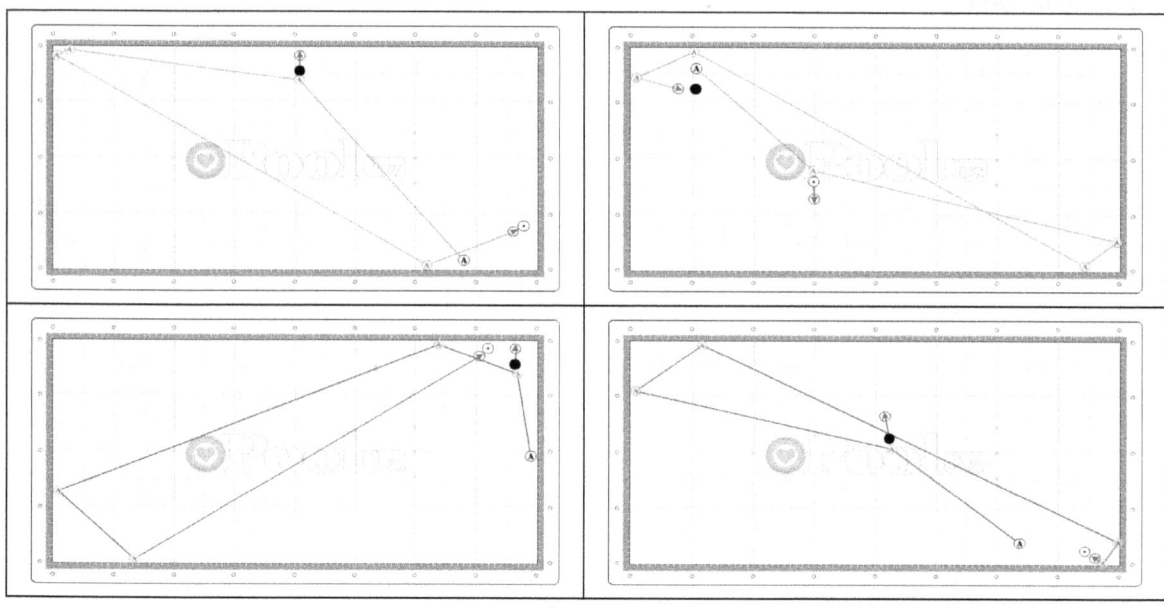

Analise:

D:4a. _____

D:4b. _____

D:4c. _____

D:4d. _____

D:4a – Opstelling

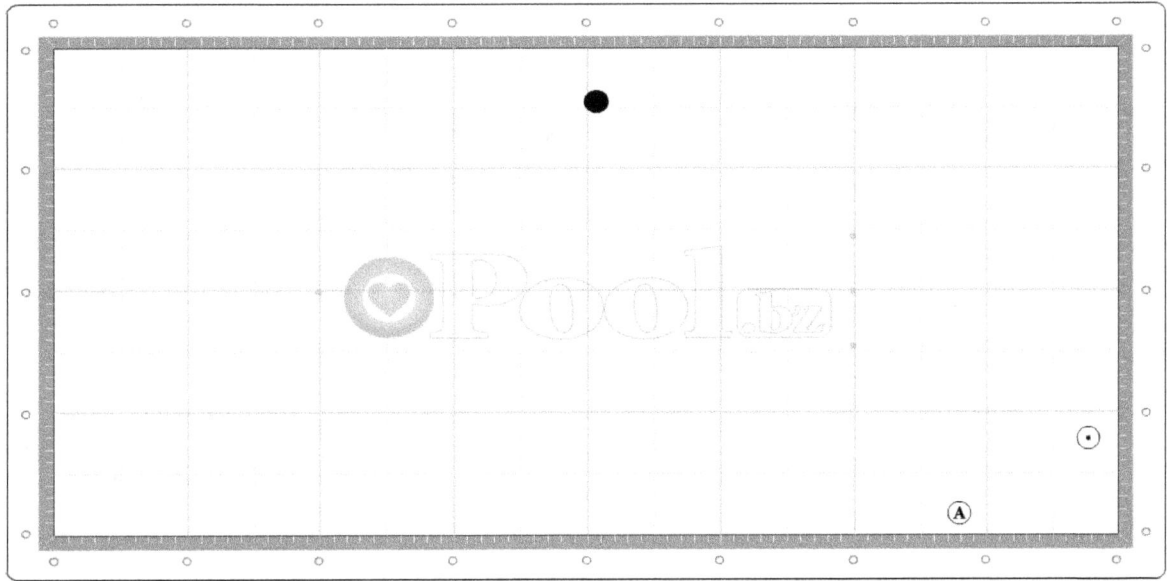

NOTAS VIR JOU IDEES:

Tabelpatroon

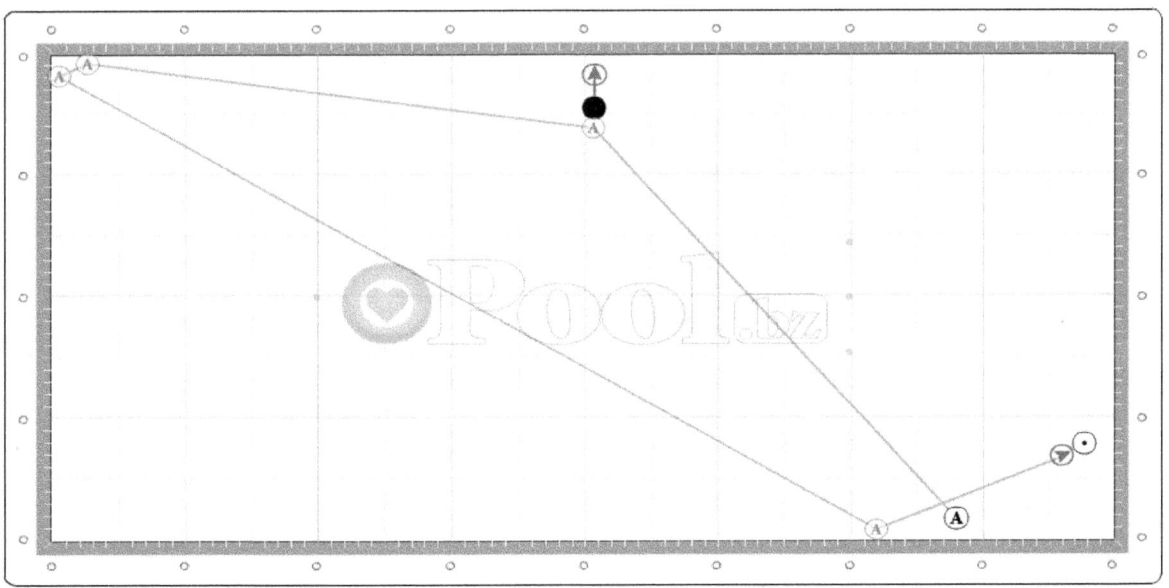

D:4b – Opstelling

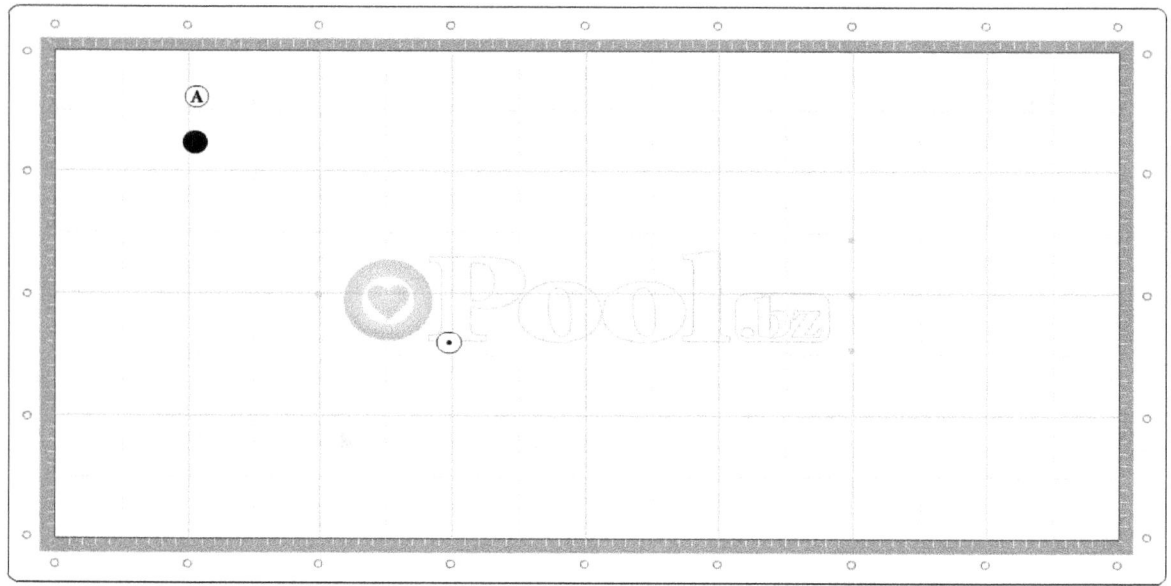

NOTAS VIR JOU IDEES:

Tabelpatroon

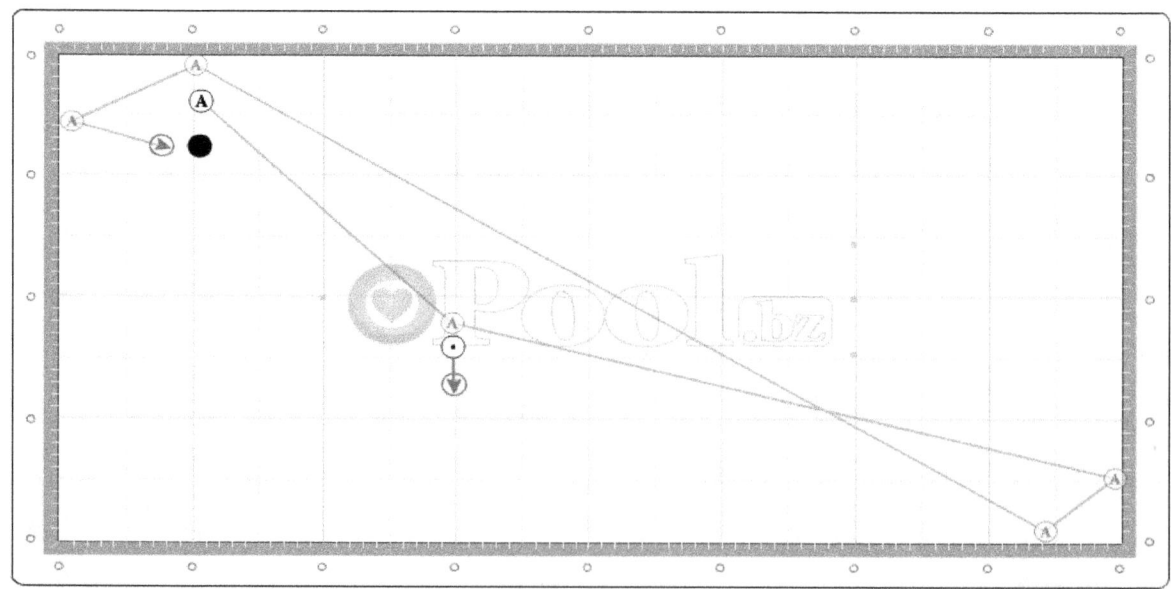

D:4c – Opstelling

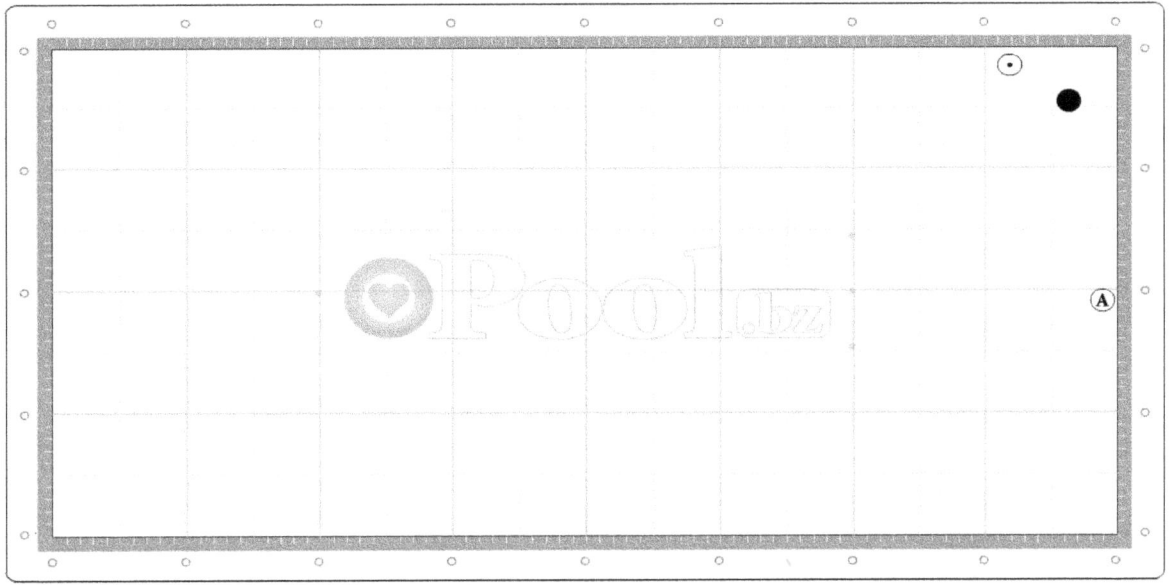

NOTAS VIR JOU IDEES:

Tabelpatroon

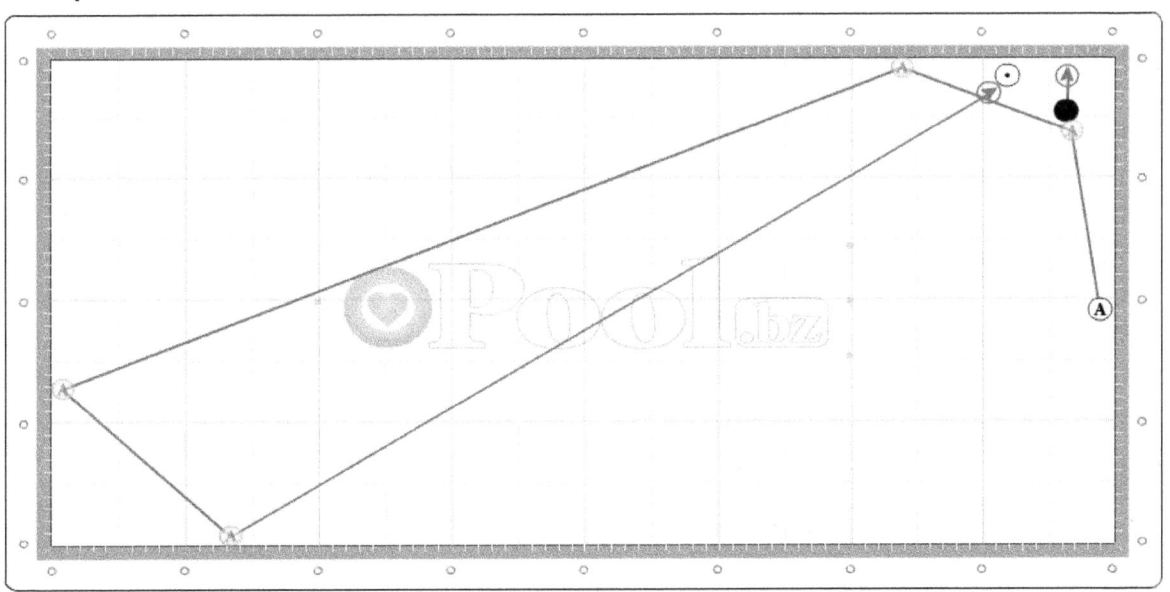

D:4d – Opstelling

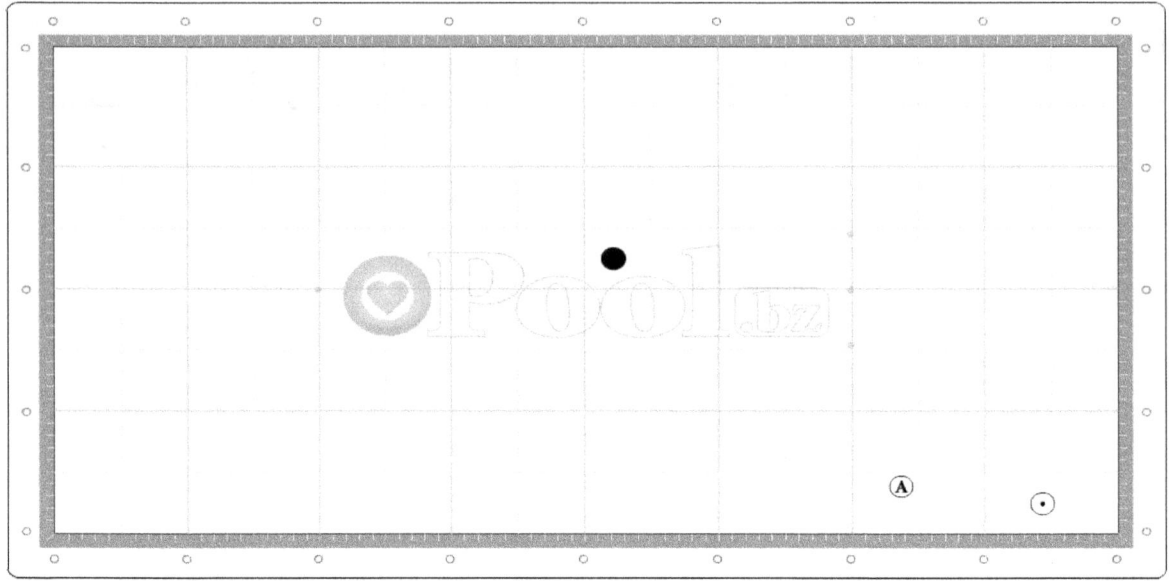

NOTAS VIR JOU IDEES:

Tabelpatroon

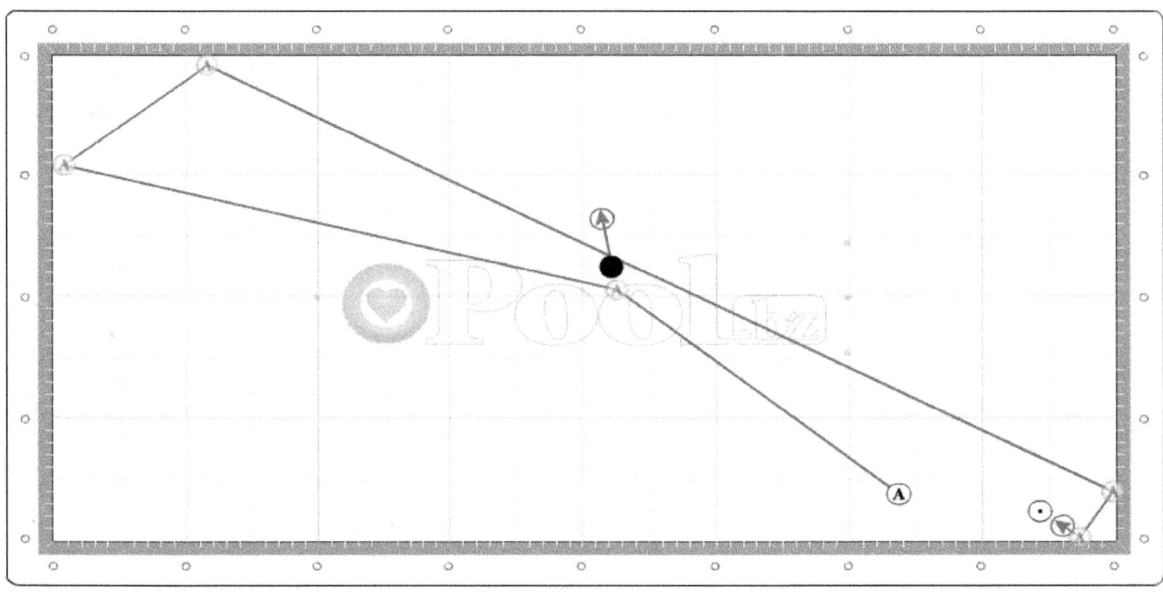

D: Groep 5

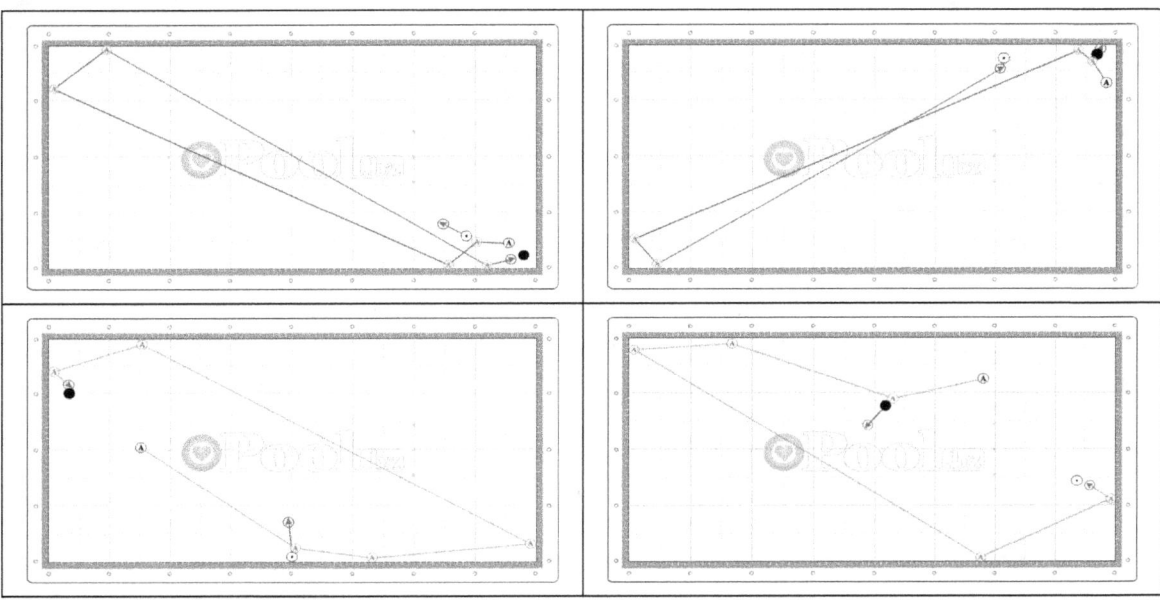

Analise:

D:5a. _____

D:5b. _____

D:5c. _____

D:5d. _____

D:5a – Opstelling

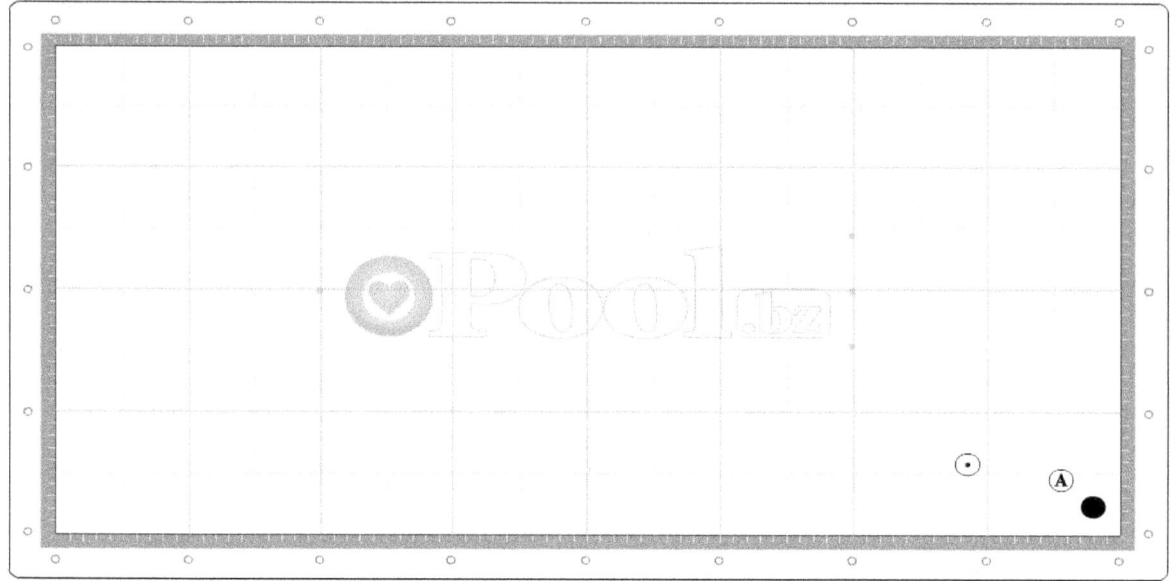

NOTAS VIR JOU IDEES:

Tabelpatroon

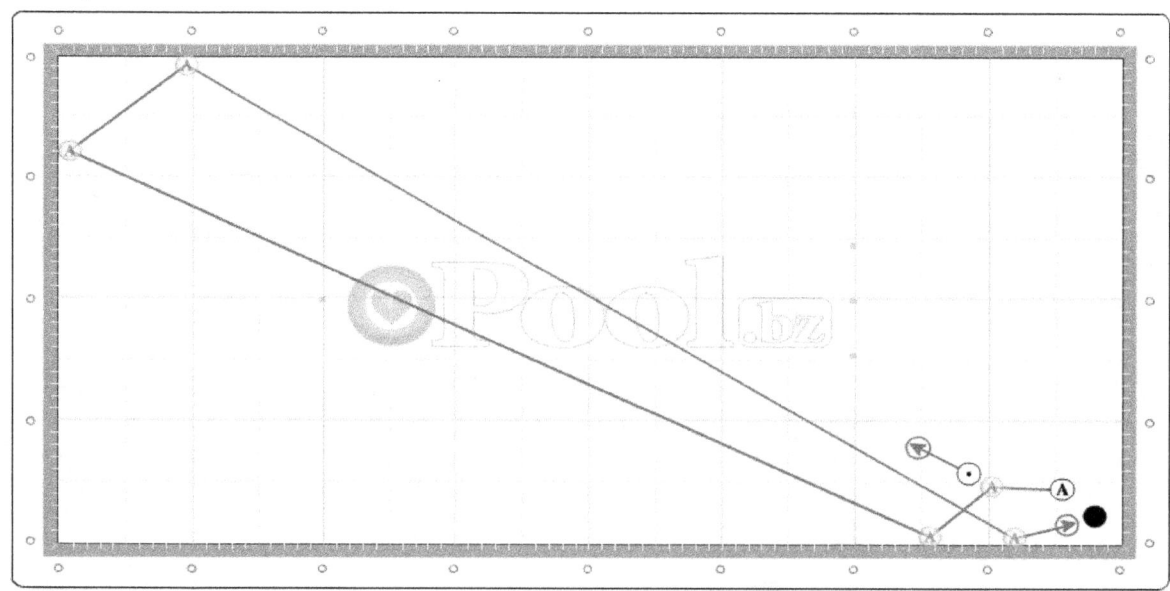

D:5b – Opstelling

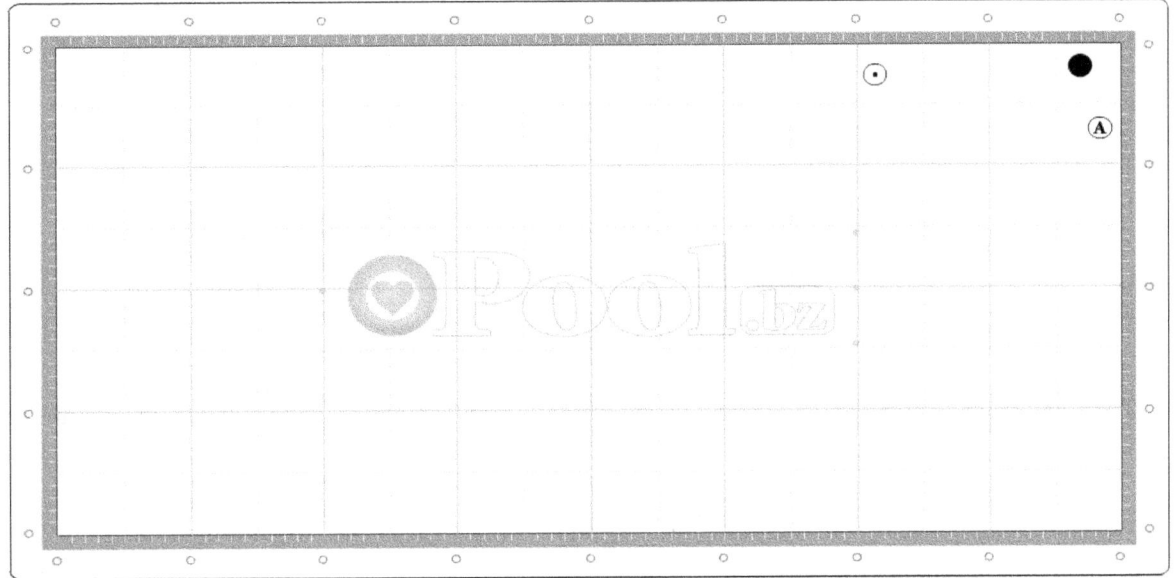

NOTAS VIR JOU IDEES:

Tabelpatroon

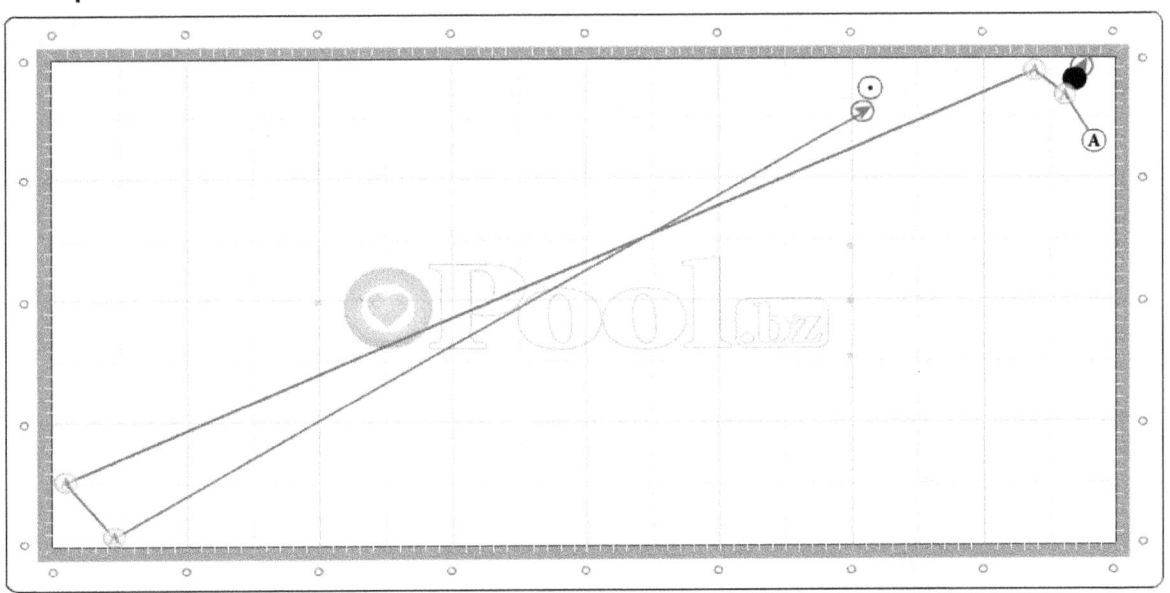

D:5c – Opstelling

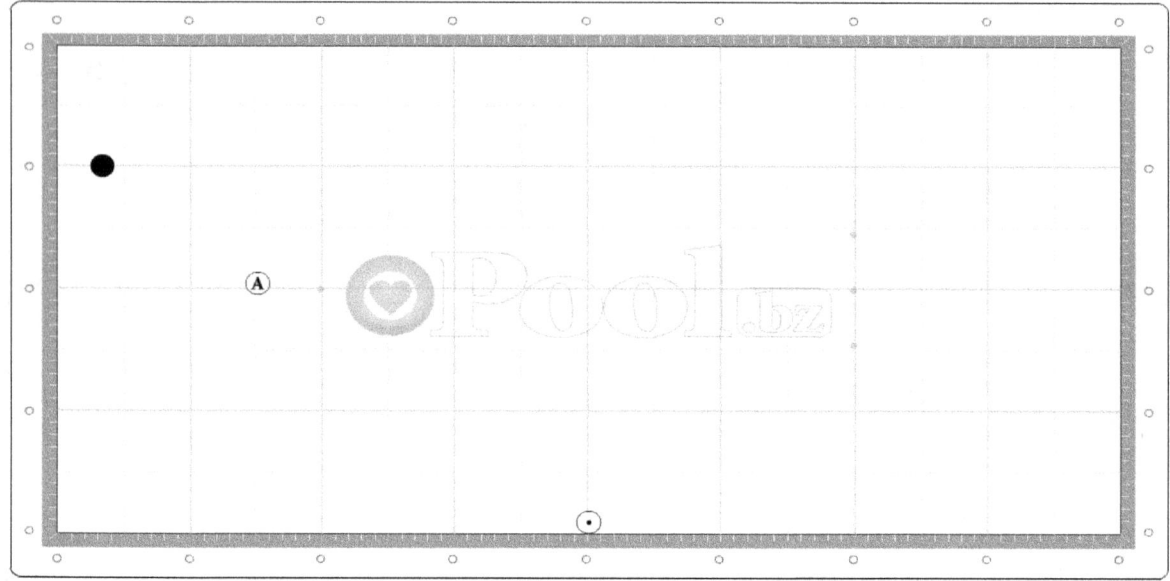

NOTAS VIR JOU IDEES:

Tabelpatroon

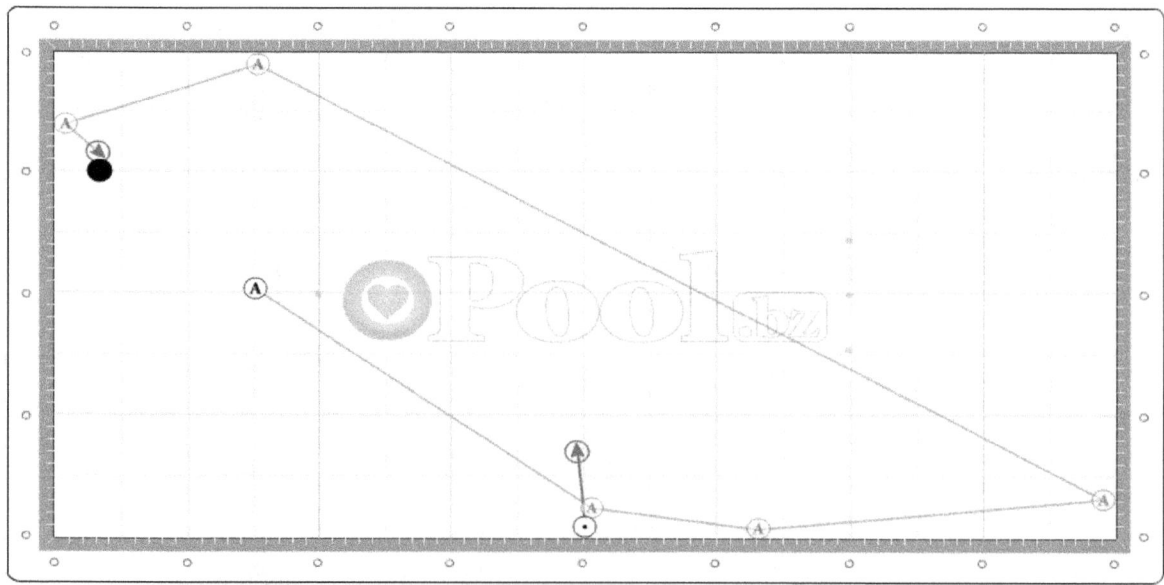

D:5d – Opstelling

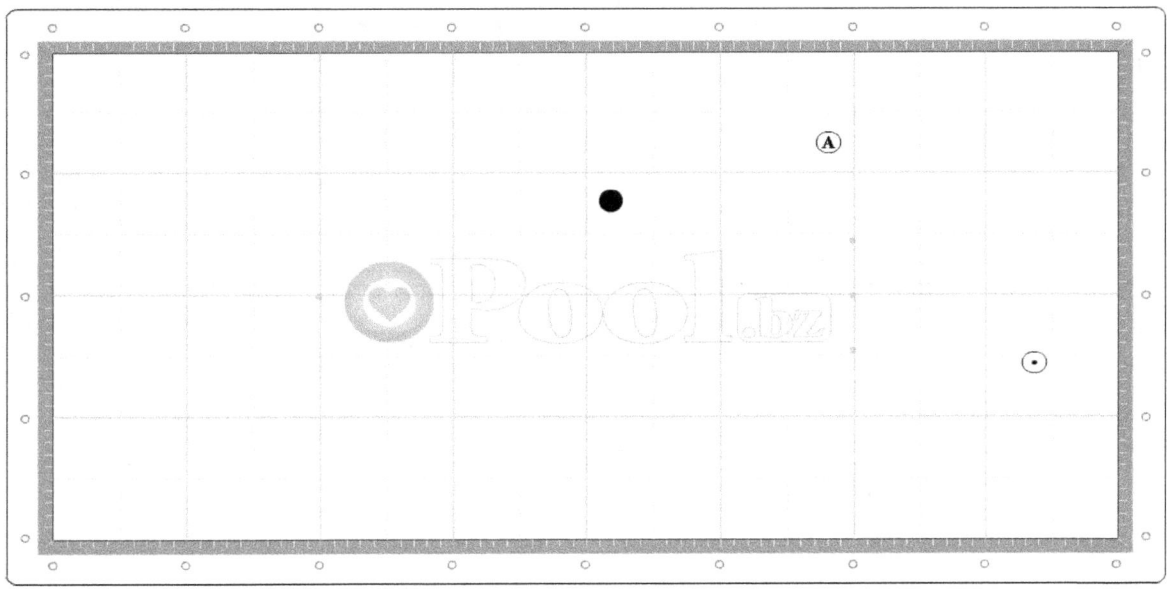

NOTAS VIR JOU IDEES:

Tabelpatroon

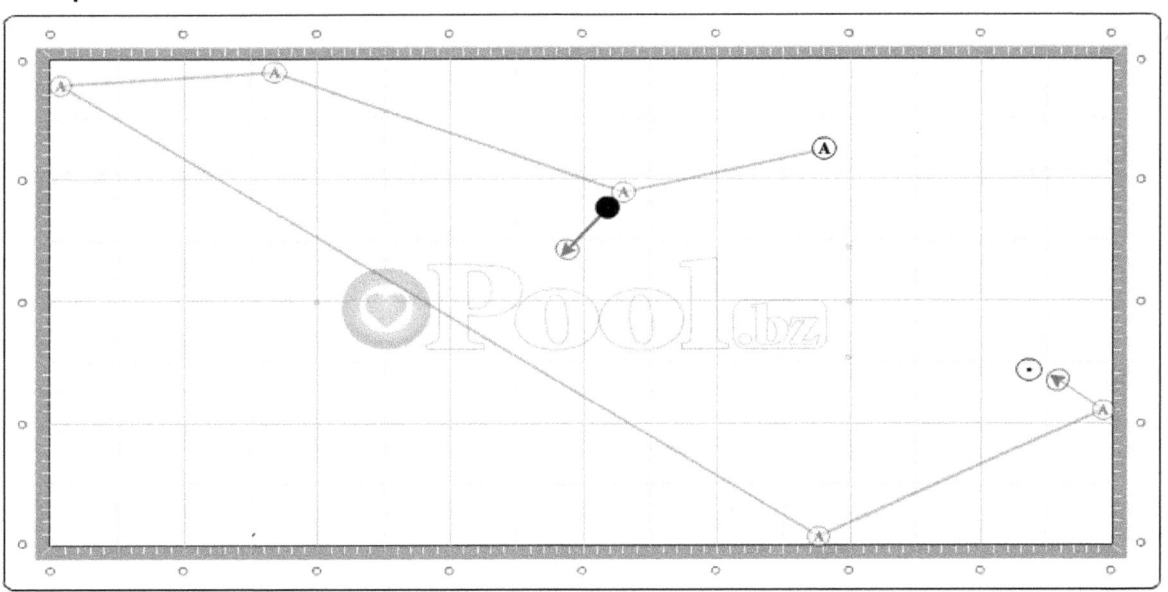

D: Groep 6

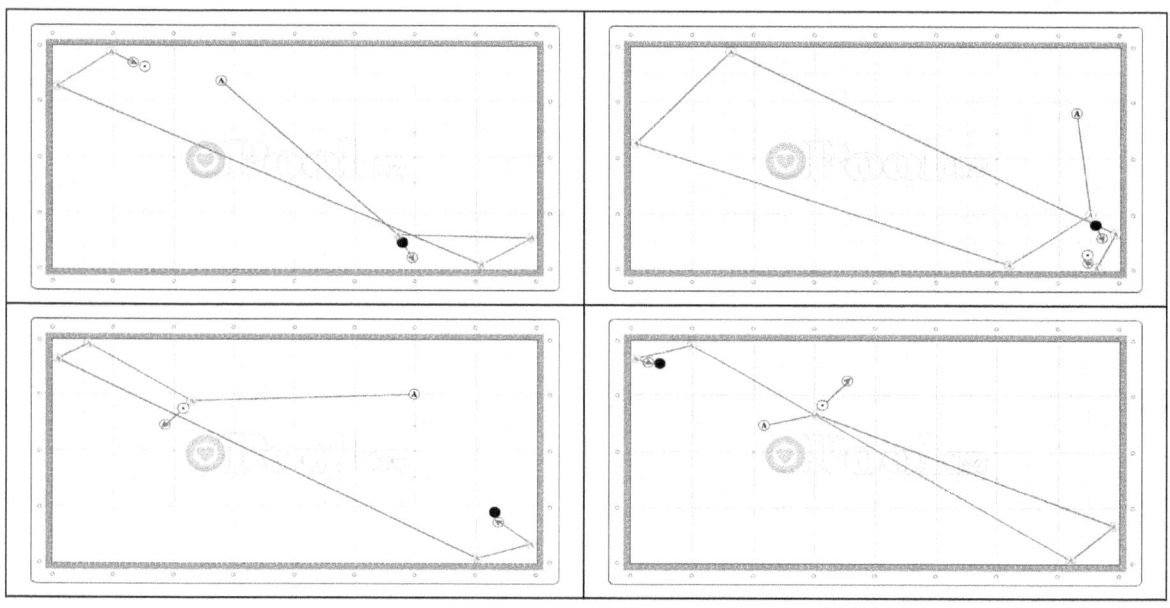

Analise:

D:6a. _____

D:6b. _____

D:6c. _____

D:6d. _____

D:6a – Opstelling

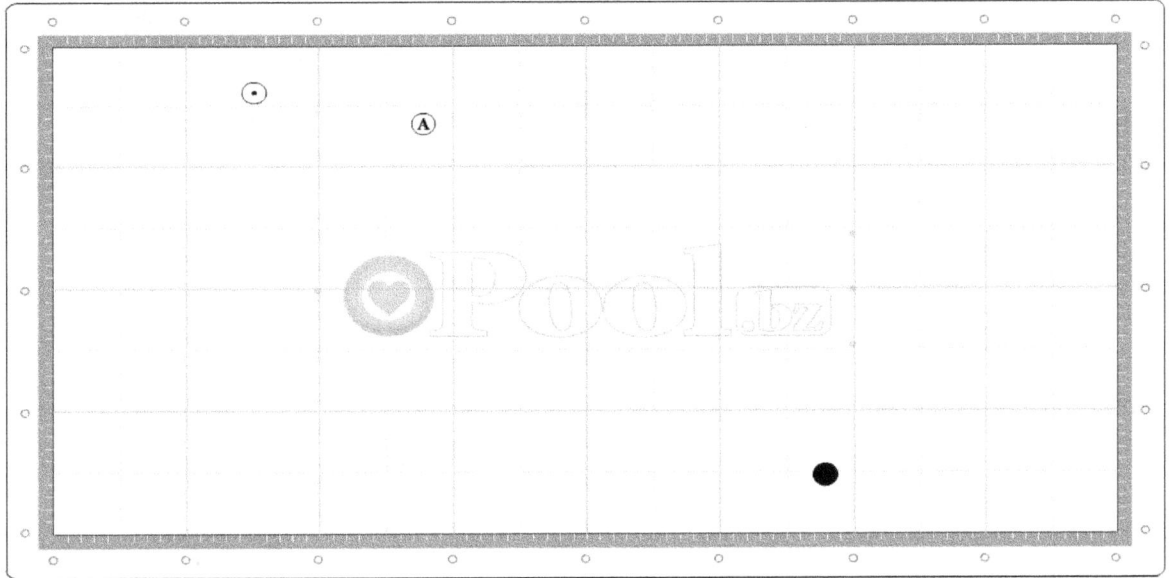

NOTAS VIR JOU IDEES:

Tabelpatroon

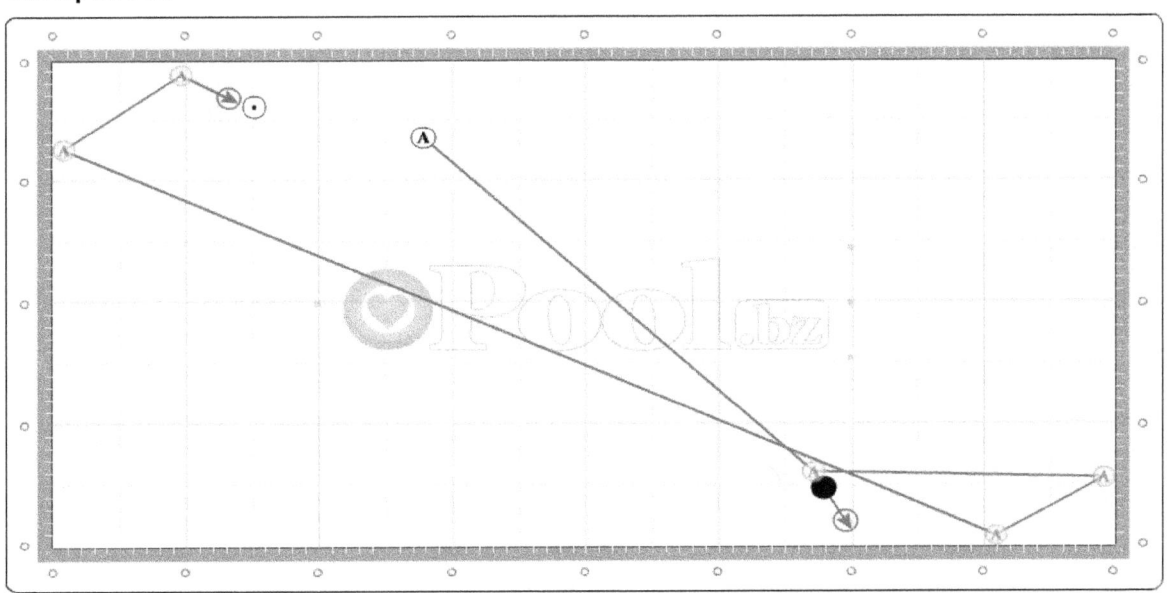

D:6b – Opstelling

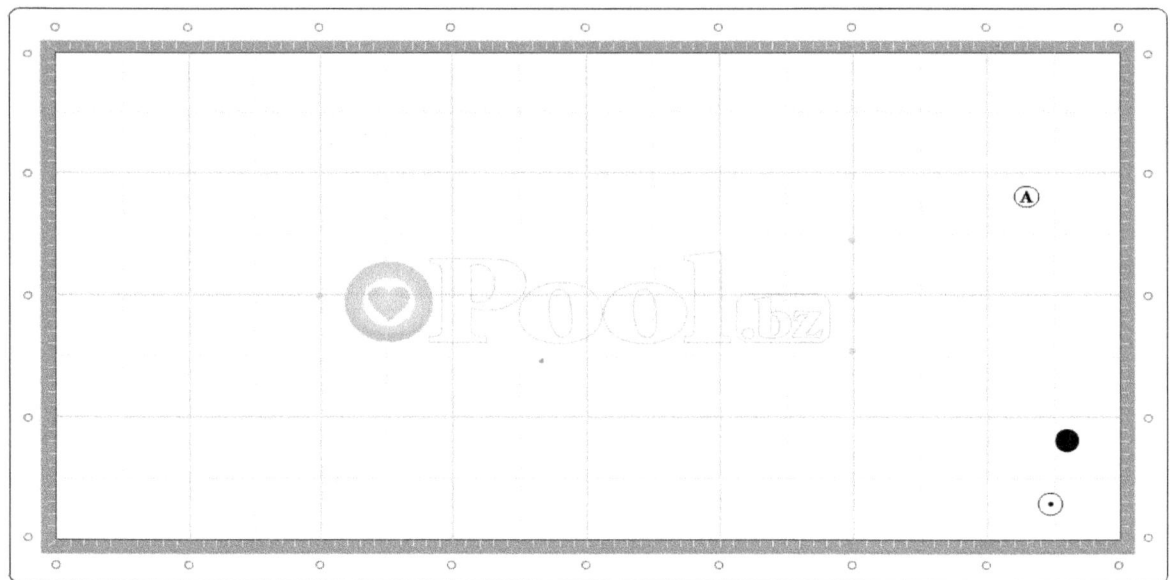

NOTAS VIR JOU IDEES:

Tabelpatroon

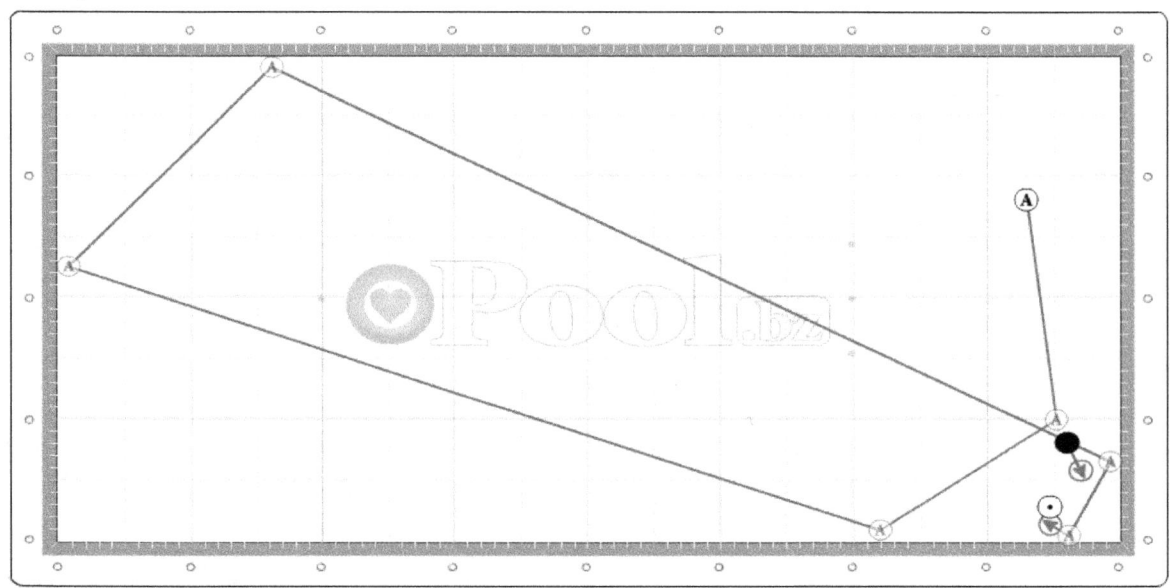

D:6c – Opstelling

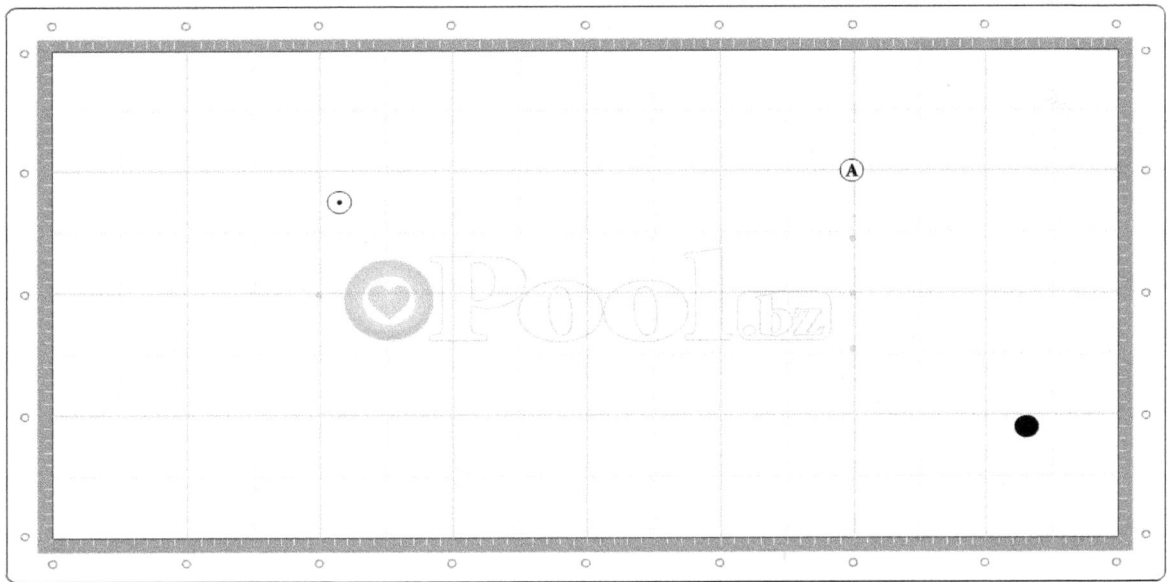

NOTAS VIR JOU IDEES:

Tabelpatroon

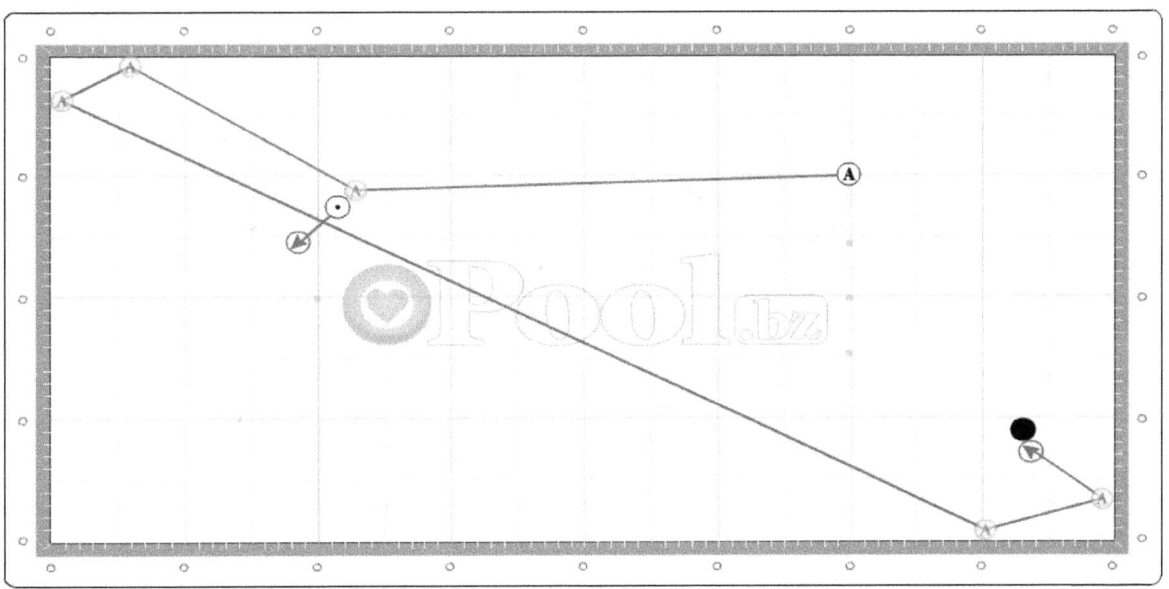

D:6d – Opstelling

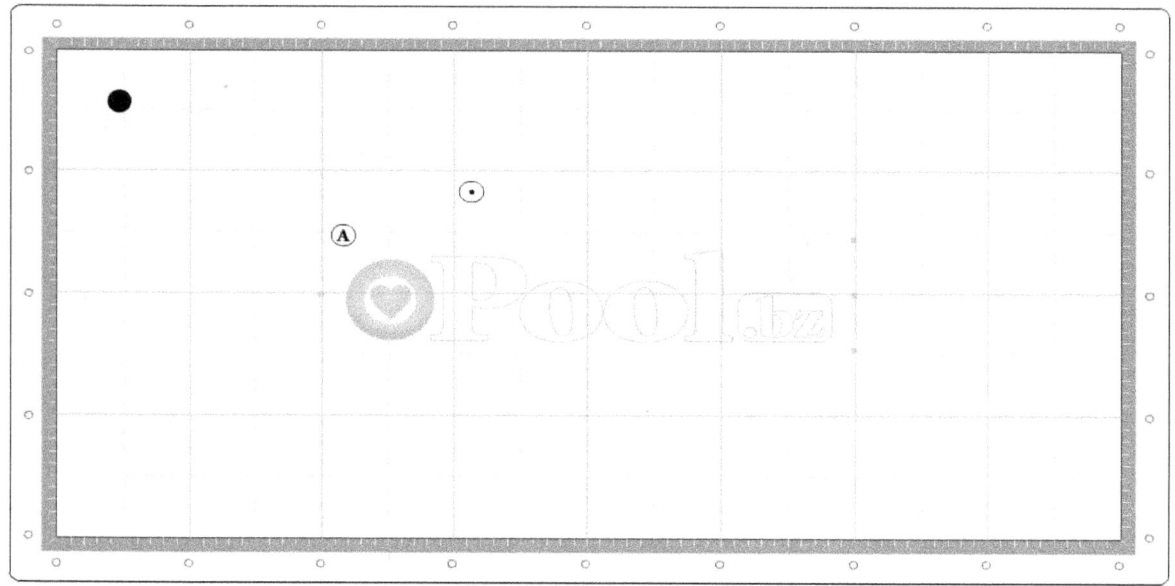

NOTAS VIR JOU IDEES:

Tabelpatroon

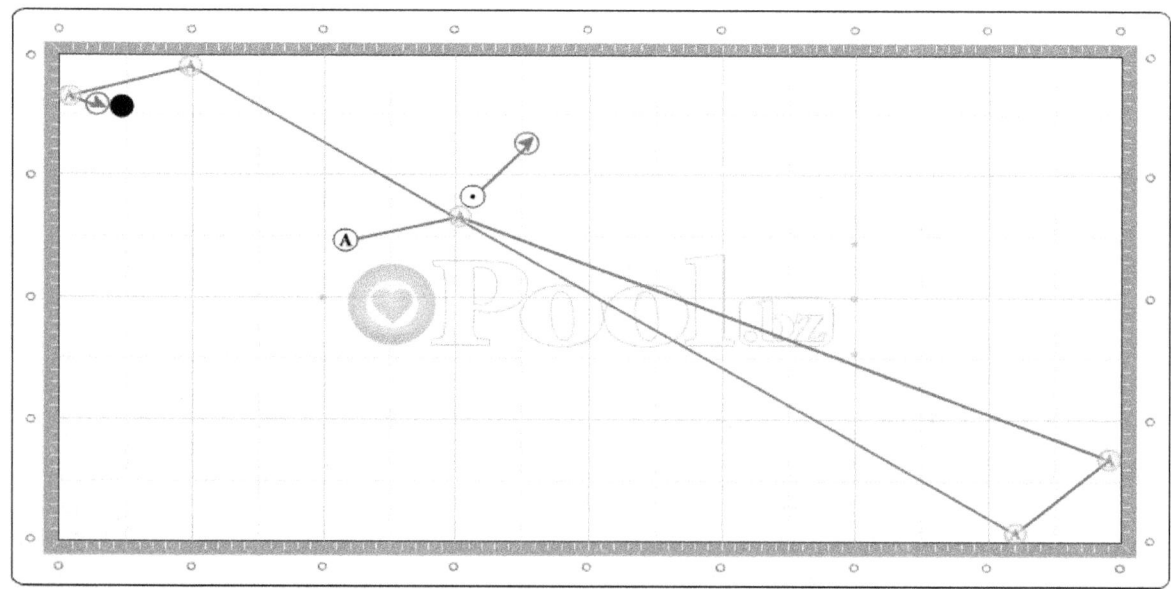

D: Groep 7

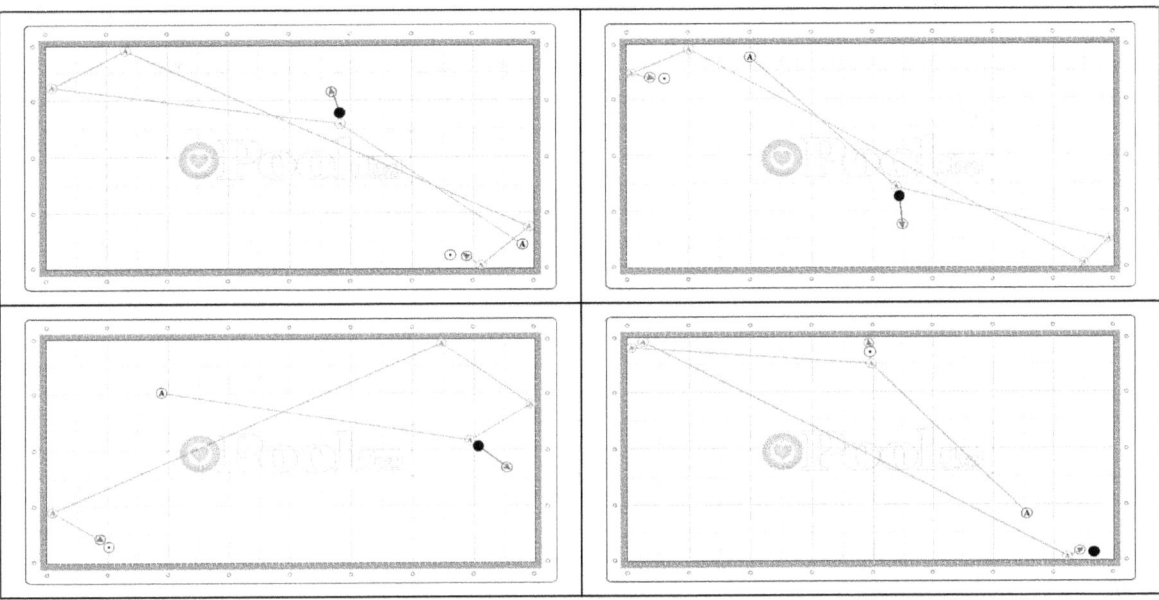

Analise:

D:7a. _____

D:7b. _____

D:7c. _____

D:7d. _____

D:7a – Opstelling

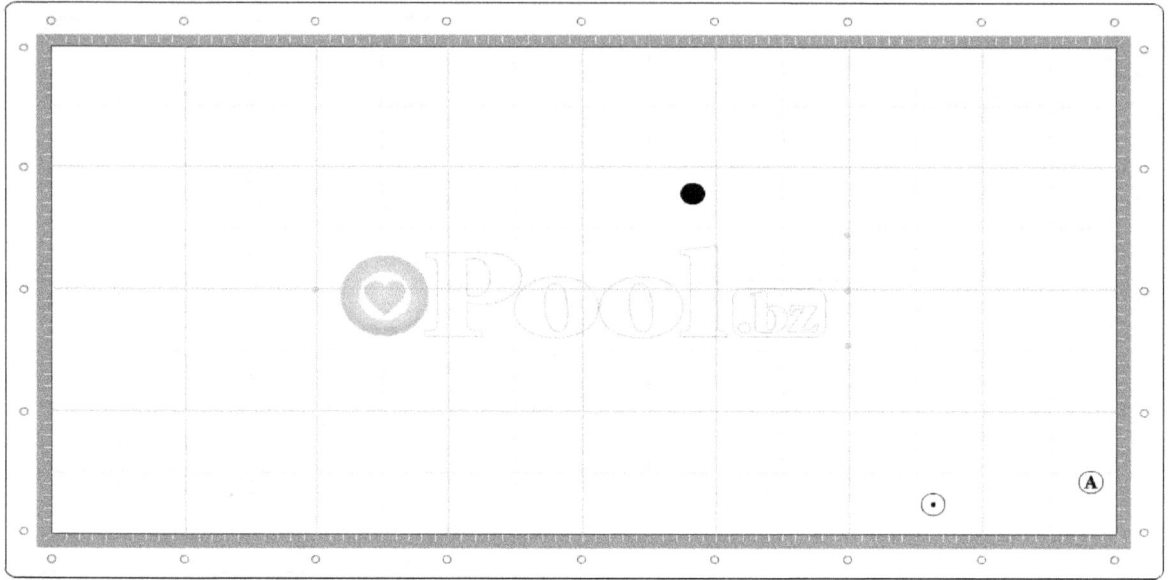

NOTAS VIR JOU IDEES:

Tabelpatroon

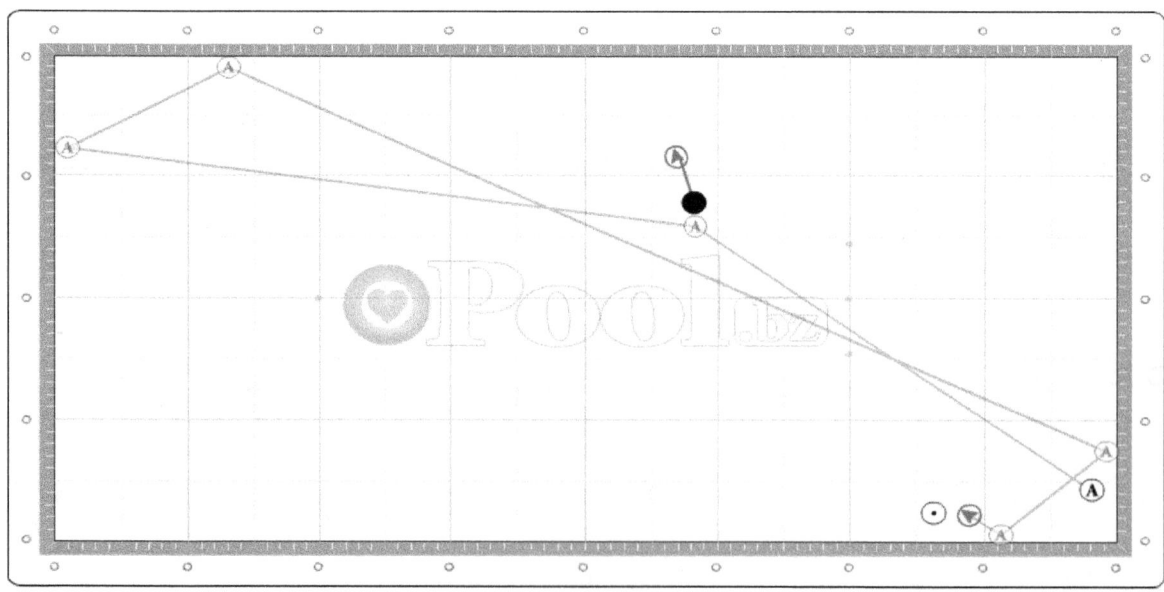

D:7b – Opstelling

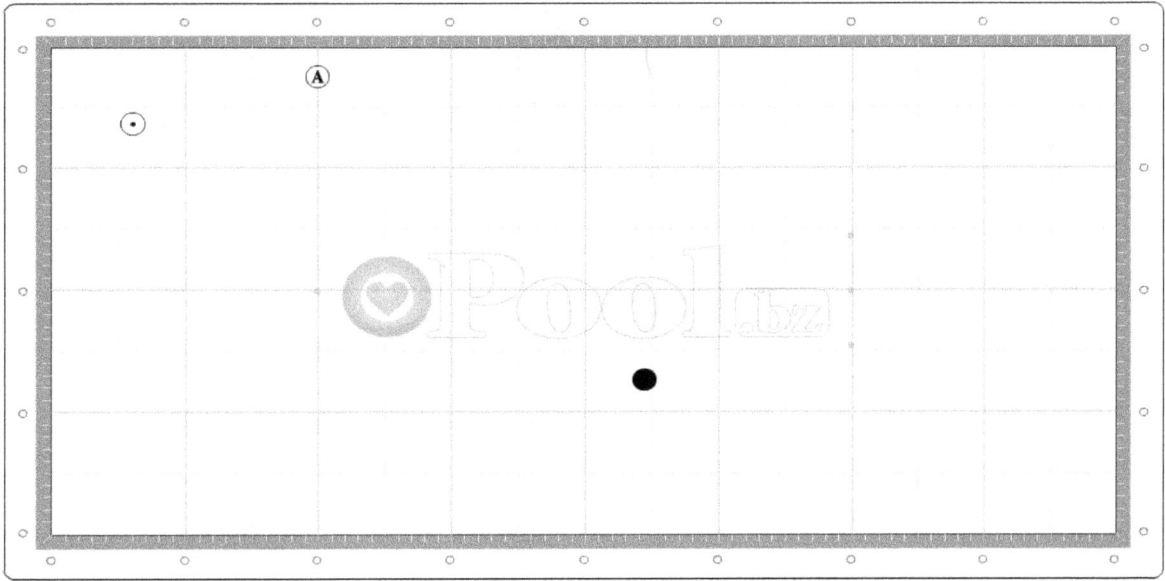

NOTAS VIR JOU IDEES:

Tabelpatroon

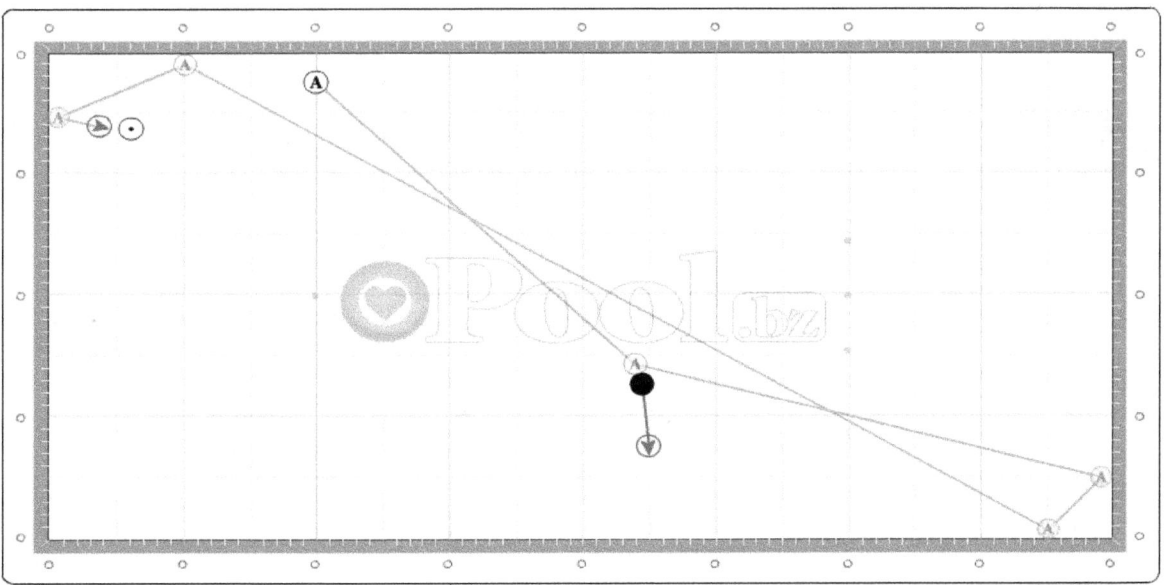

D:7c – Opstelling

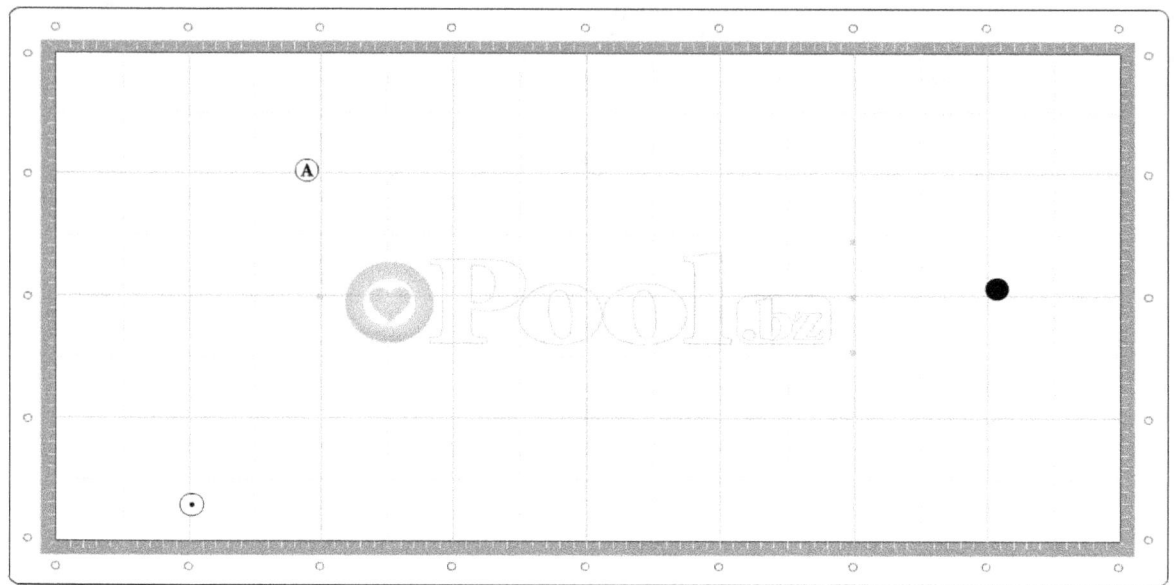

NOTAS VIR JOU IDEES:

Tabelpatroon

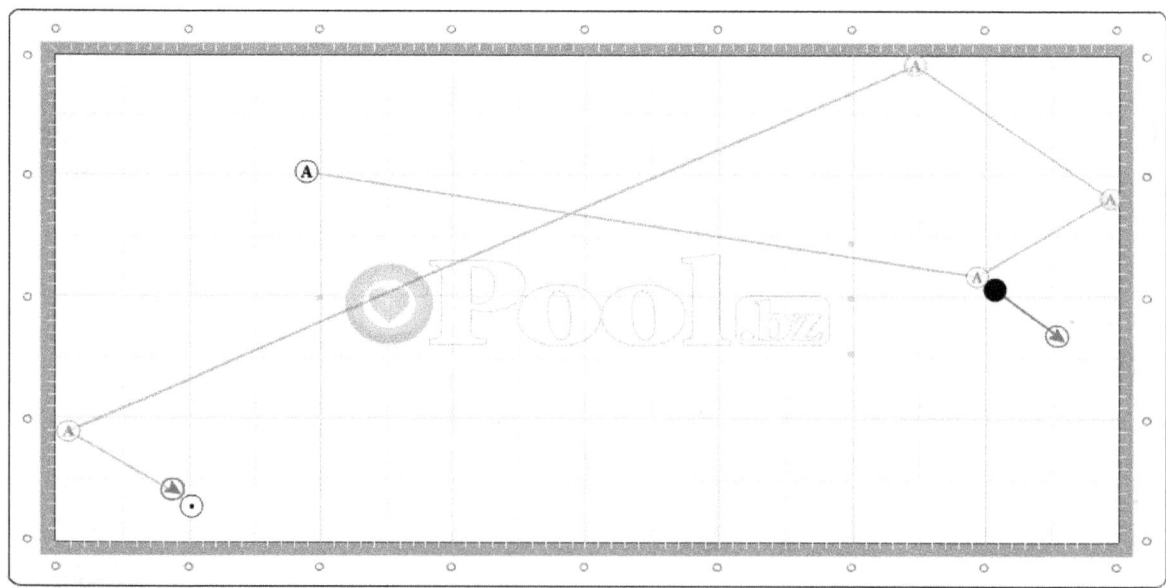

D:7d – Opstelling

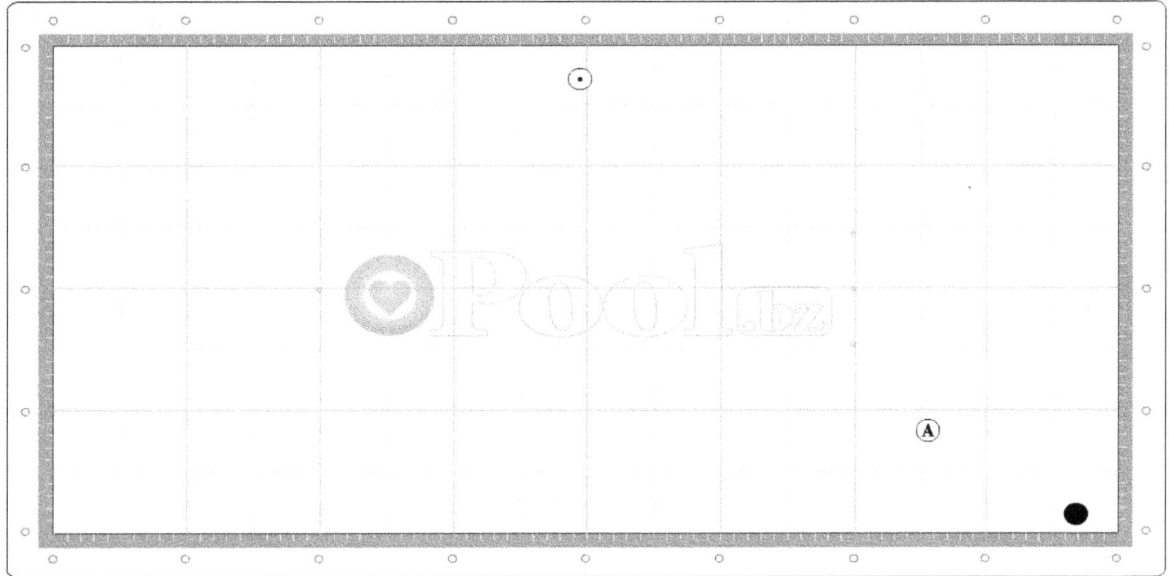

NOTAS VIR JOU IDEES:

Tabelpatroon

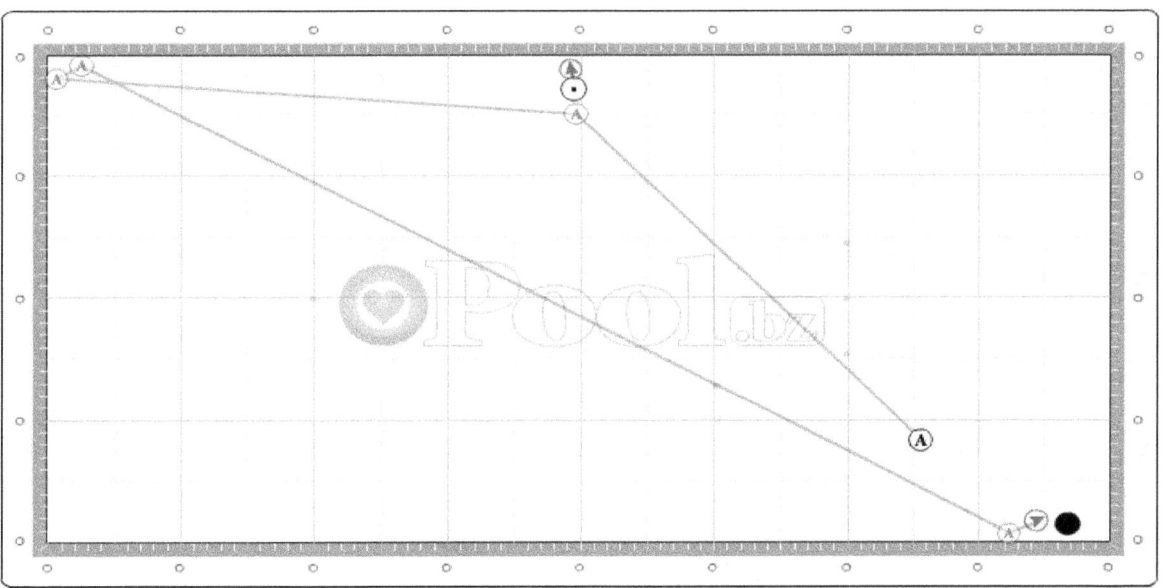

E: Dubbel gewysigde diagonale

Die (CB) kom van die eerste (OB) en begin die diagonale patroon. Die (CB) gaan in die hoek en dan terug op 'n diagonale pad om kontak te maak met die tweede (OB).

Ⓐ **(CB)** (jou biljartbal) – ⊙ **(OB)** (teenstander biljartbal) – ● **(OB)** (rooi bal)

E: Groep 1

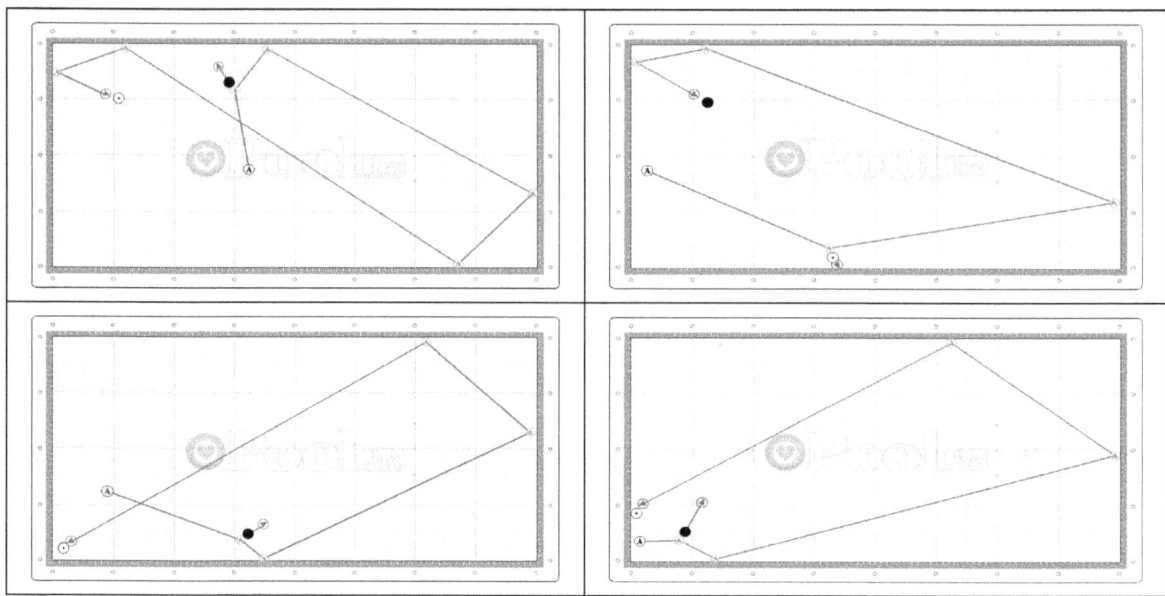

Analise:

E:1a. _____

E:1b. _____

E:1c. _____

E:1d. _____

E:1a – Opstelling

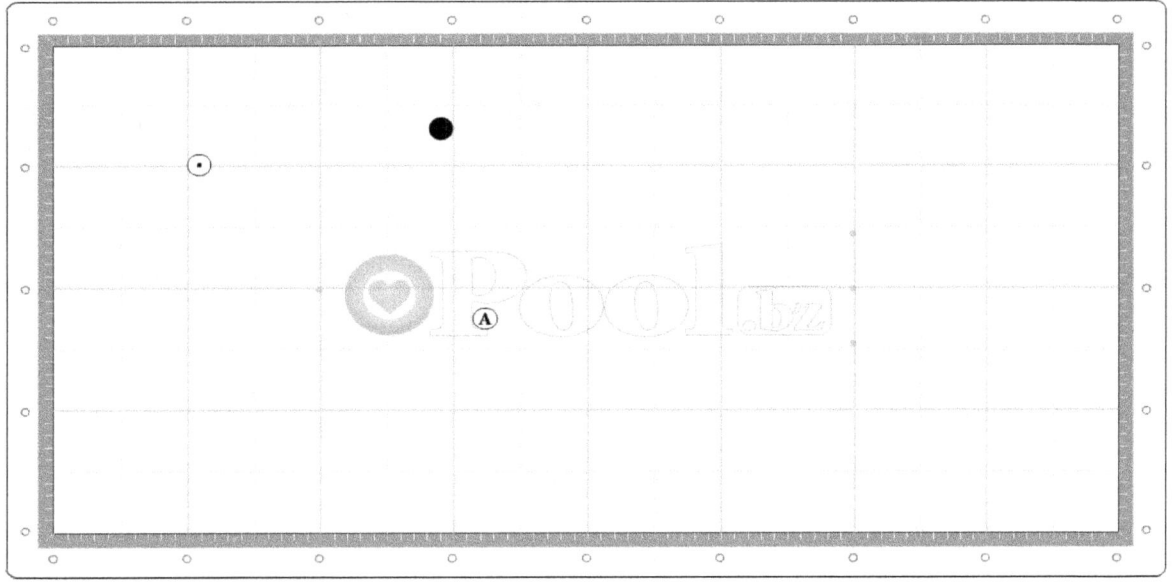

NOTAS VIR JOU IDEES:

Tabelpatroon

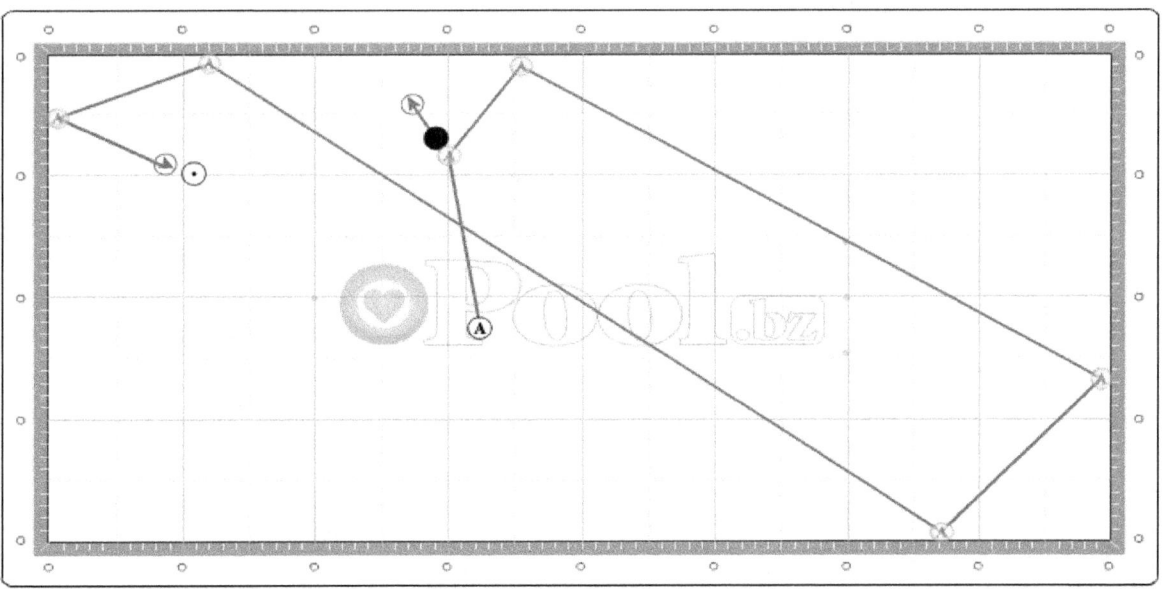

E:1b – Opstelling

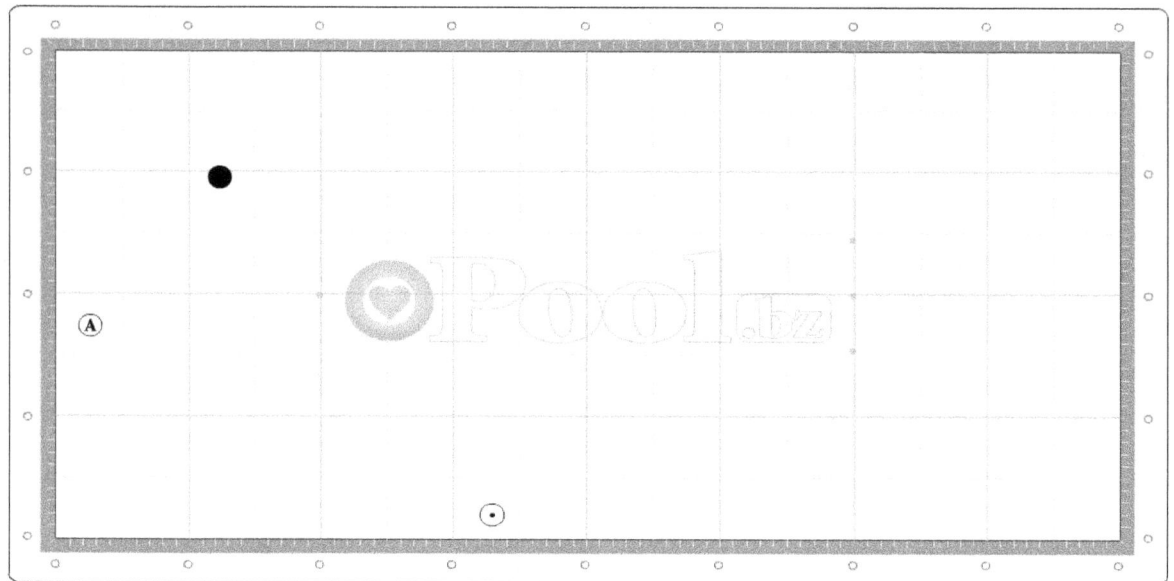

NOTAS VIR JOU IDEES:

Tabelpatroon

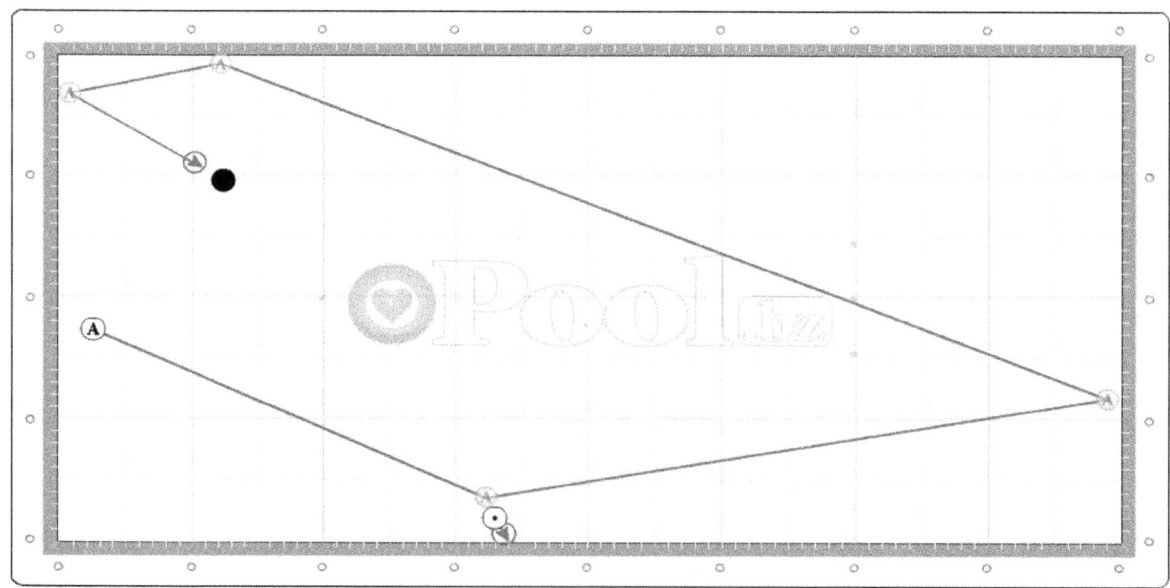

E:1c – Opstelling

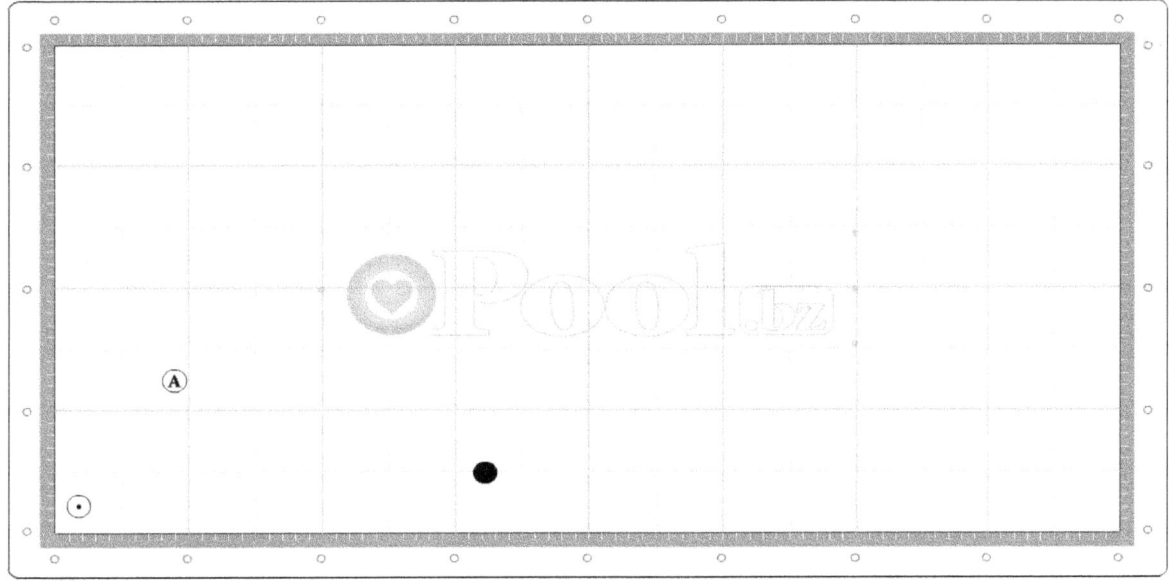

NOTAS VIR JOU IDEES:

Tabelpatroon

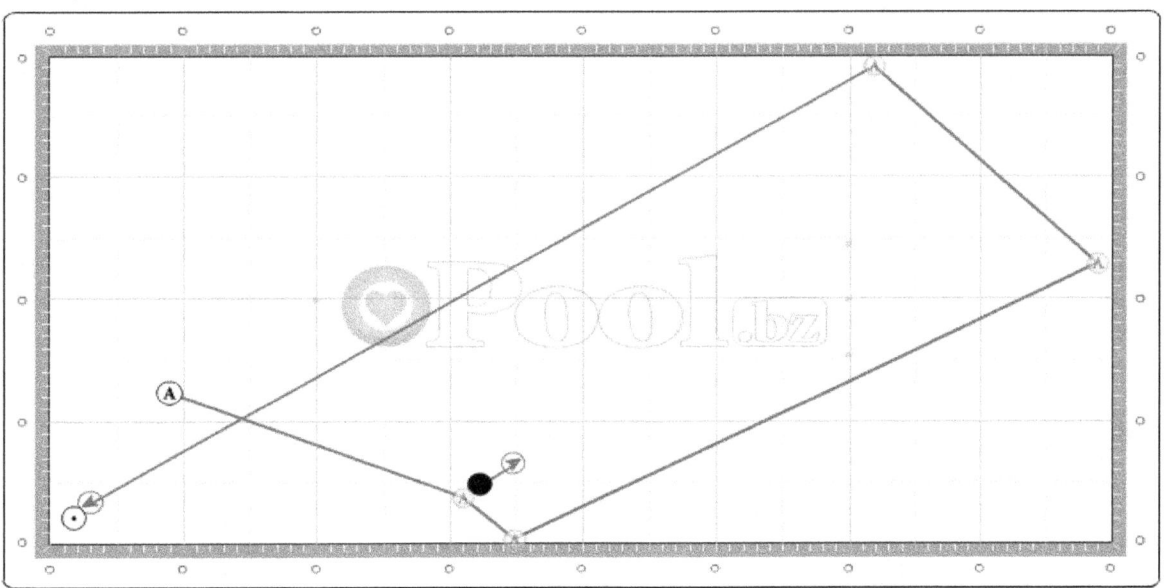

E:1d – Opstelling

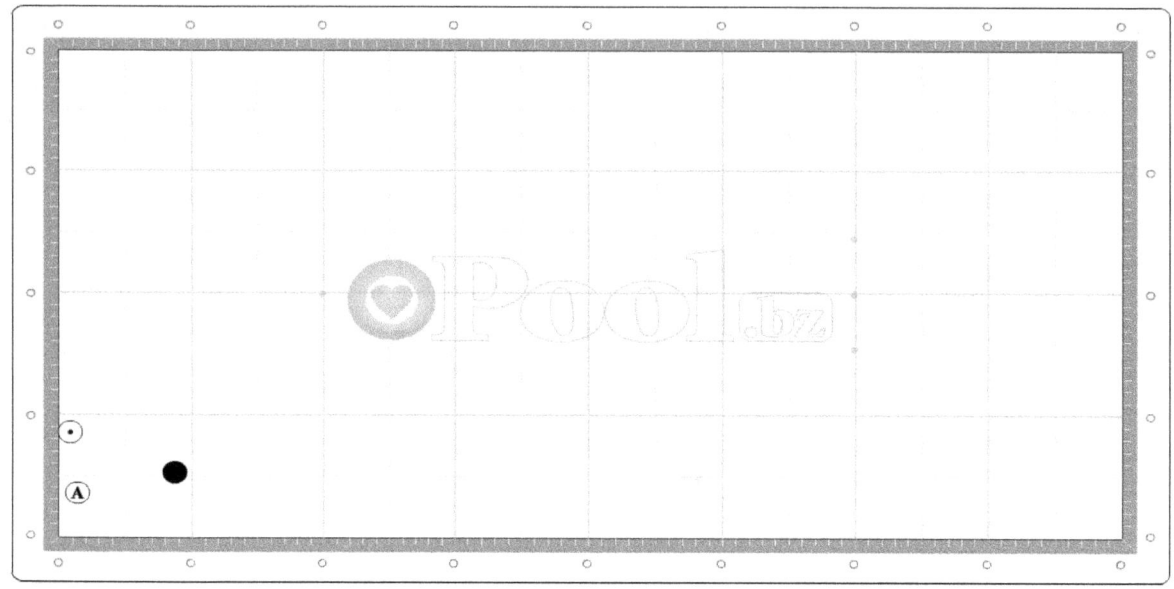

NOTAS VIR JOU IDEES:

Tabelpatroon

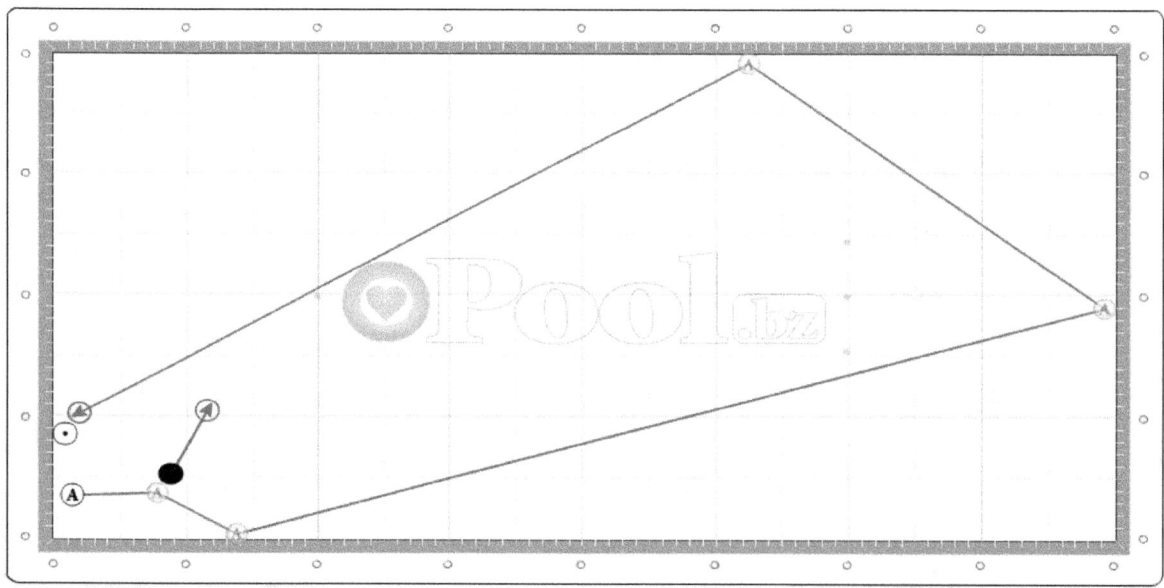

Driebanden biljart: Hoek tot hoek diagonale patrone

E: Groep 2

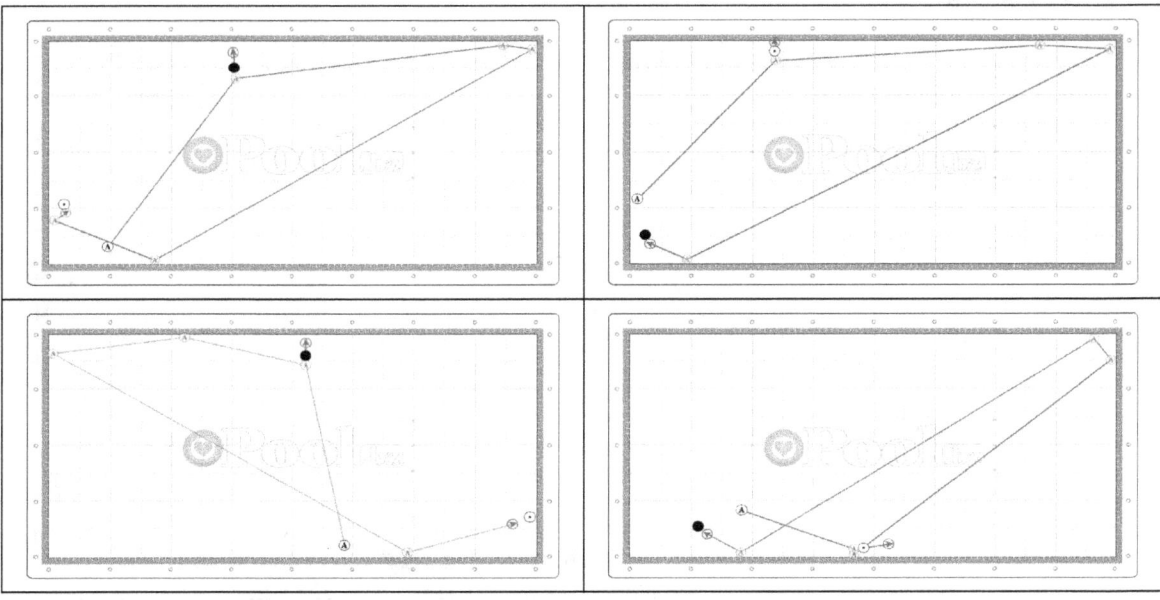

Analise:

E:2a. _____

E:2b. _____

E:2c. _____

E:2d. _____

E:2a – Opstelling

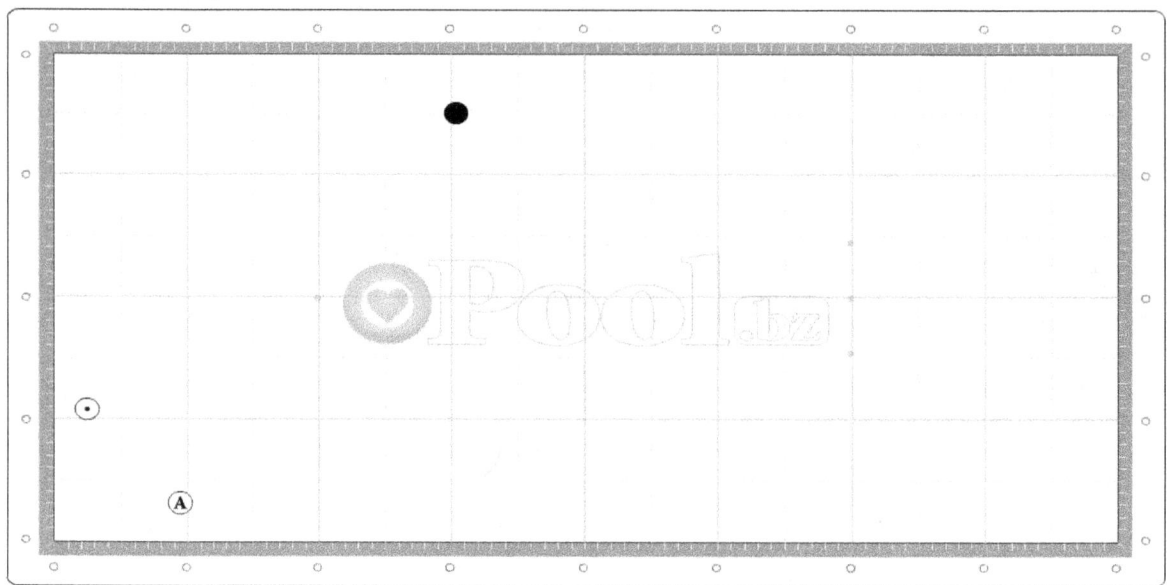

NOTAS VIR JOU IDEES:

Tabelpatroon

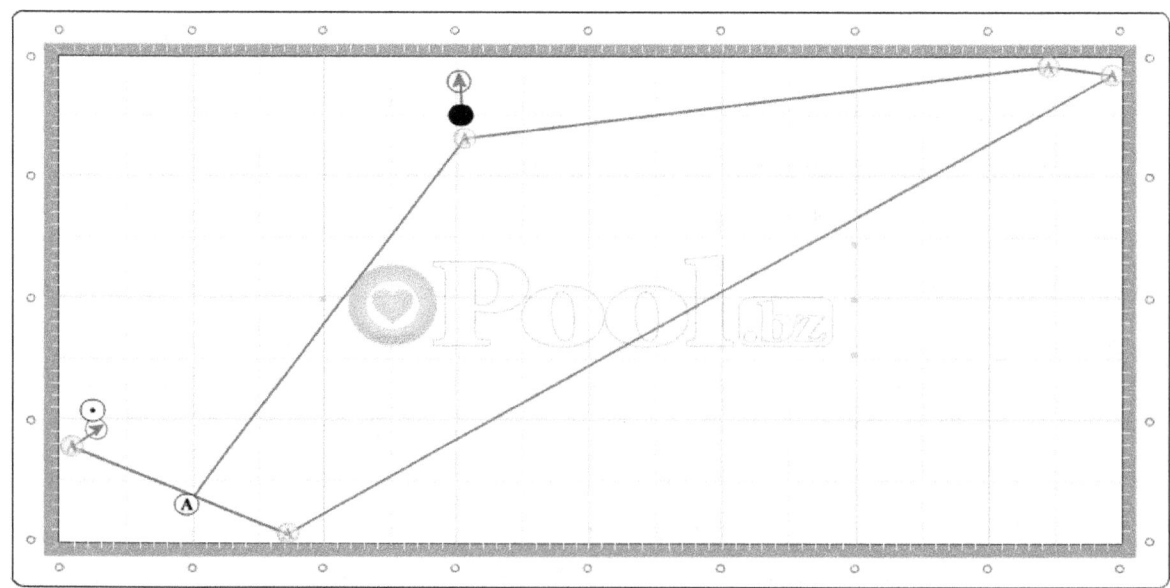

E:2b – Opstelling

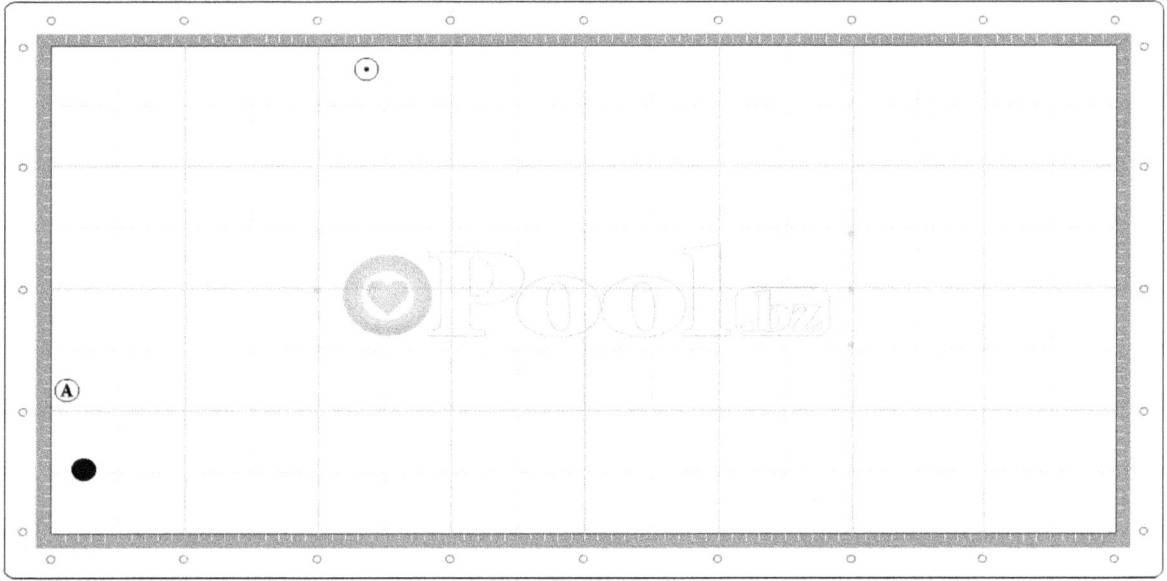

NOTAS VIR JOU IDEES:

Tabelpatroon

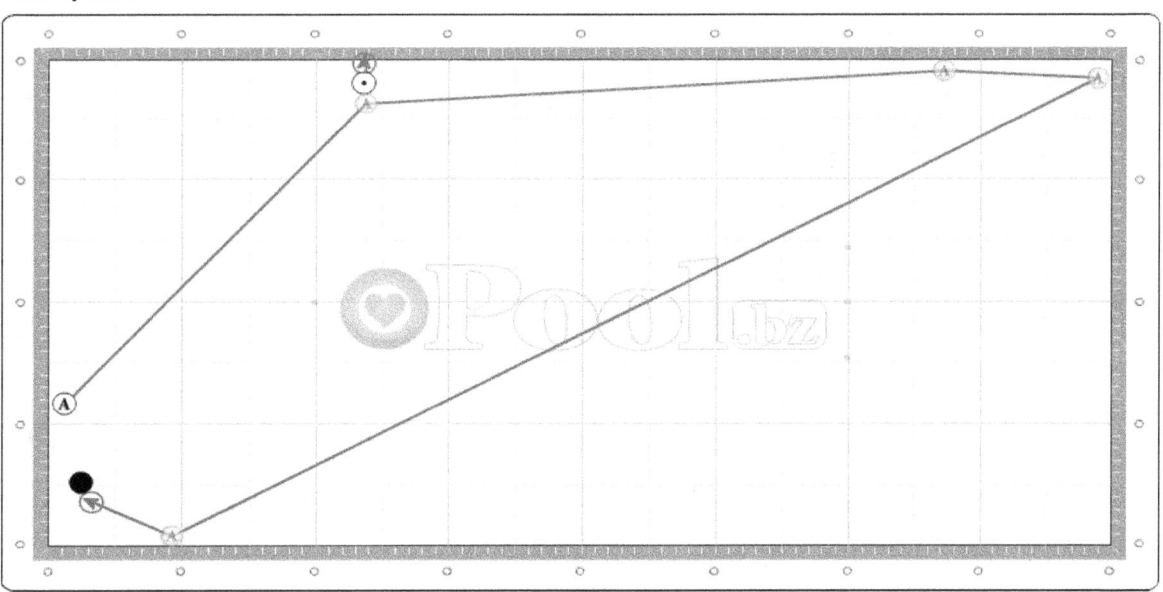

E:2c – Opstelling

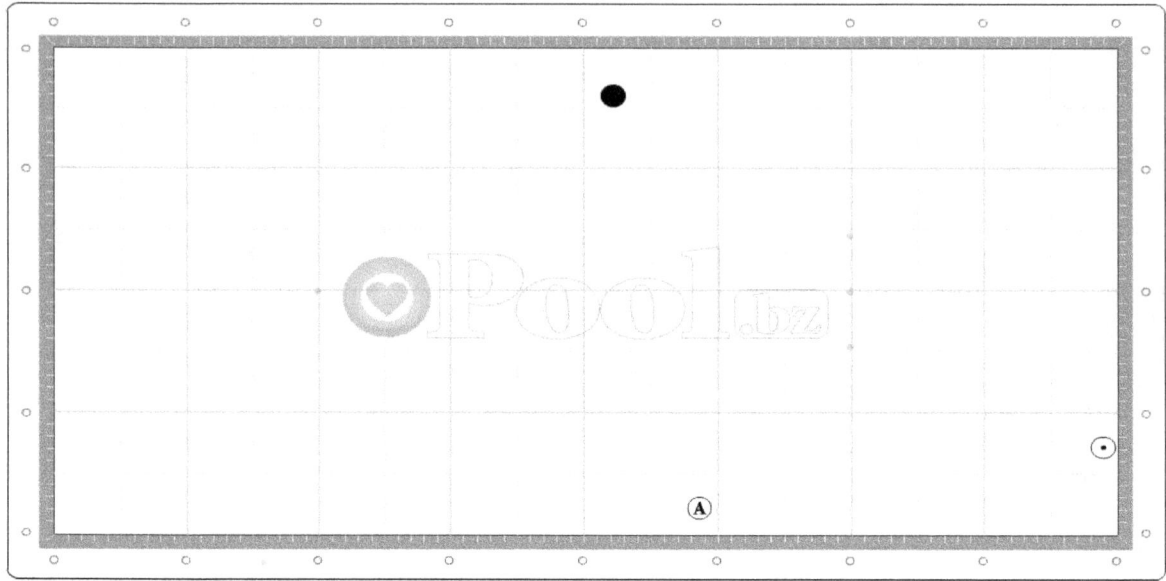

NOTAS VIR JOU IDEES:

Tabelpatroon

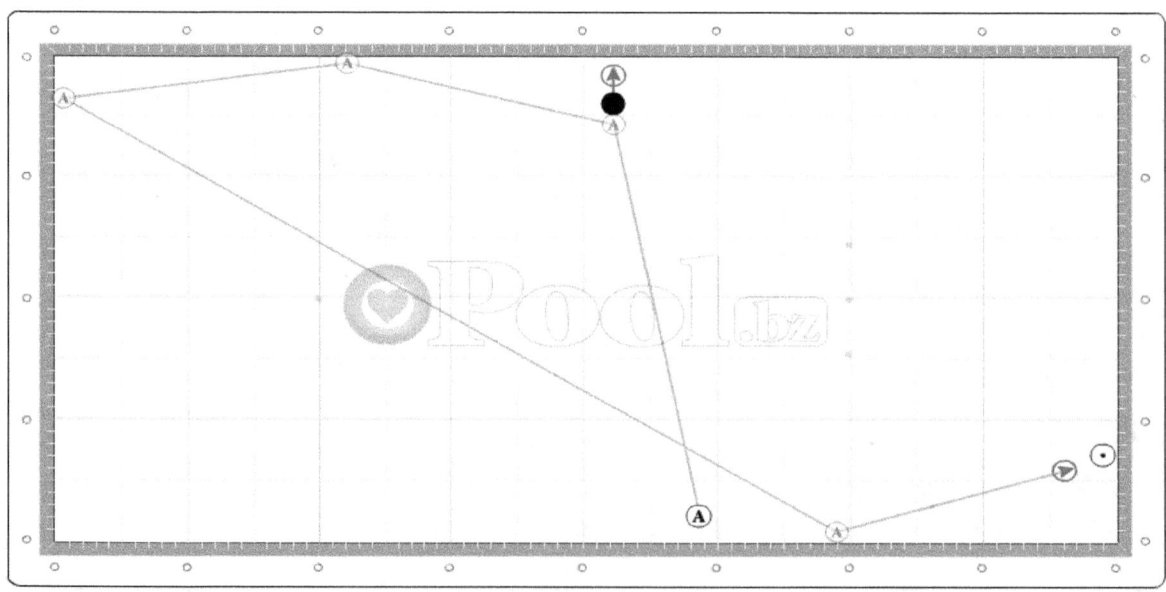

E:2d – Opstelling

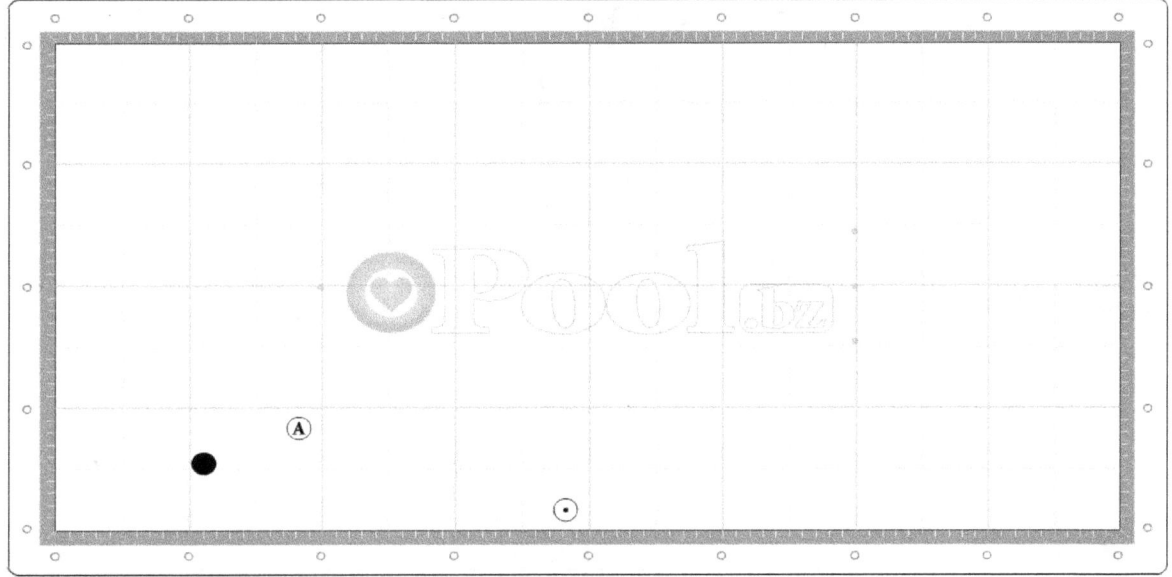

NOTAS VIR JOU IDEES:

Tabelpatroon

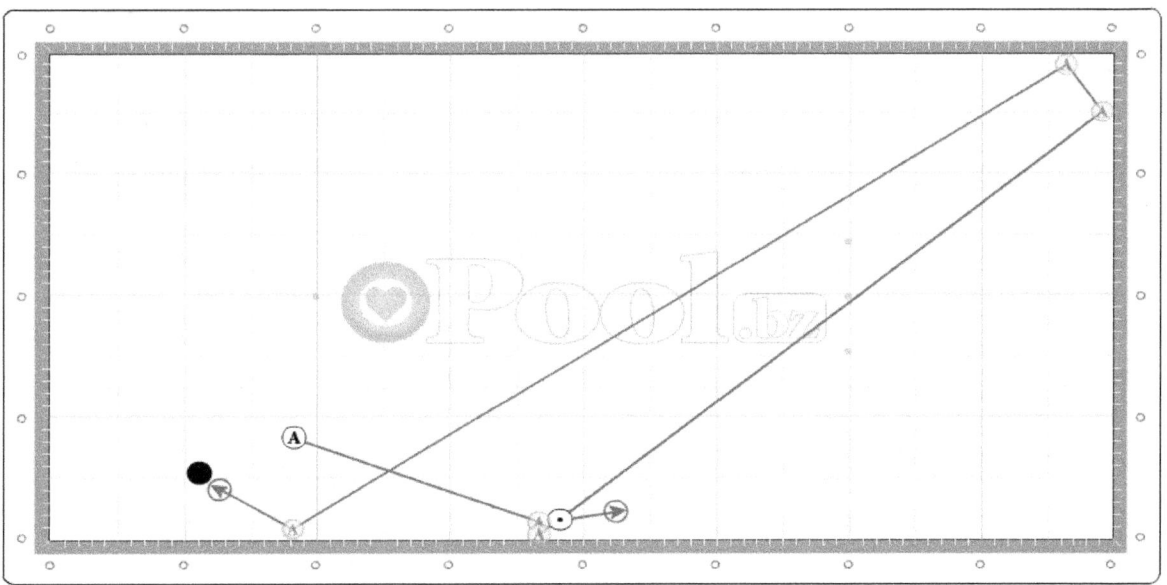

E: Groep 3

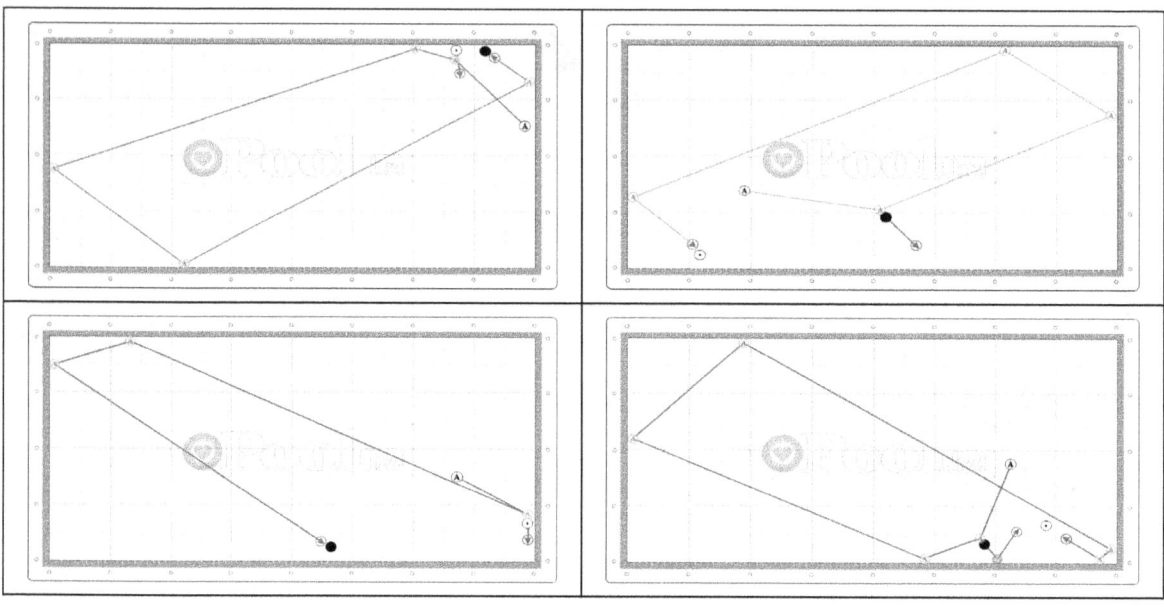

Analise:

E:3a. _____

E:3b. _____

E:3c. _____

E:3d. _____

E:3a – Opstelling

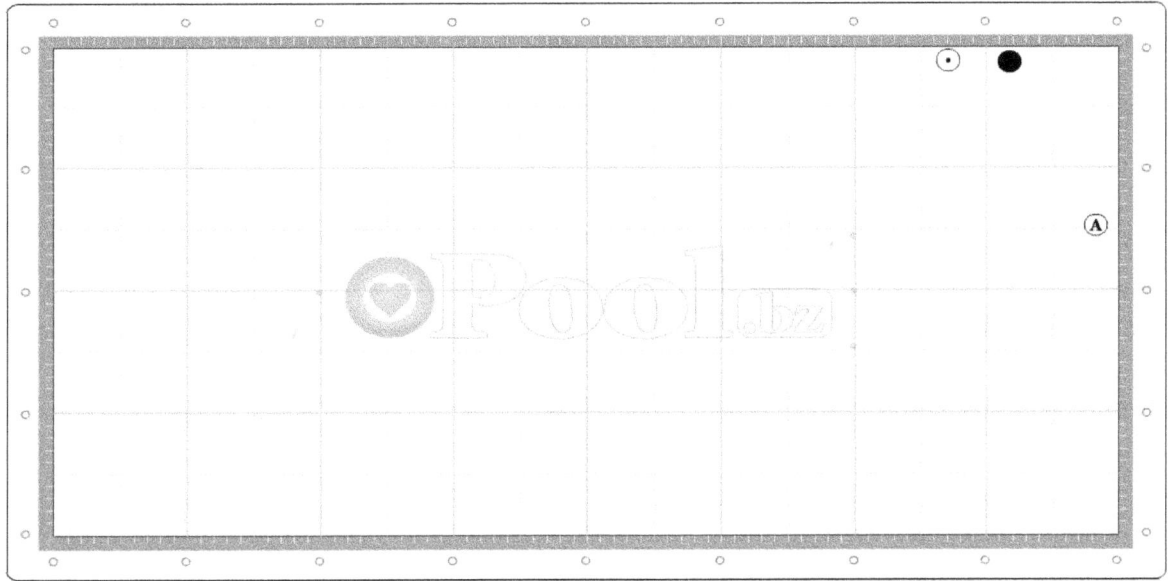

NOTAS VIR JOU IDEES:

Tabelpatroon

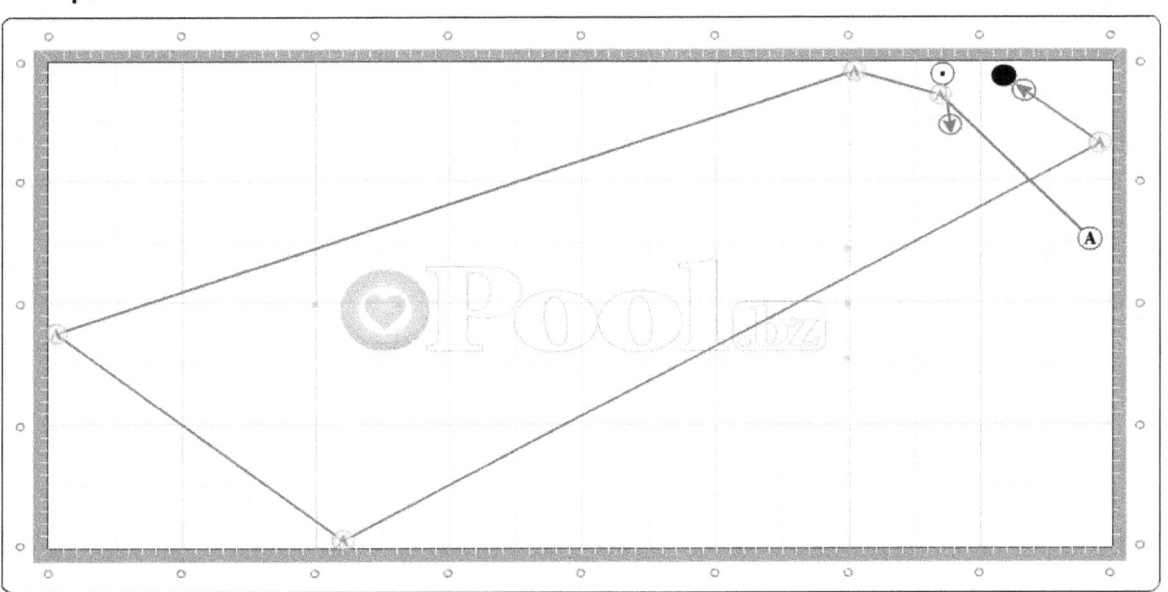

E:3b – Opstelling

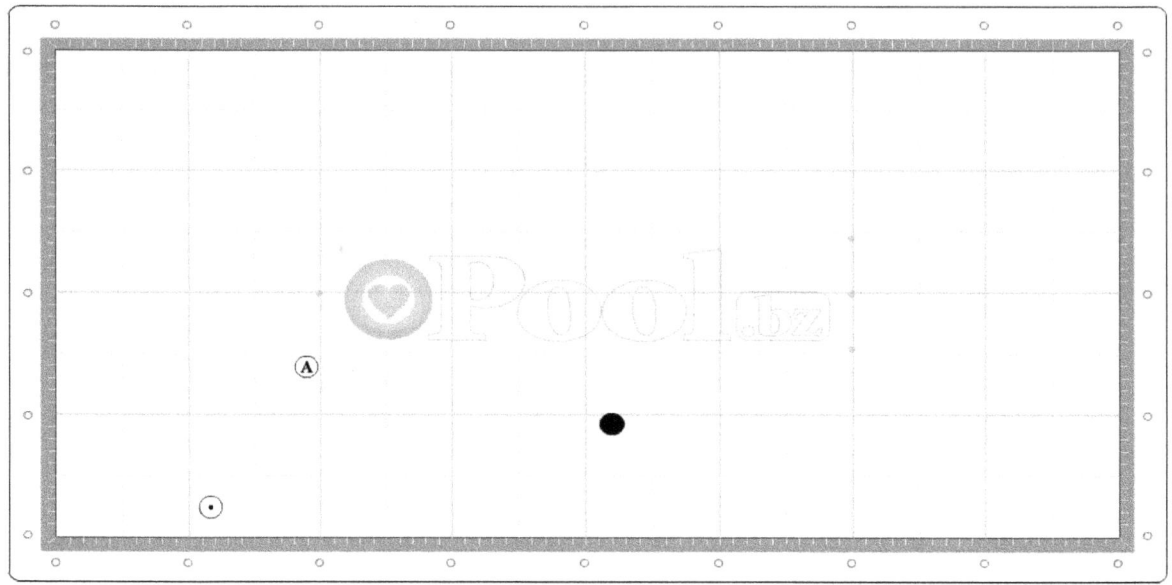

NOTAS VIR JOU IDEES:

Tabelpatroon

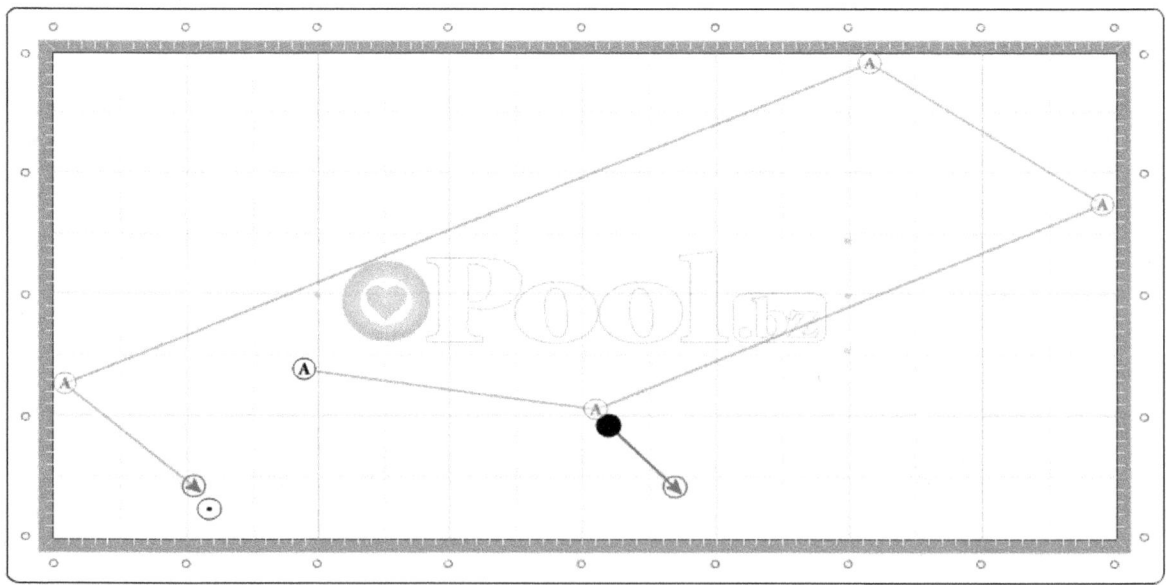

E:3c – Opstelling

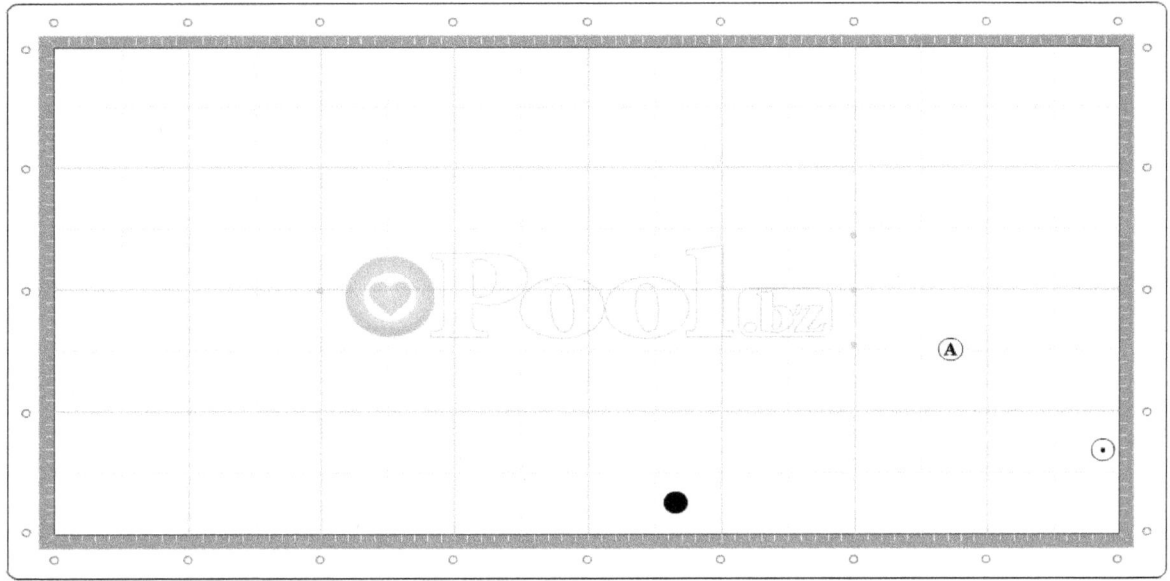

NOTAS VIR JOU IDEES:

Tabelpatroon

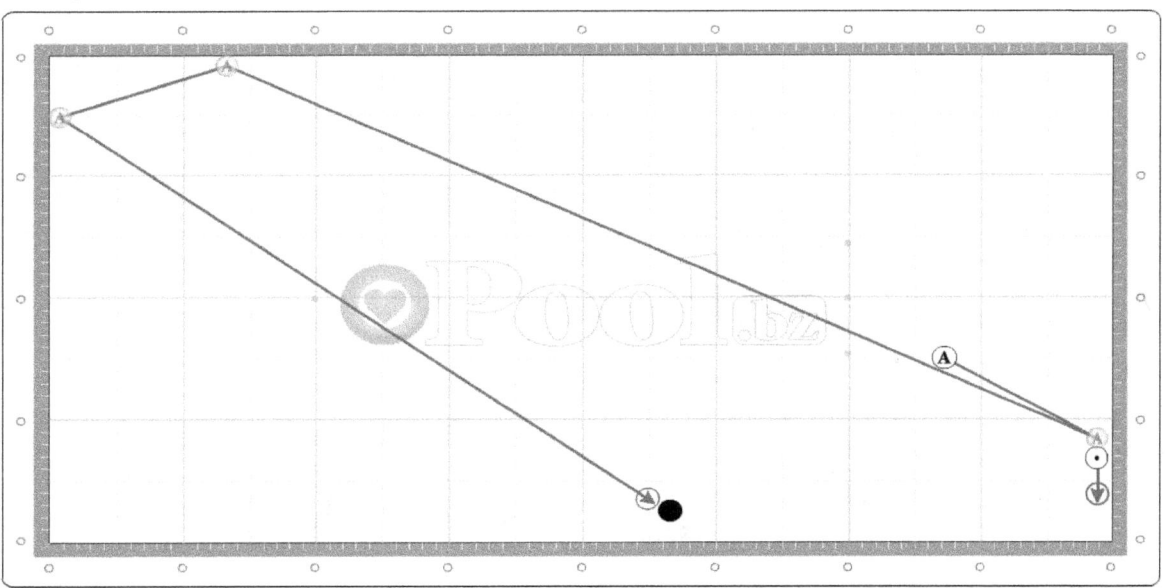

E:3d – Opstelling

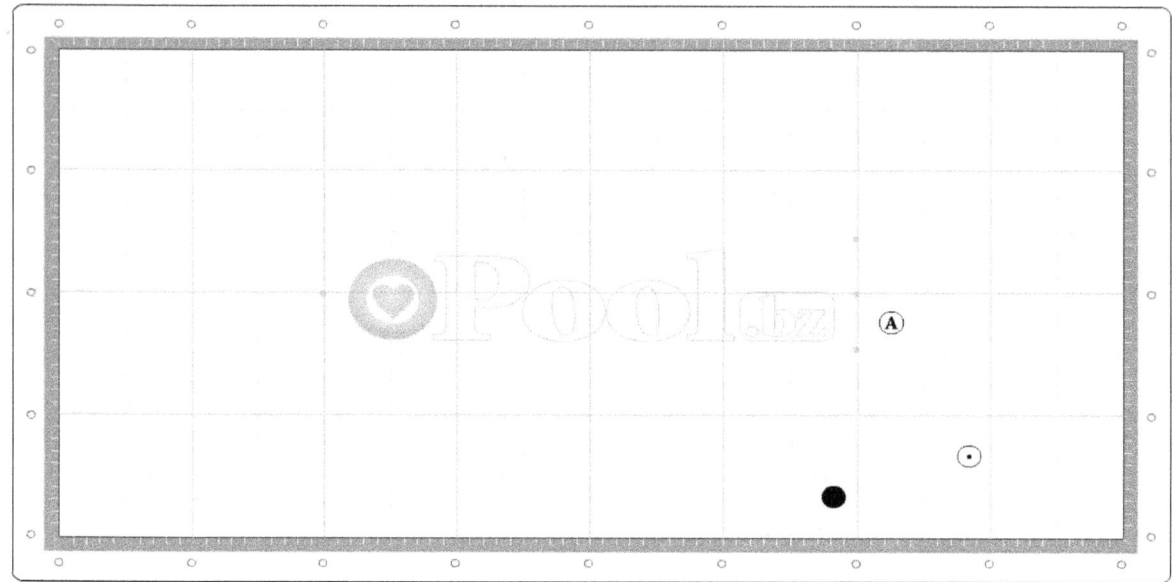

NOTAS VIR JOU IDEES:

Tabelpatroon

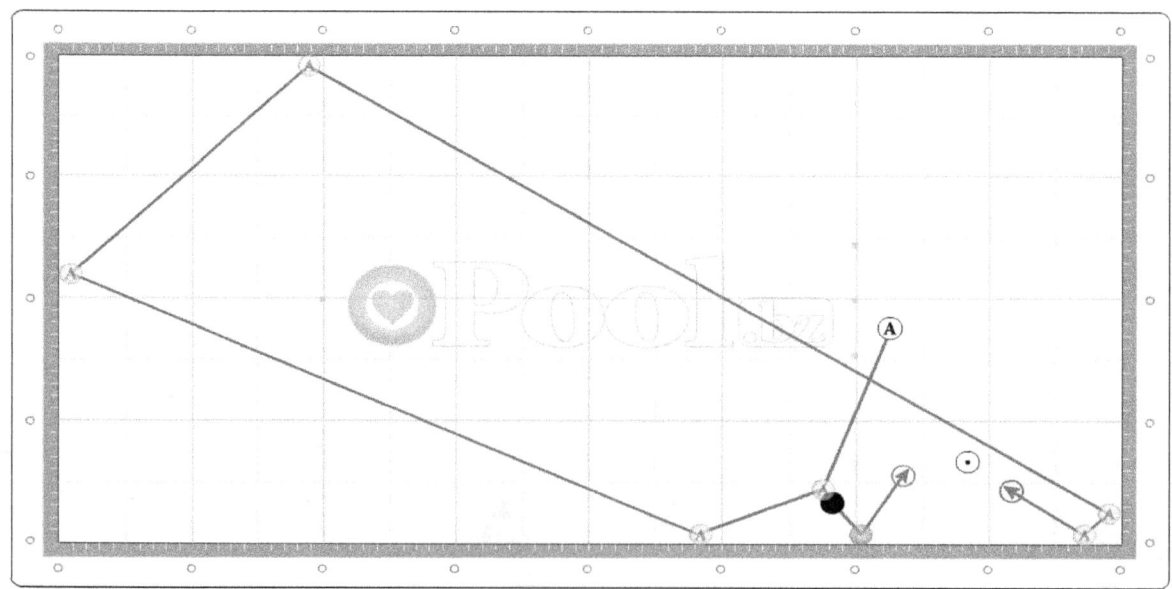

Driebanden biljart: Hoek tot hoek diagonale patrone

E: Groep 4

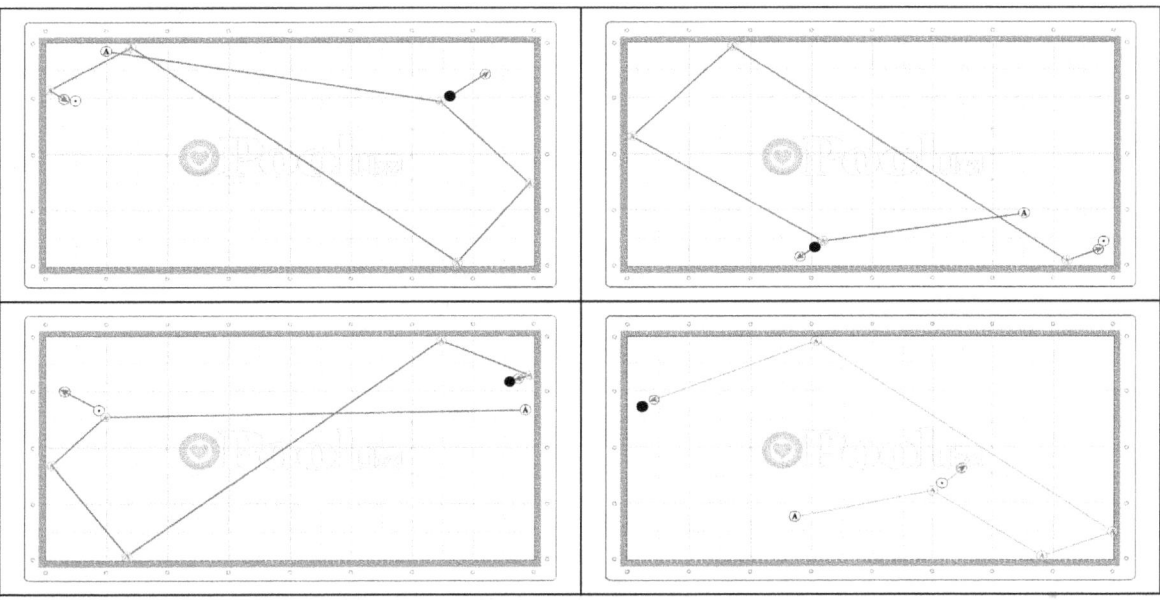

Analise:

E:4a. _____

E:4b. _____

E:4c. _____

E:4d. _____

E:4a – Opstelling

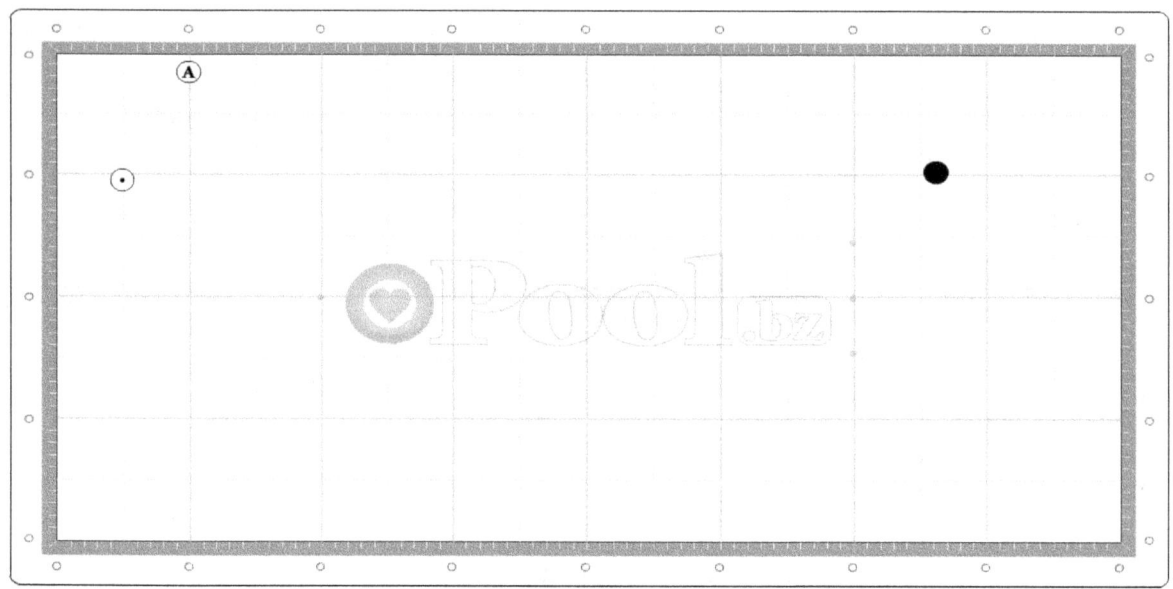

NOTAS VIR JOU IDEES:

Tabelpatroon

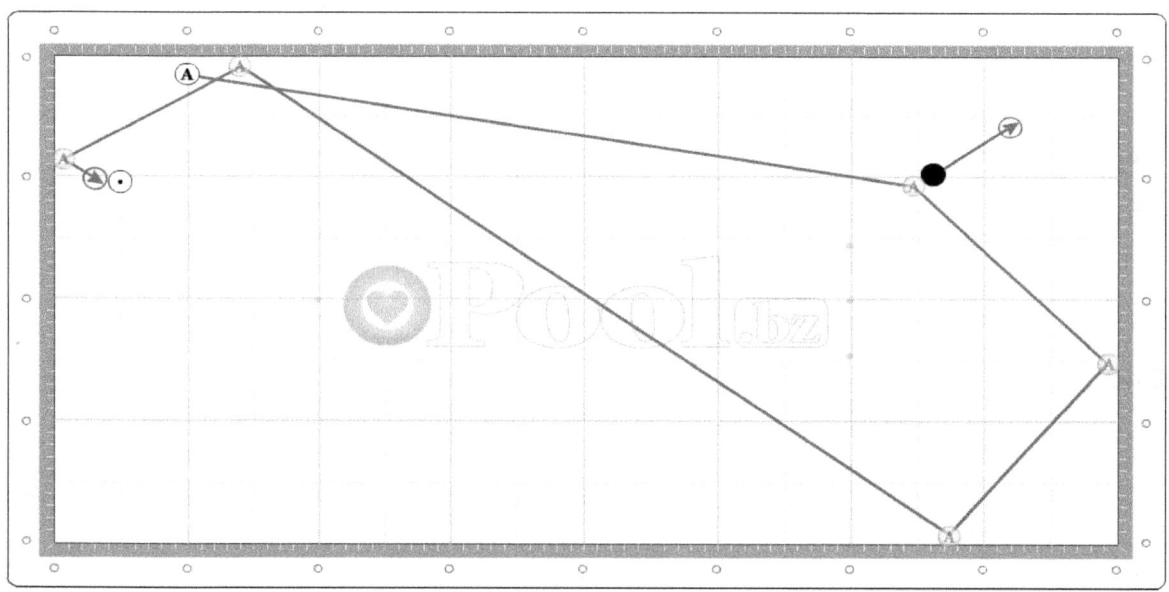

E:4b – Opstelling

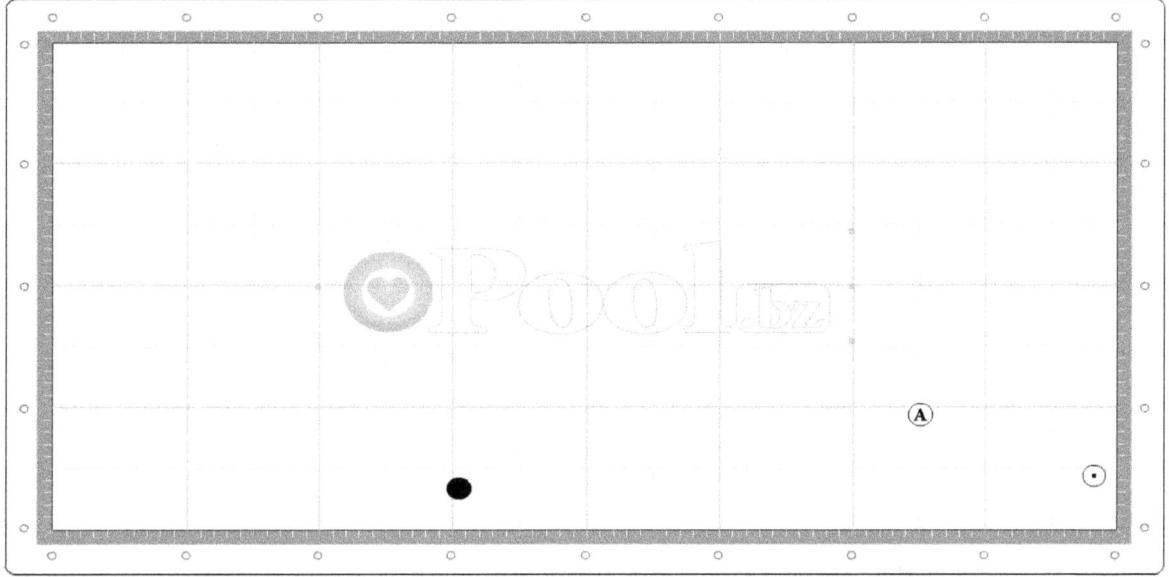

NOTAS VIR JOU IDEES:

Tabelpatroon

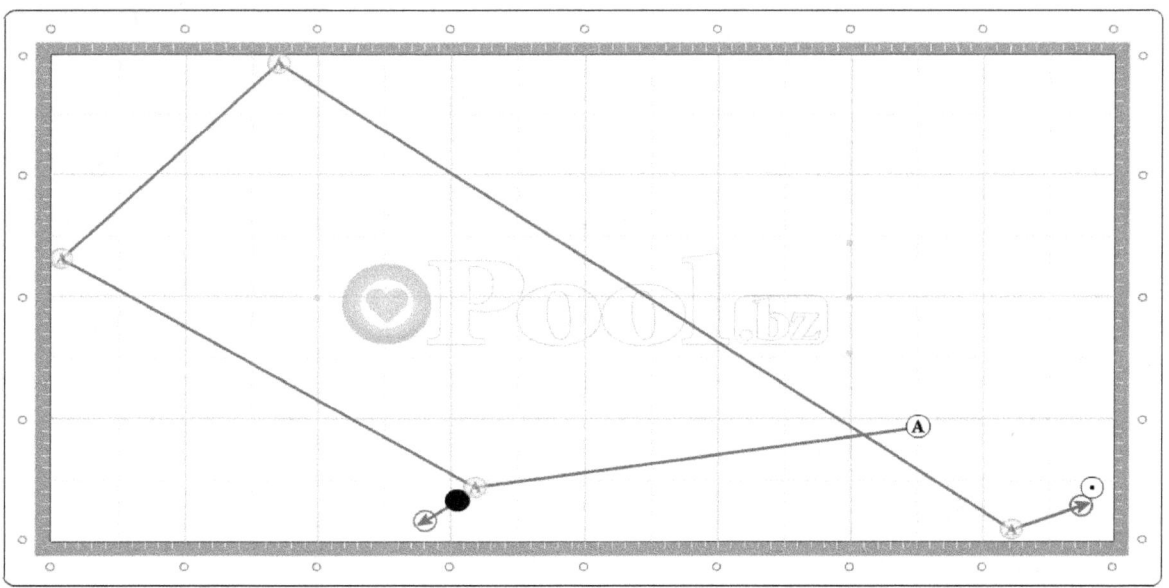

E:4c – Opstelling

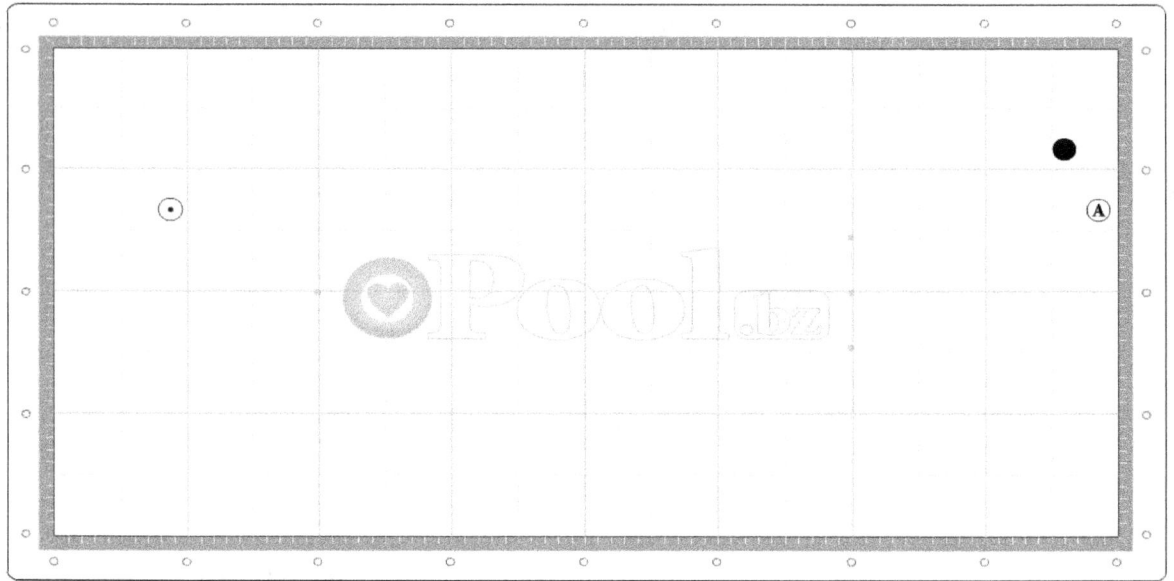

NOTAS VIR JOU IDEES:

Tabelpatroon

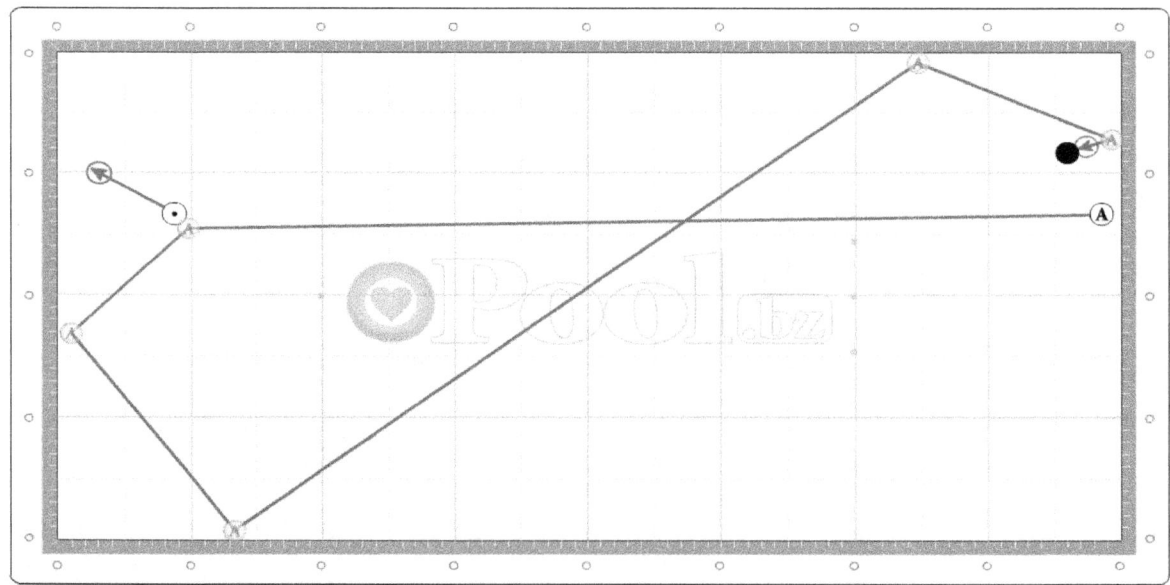

E:4d – Opstelling

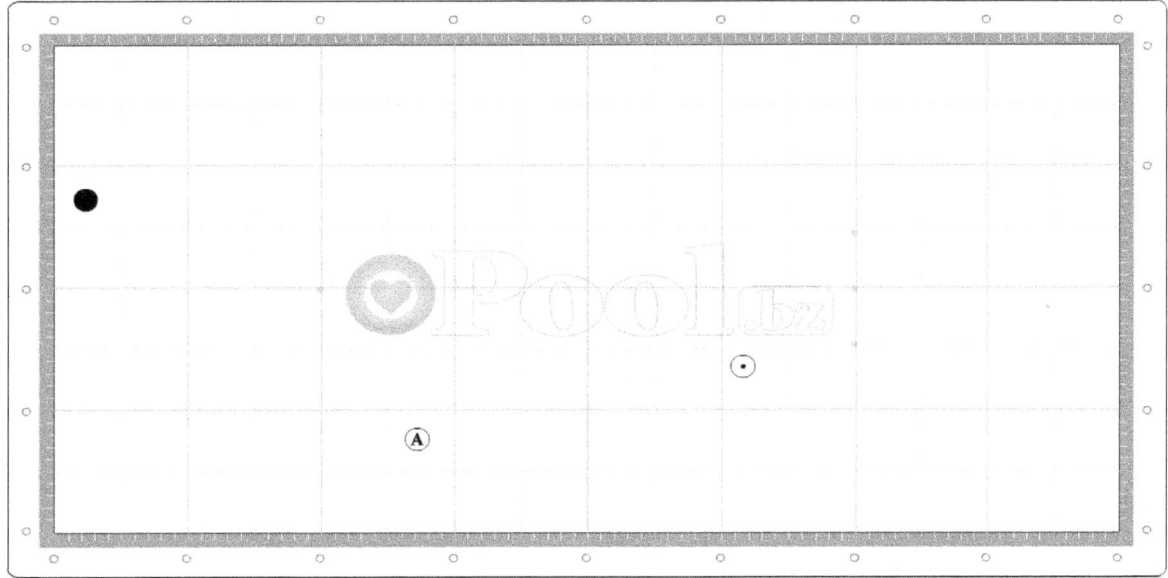

NOTAS VIR JOU IDEES:

Tabelpatroon

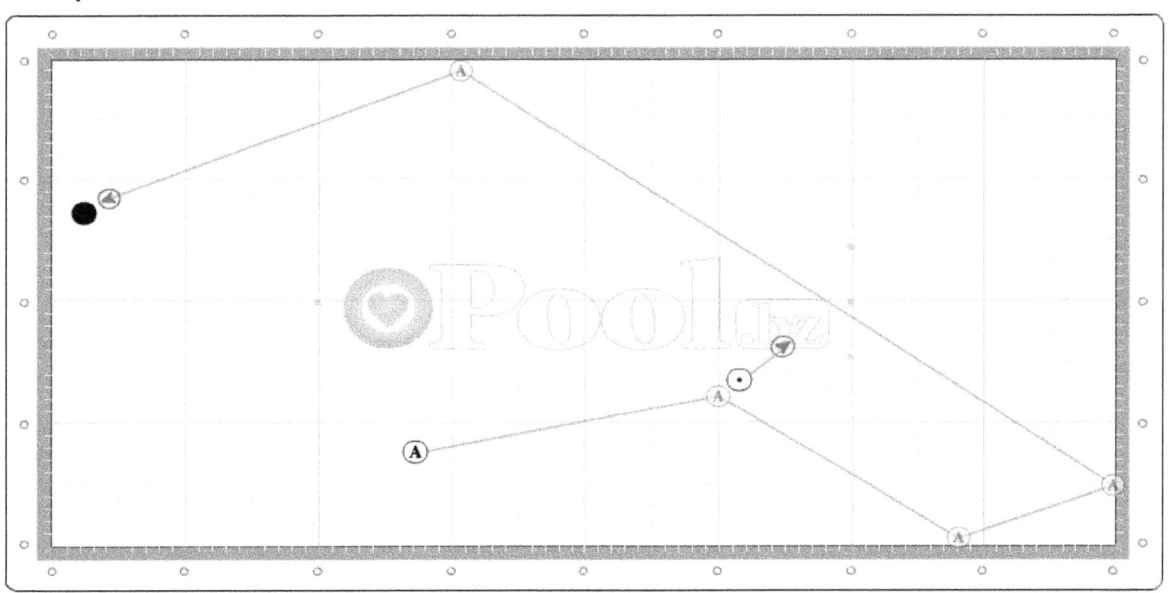

E: Groep 5

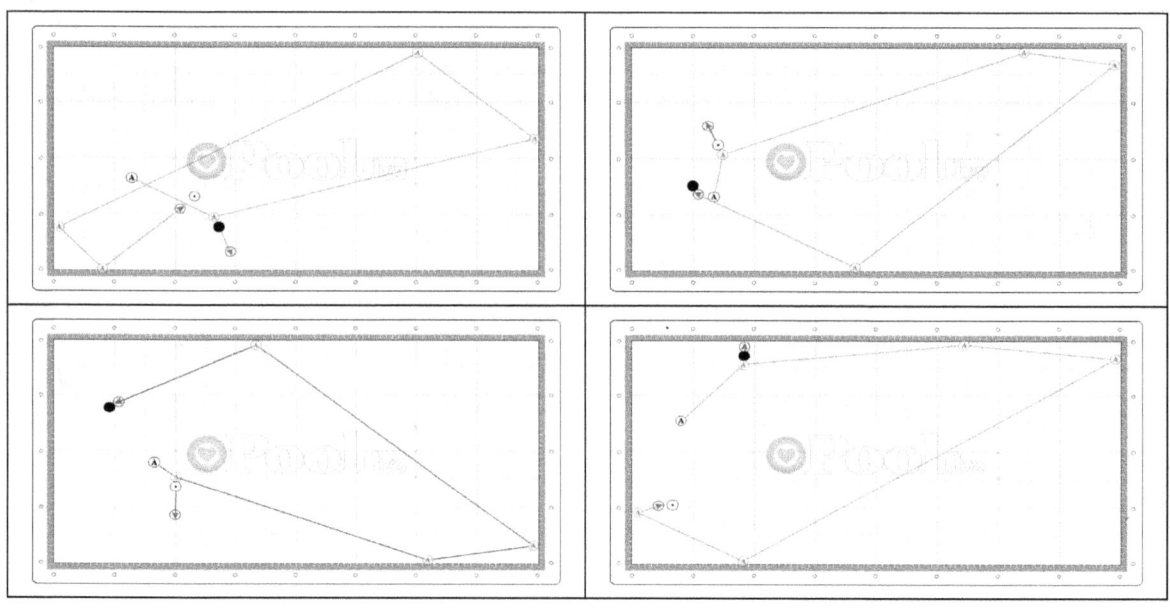

Analise:

E:5a. _____

E:5b. _____

E:5c. _____

E:5d. _____

E:5a – Opstelling

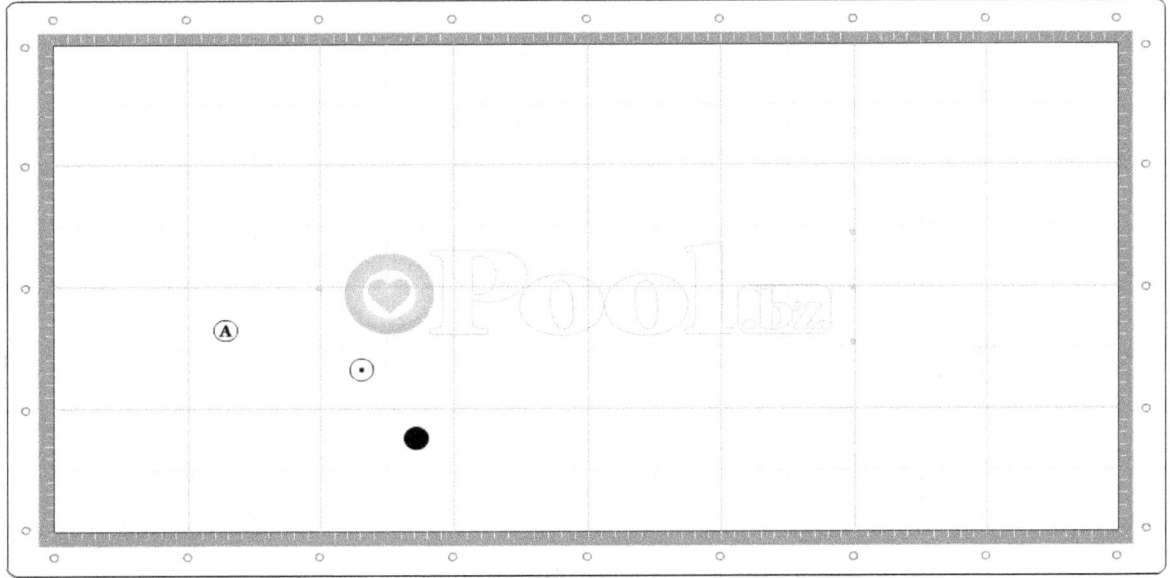

NOTAS VIR JOU IDEES:

Tabelpatroon

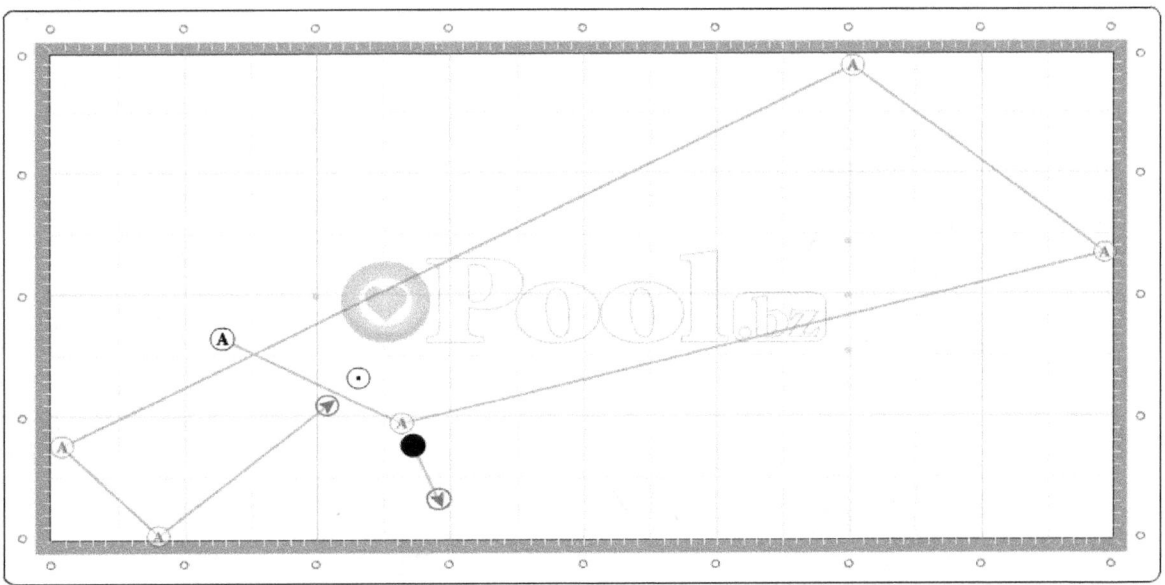

E:5b – Opstelling

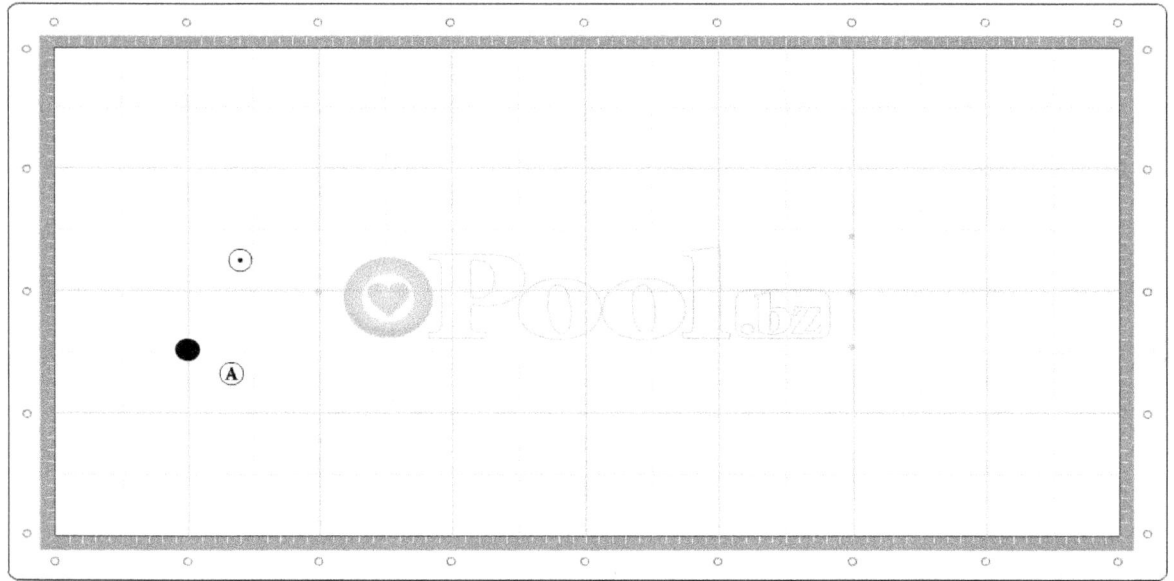

NOTAS VIR JOU IDEES:

Tabelpatroon

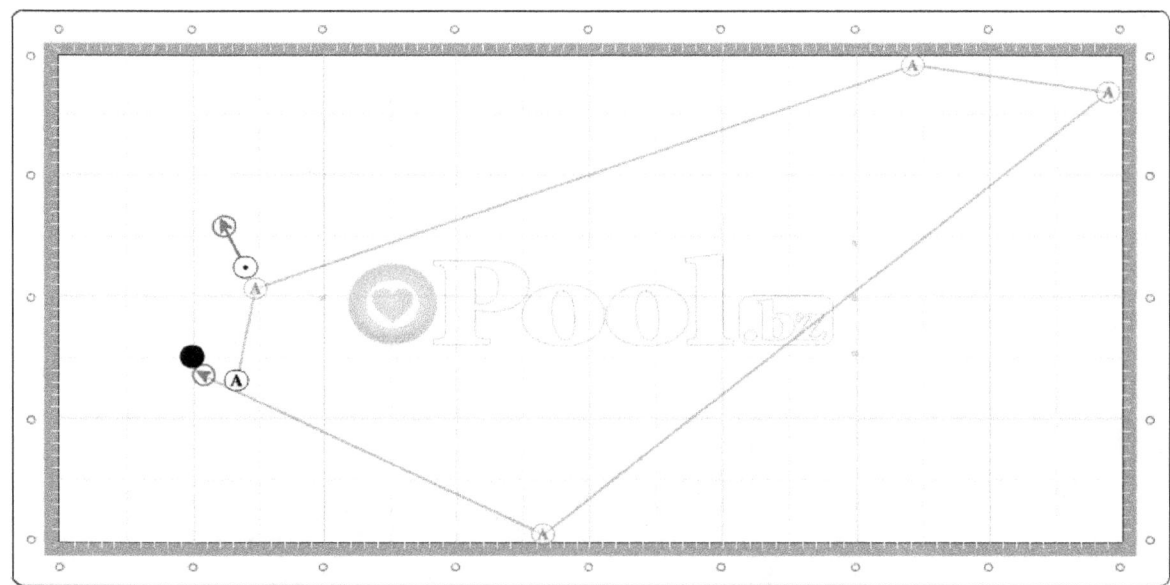

E:5c – Opstelling

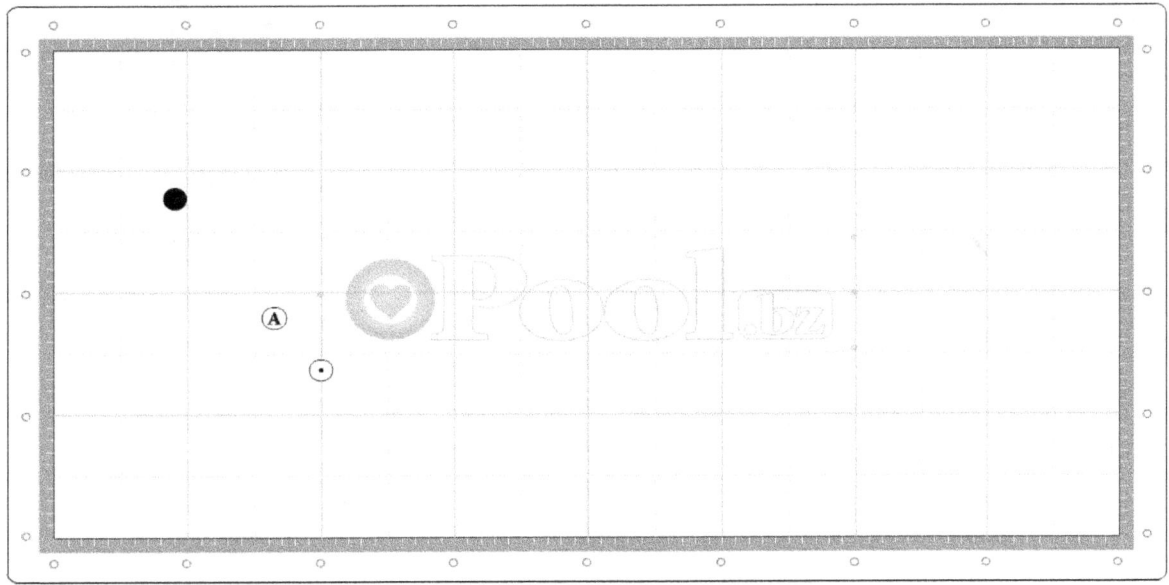

NOTAS VIR JOU IDEES:

Tabelpatroon

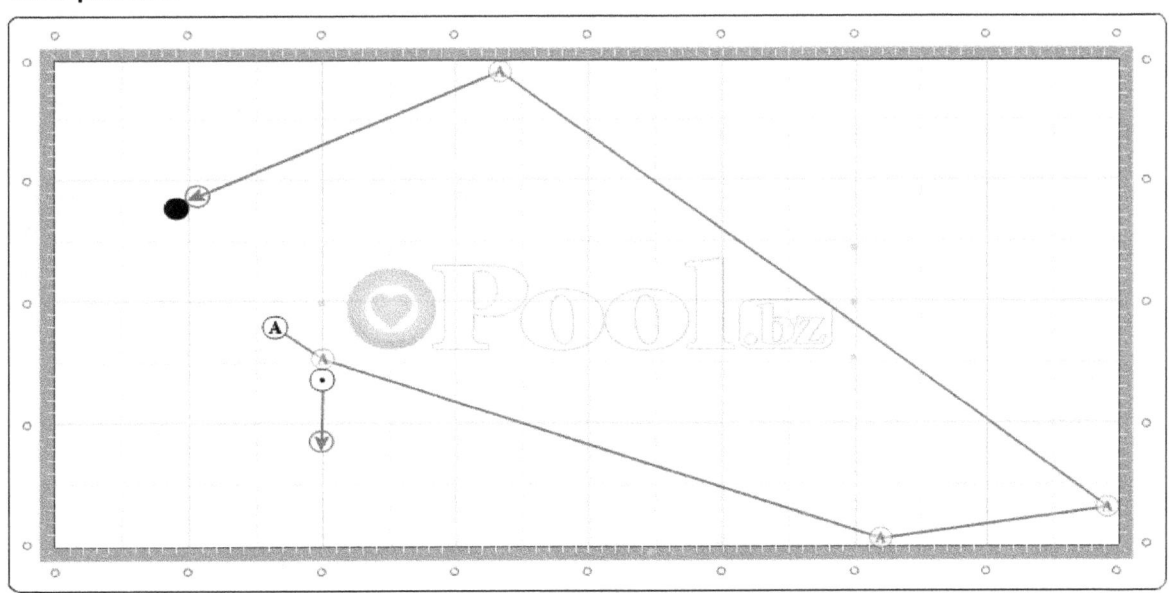

E:5d – Opstelling

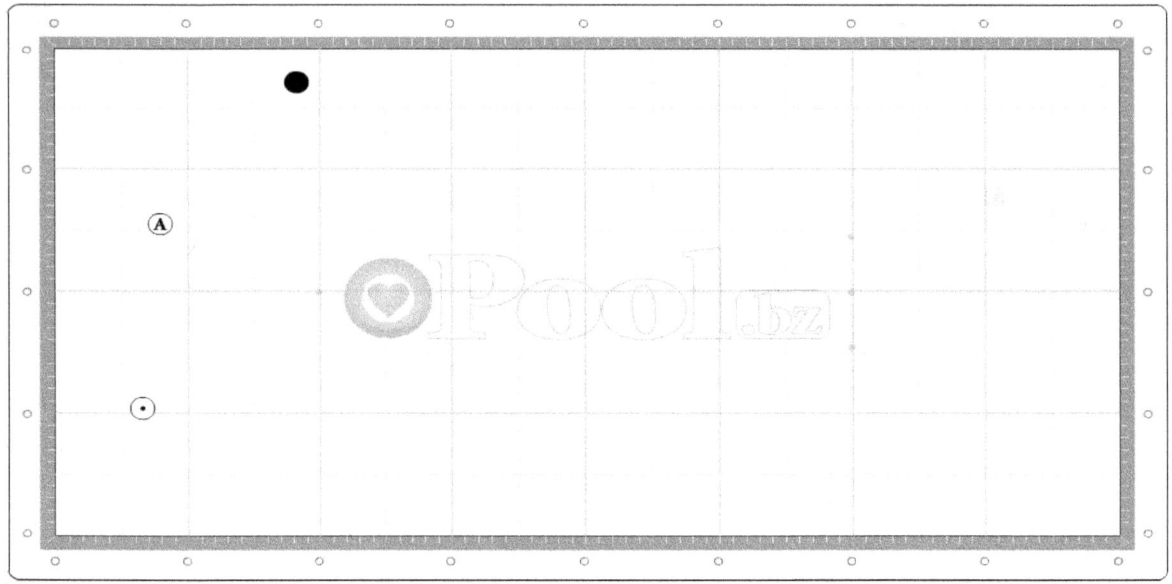

NOTAS VIR JOU IDEES:

Tabelpatroon

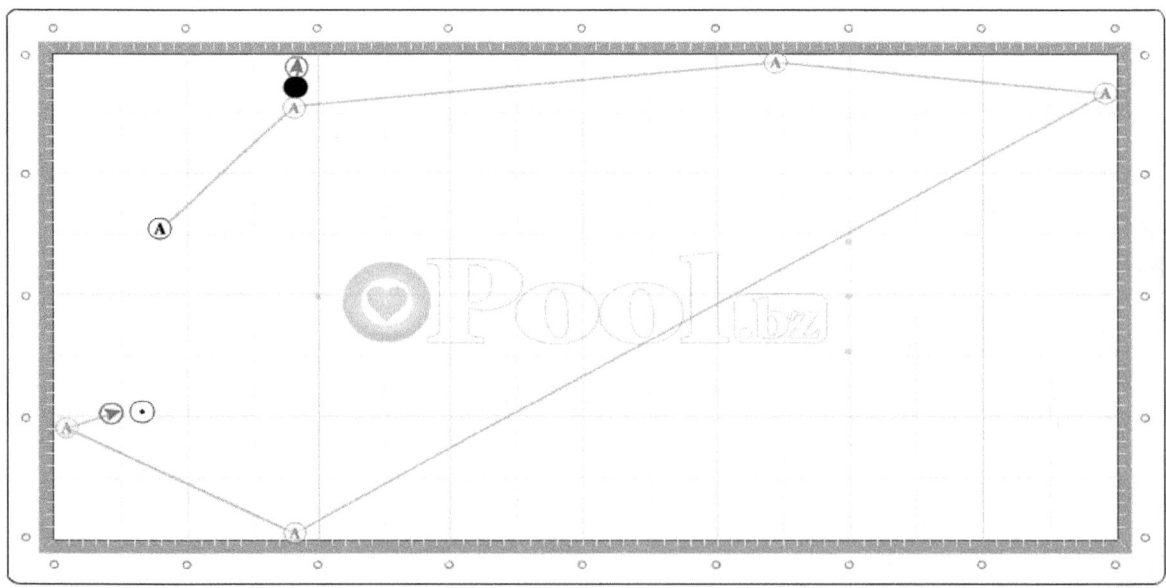

E: Groep 6

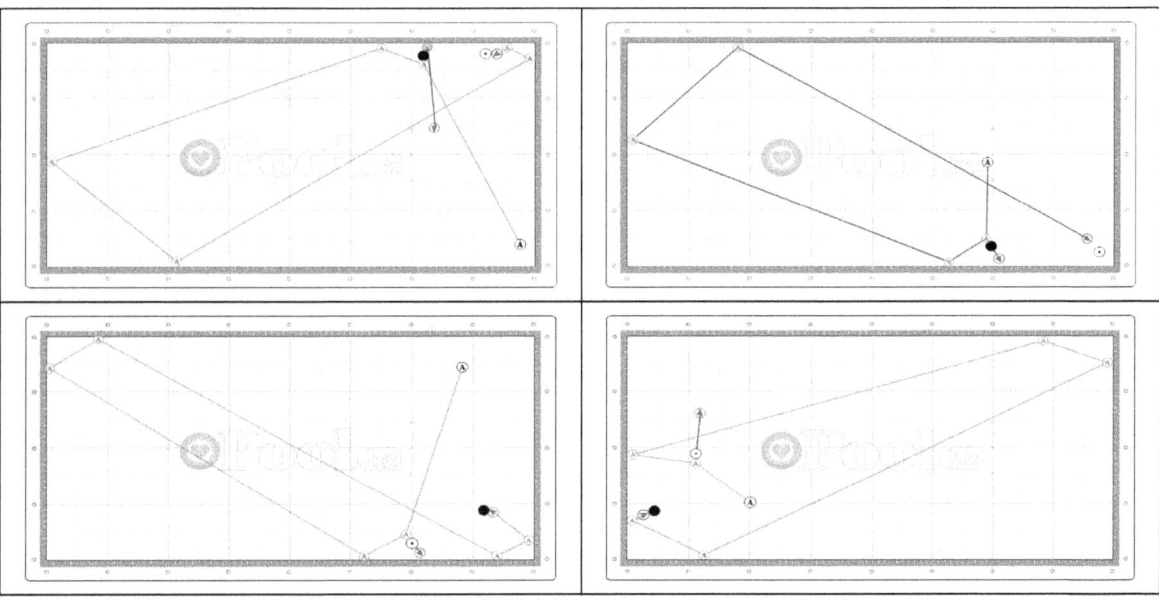

Analise:

E:6a. _____

E:6b. _____

E:6c. _____

E:6d. _____

E:6a – Opstelling

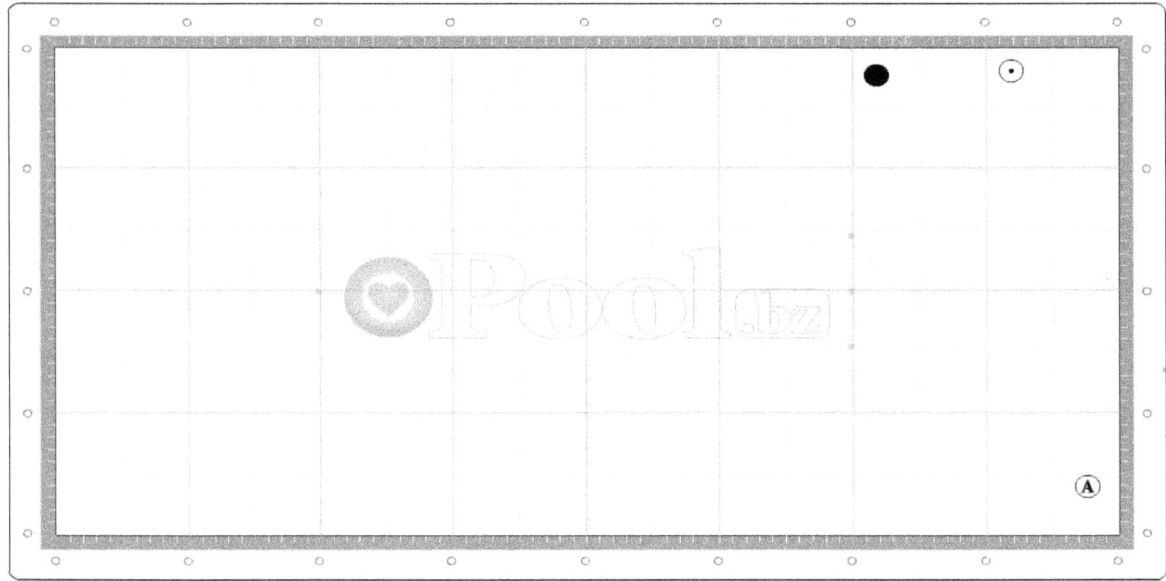

NOTAS VIR JOU IDEES:

Tabelpatroon

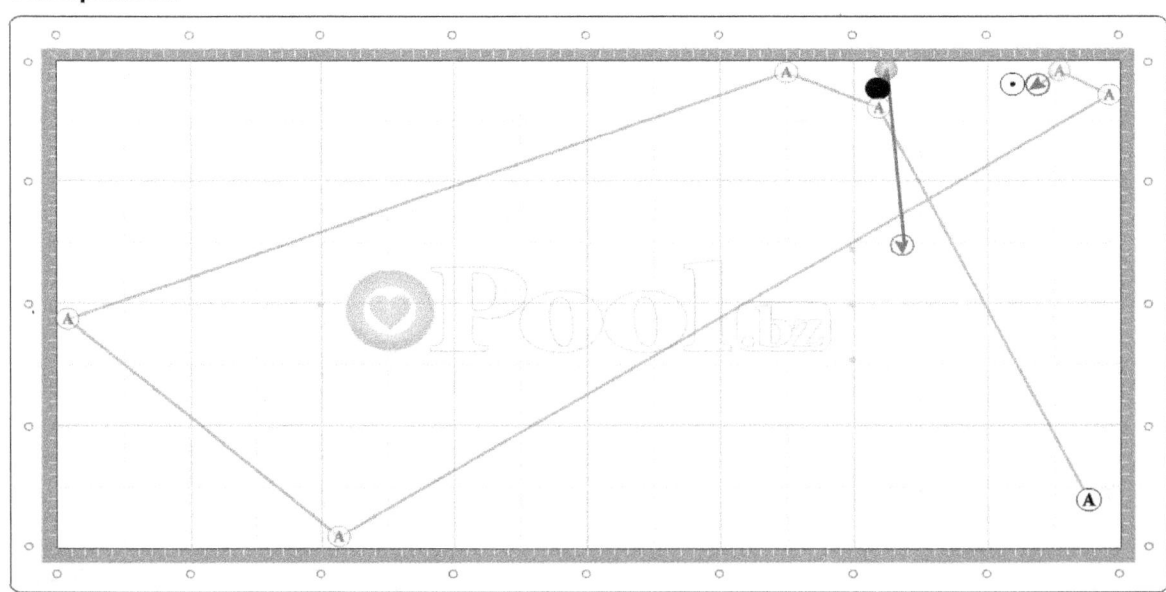

E:6b – Opstelling

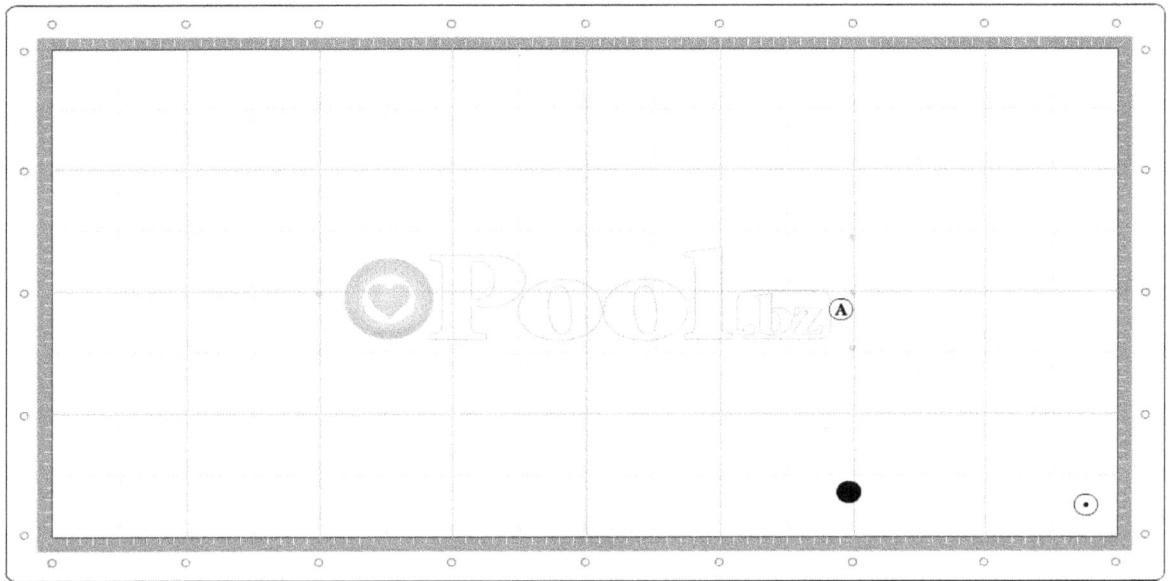

NOTAS VIR JOU IDEES:

Tabelpatroon

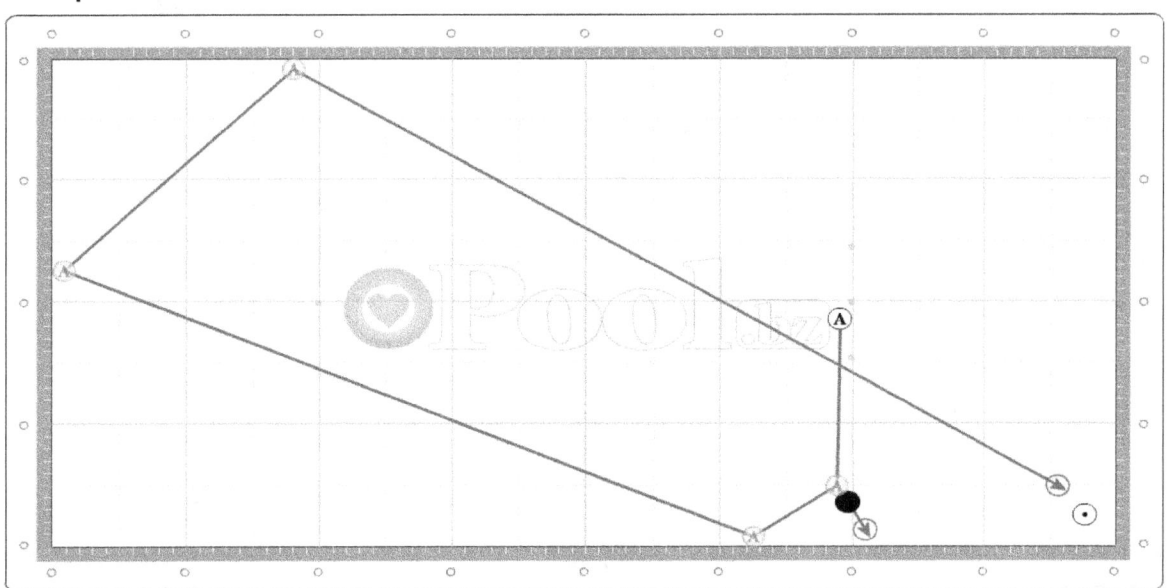

E:6c – Opstelling

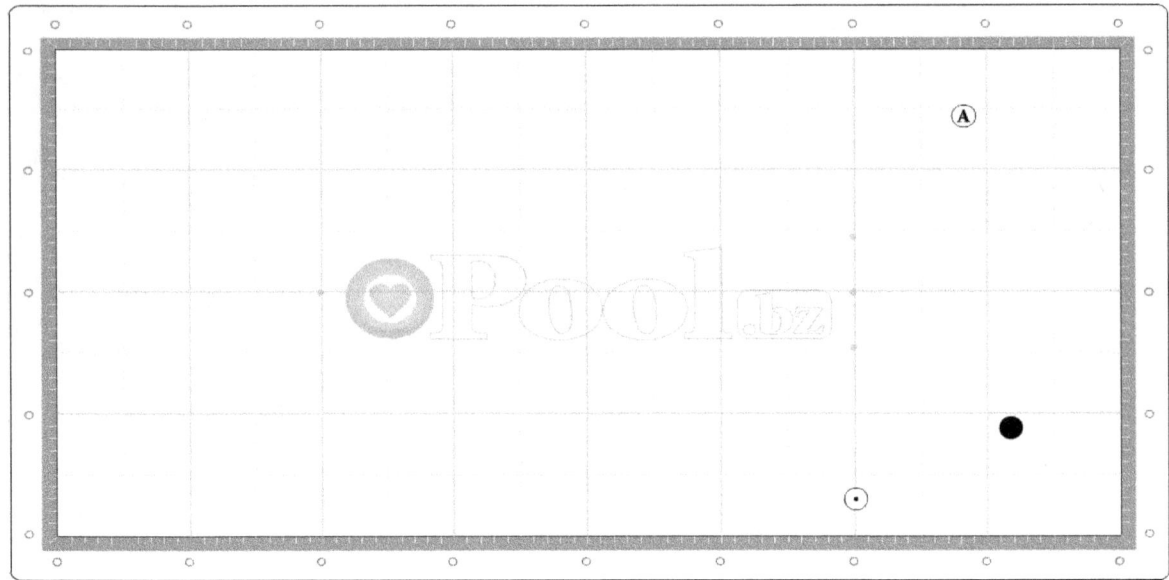

NOTAS VIR JOU IDEES:

Tabelpatroon

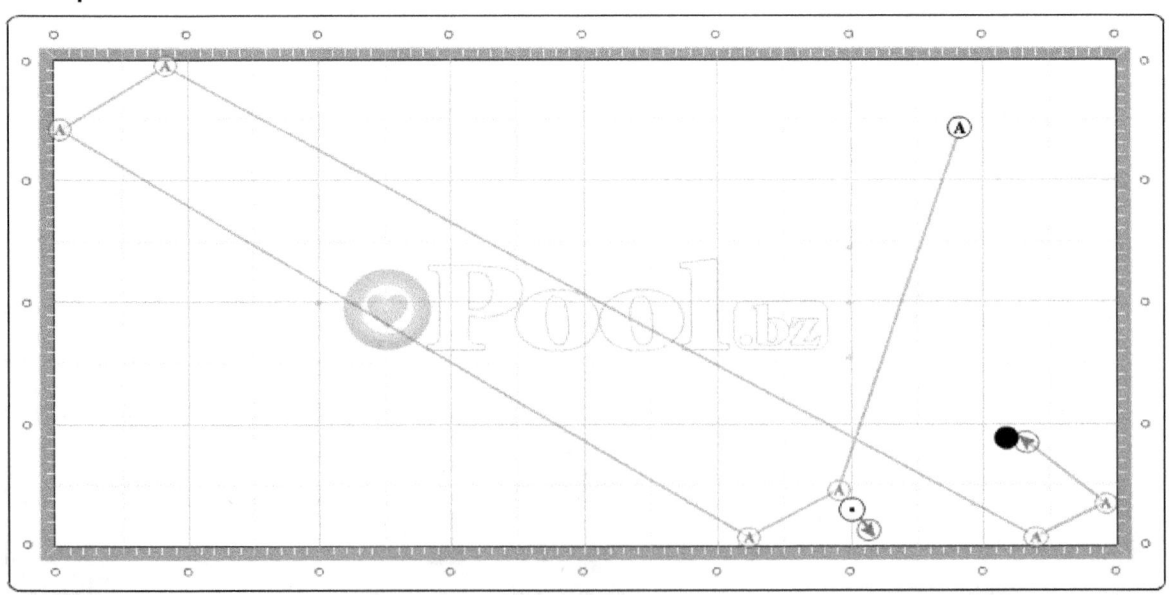

E:6d – Opstelling

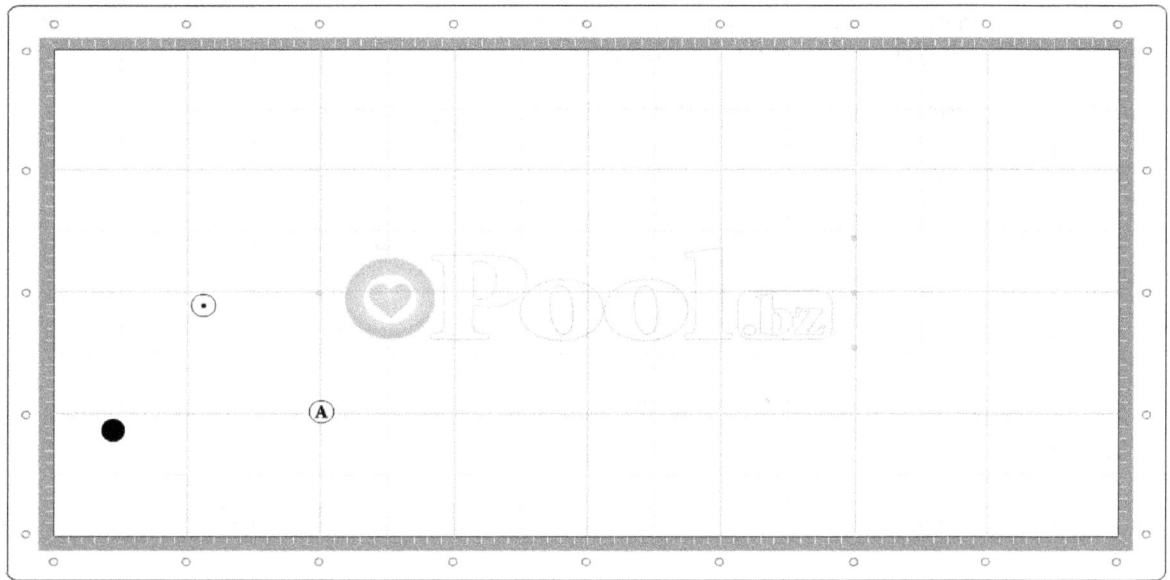

NOTAS VIR JOU IDEES:

Tabelpatroon

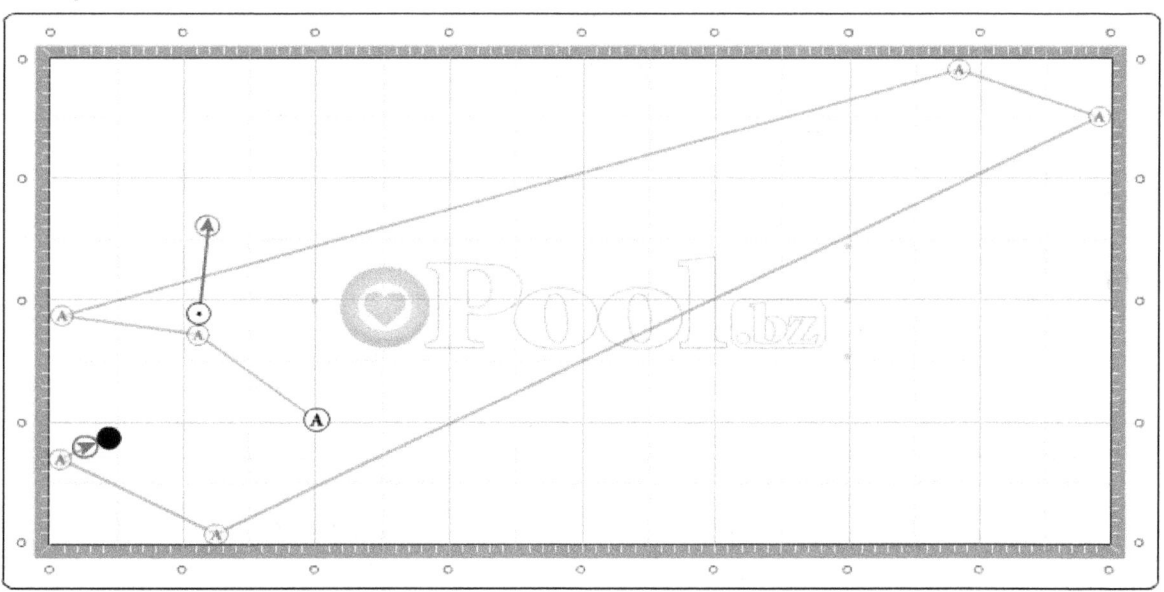

F: Driehoekige diagonale

Die (CB) kom van die eerste (OB) en betree dan die diagonale patroon. Dit is interessante skote omdat die (CB) drie keer op en af die tafel beweeg.

Ⓐ **(CB)** (jou biljartbal) – ⊙ **(OB)** (teenstander biljartbal) – ● **(OB)** (rooi bal)

F: Groep 1

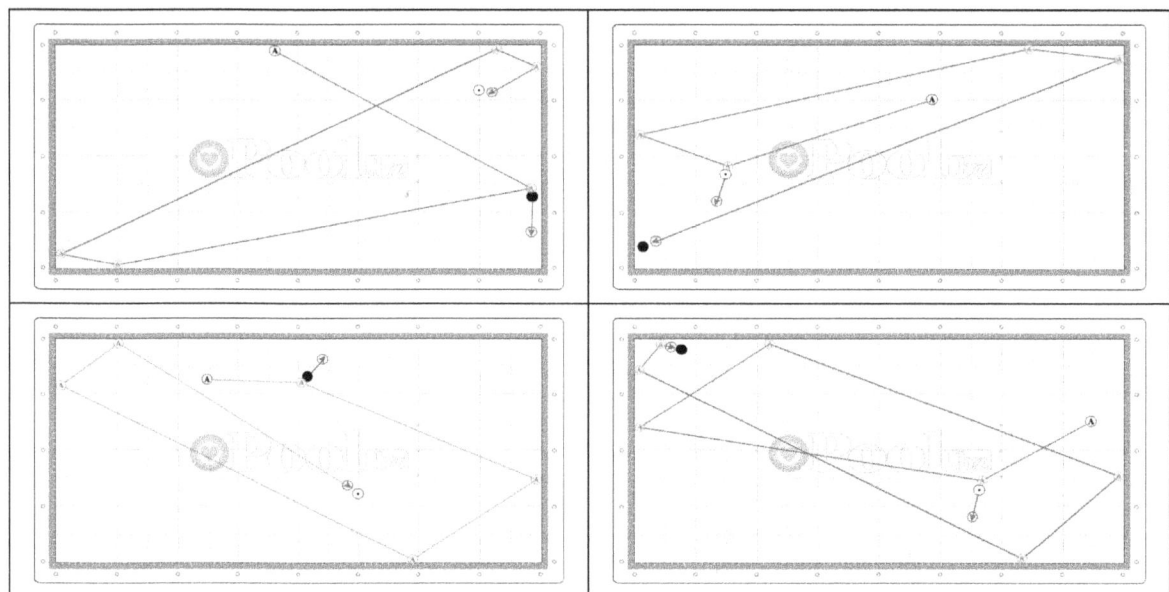

Analise:

F:1a. _____

F:1b. _____

F:1c. _____

F:1d. _____

F:1a – Opstelling

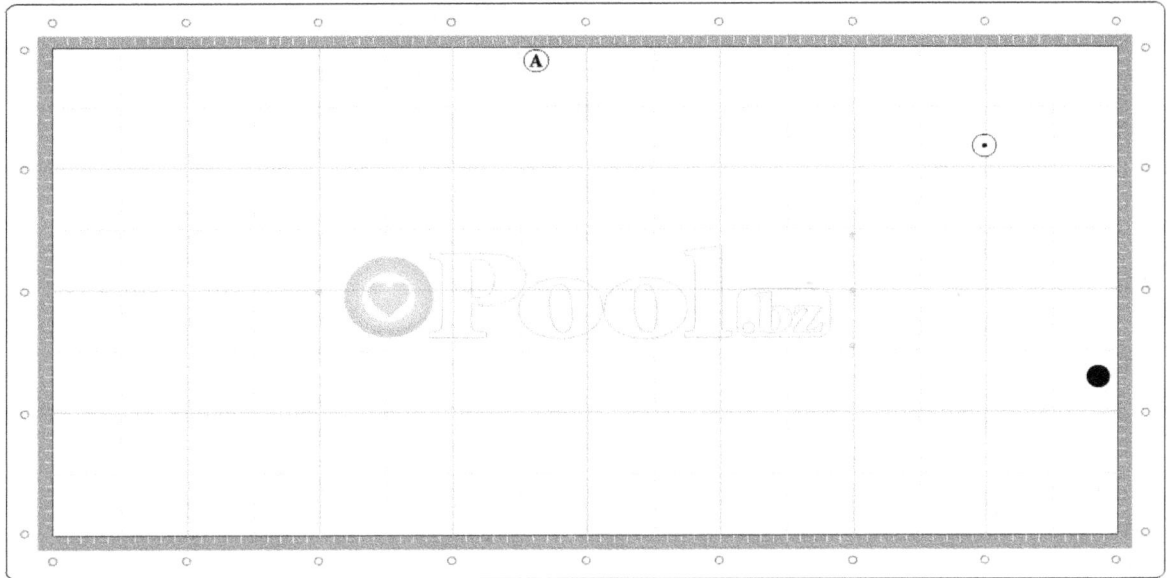

NOTAS VIR JOU IDEES:

Tabelpatroon

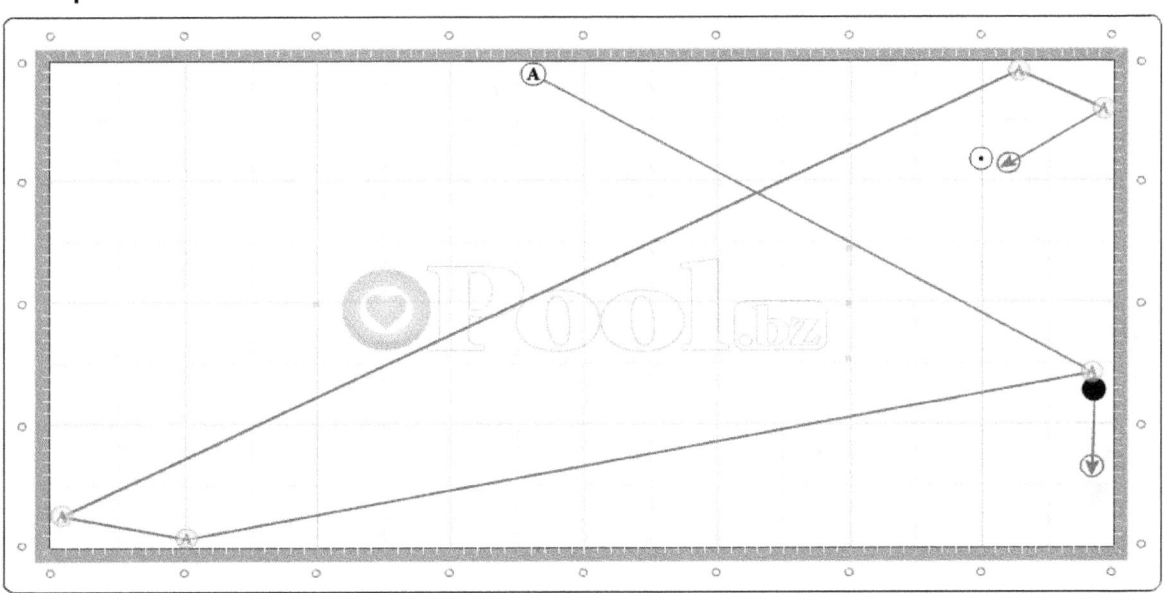

F:1b – Opstelling

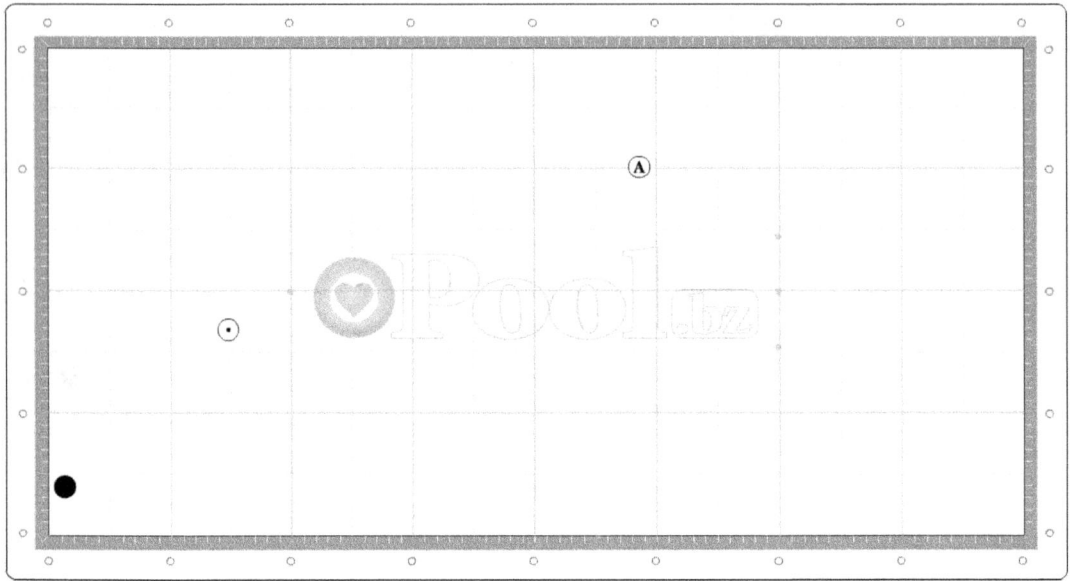

NOTAS VIR JOU IDEES:

Tabelpatroon

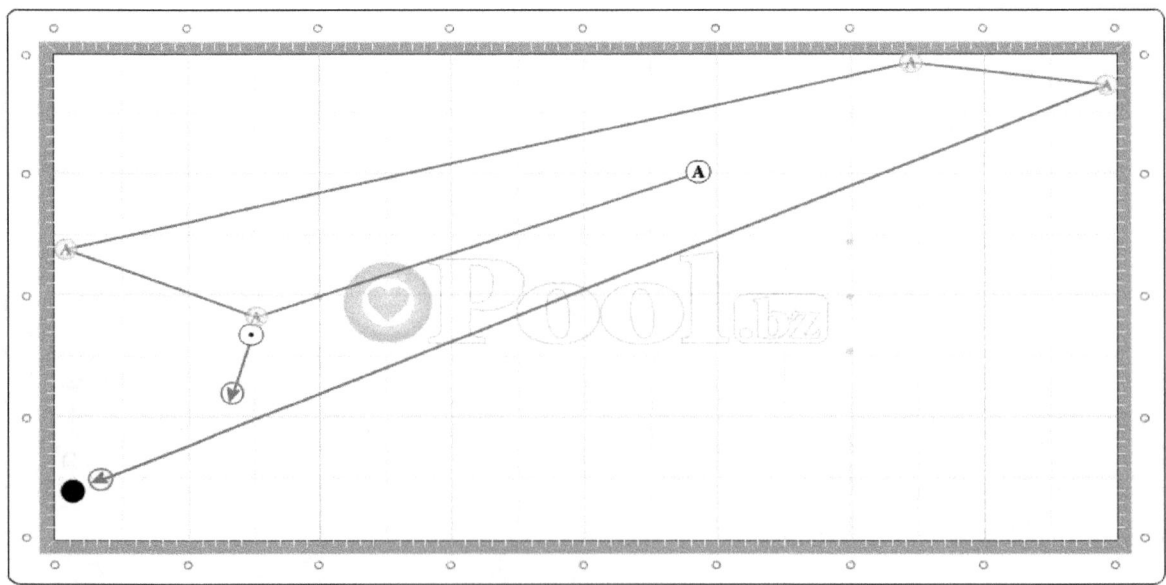

F:1c – Opstelling

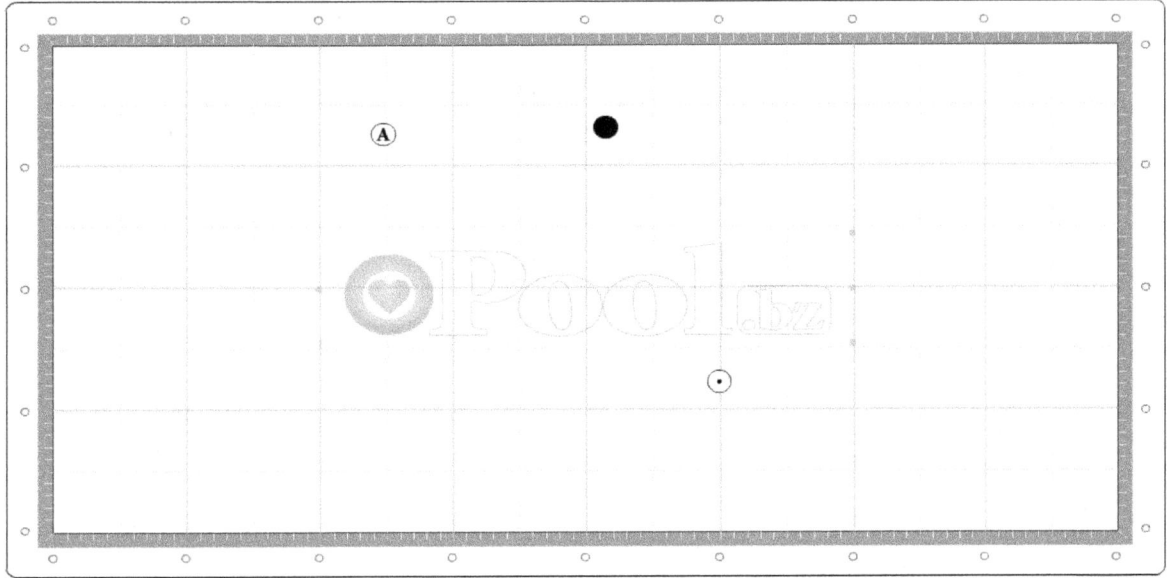

NOTAS VIR JOU IDEES:

Tabelpatroon

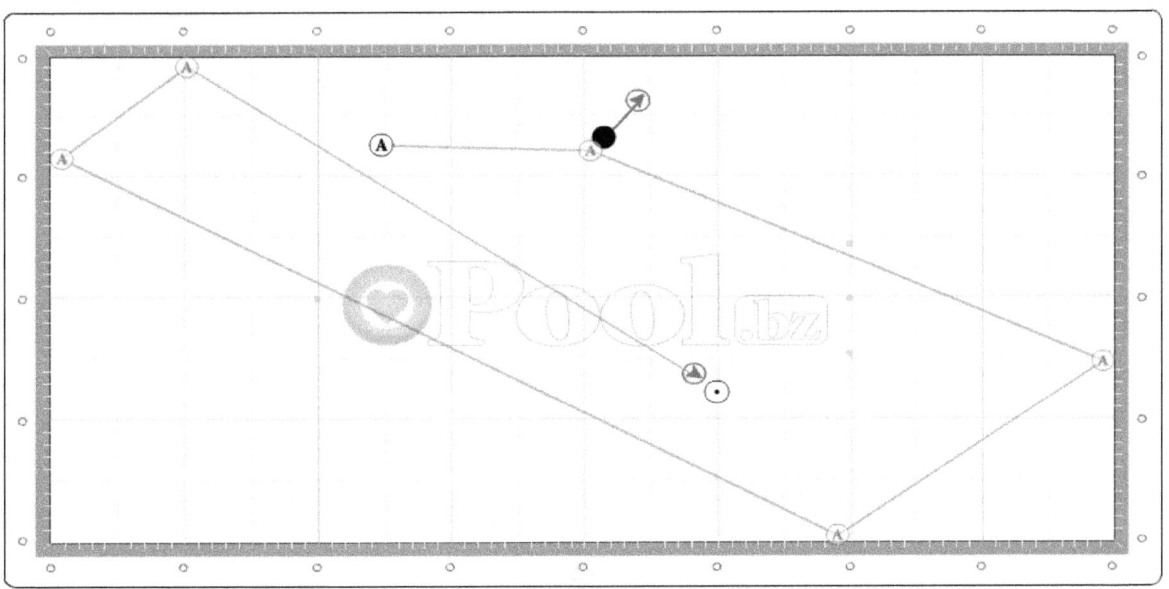

F:1d – Opstelling

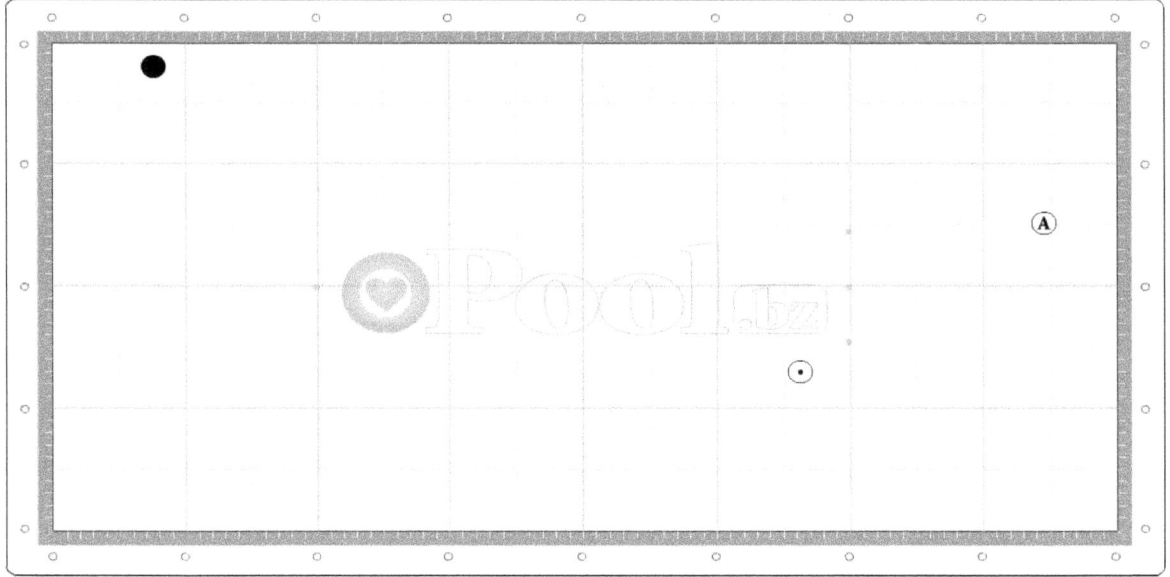

NOTAS VIR JOU IDEES:

Tabelpatroon

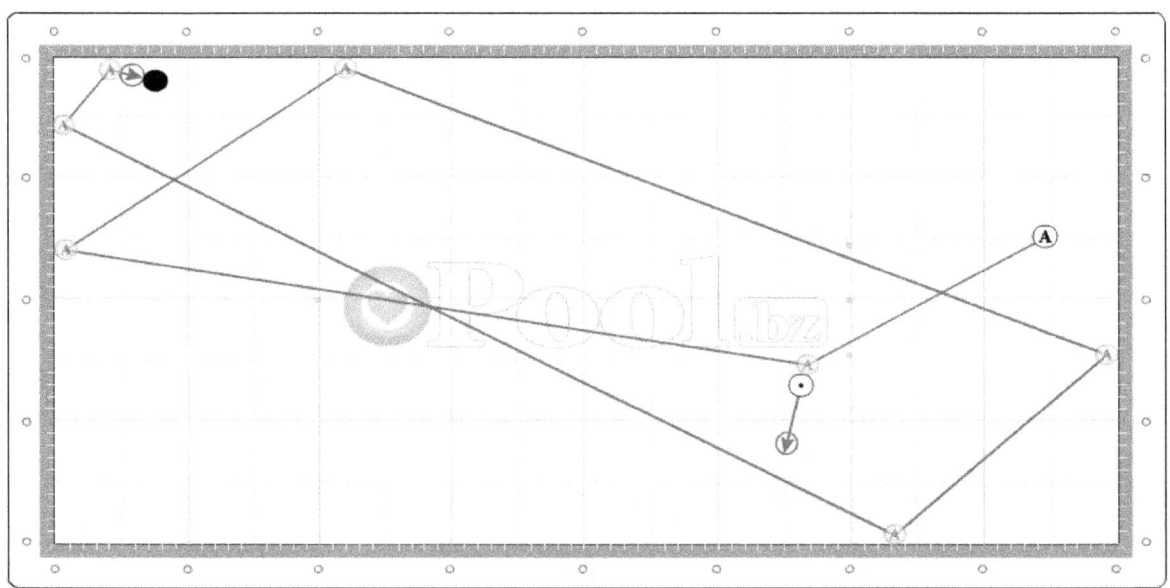

F

F: Groep 2

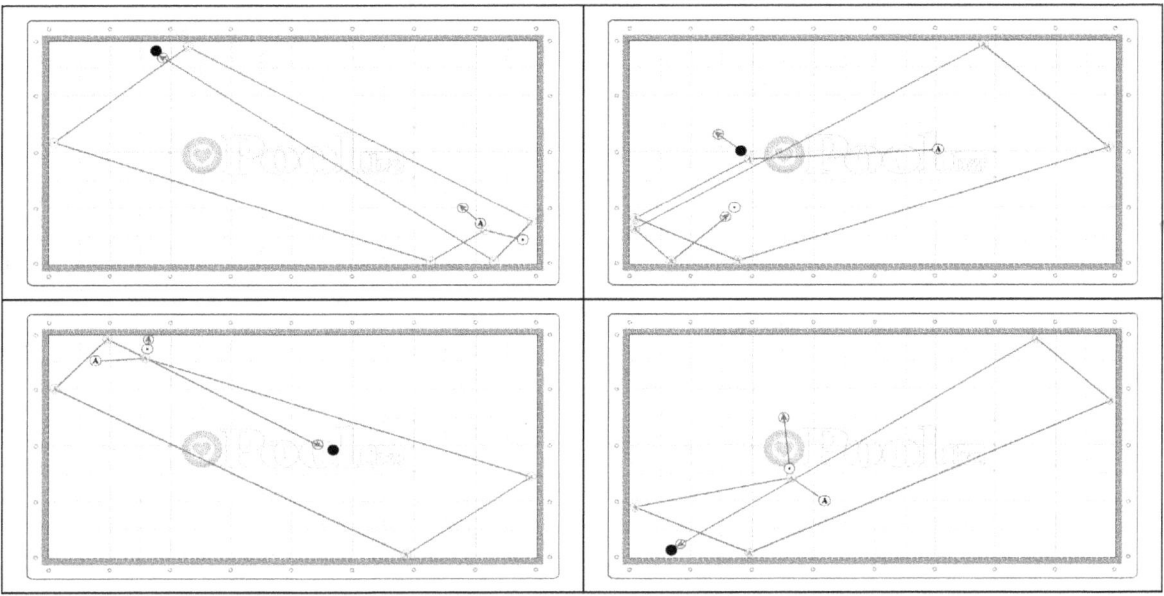

Analise:

F:2a. _____

F:2b. _____

F:2c. _____

F:2d. _____

F:2a – Opstelling

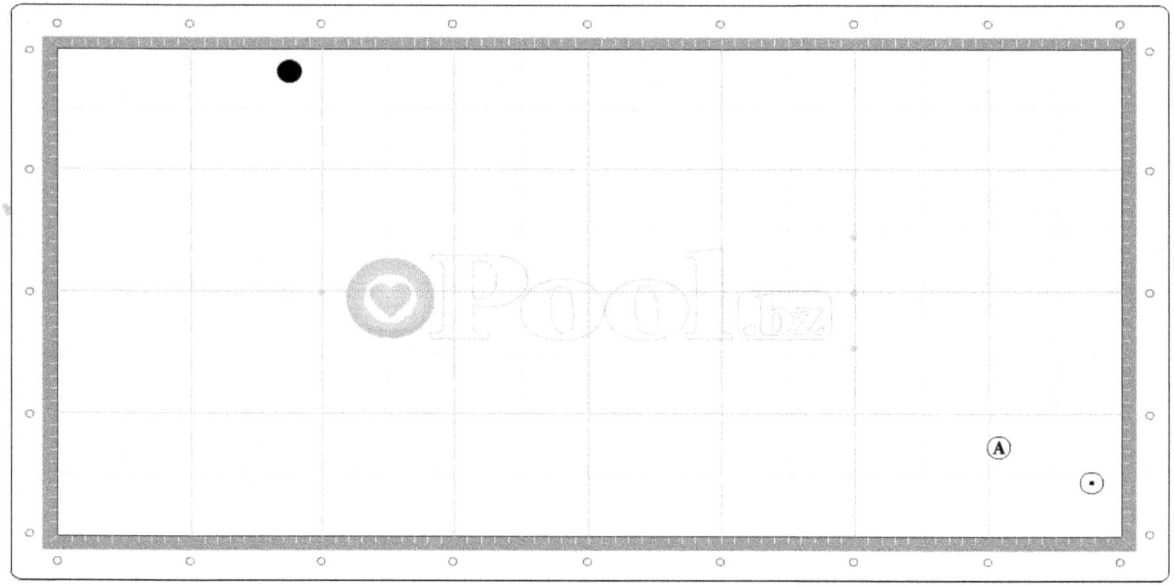

NOTAS VIR JOU IDEES:

Tabelpatroon

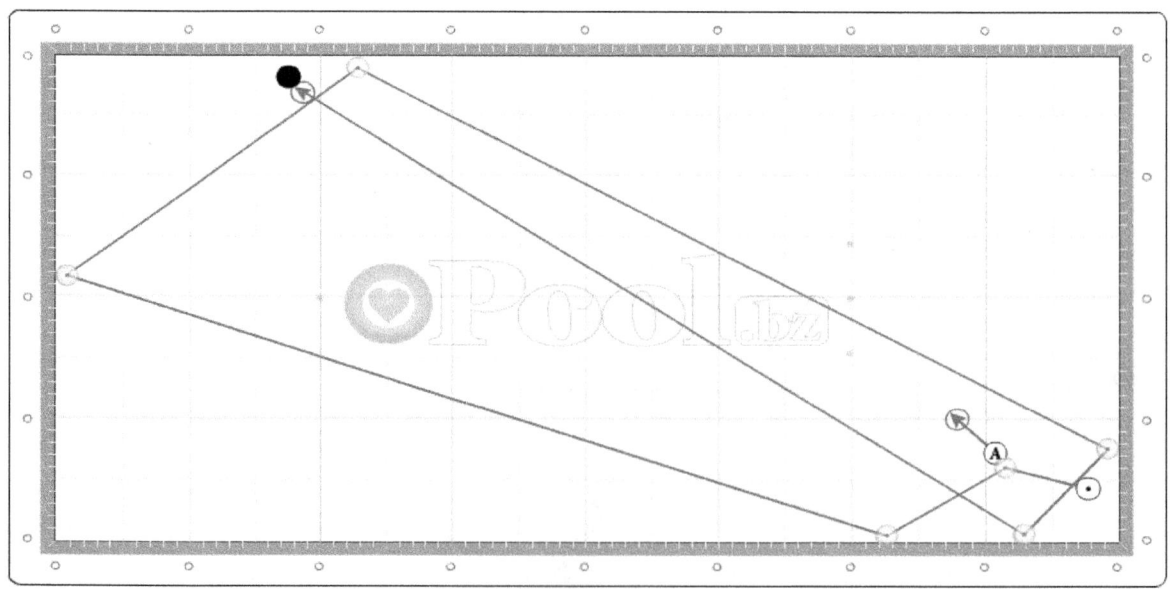

F:2b – Opstelling

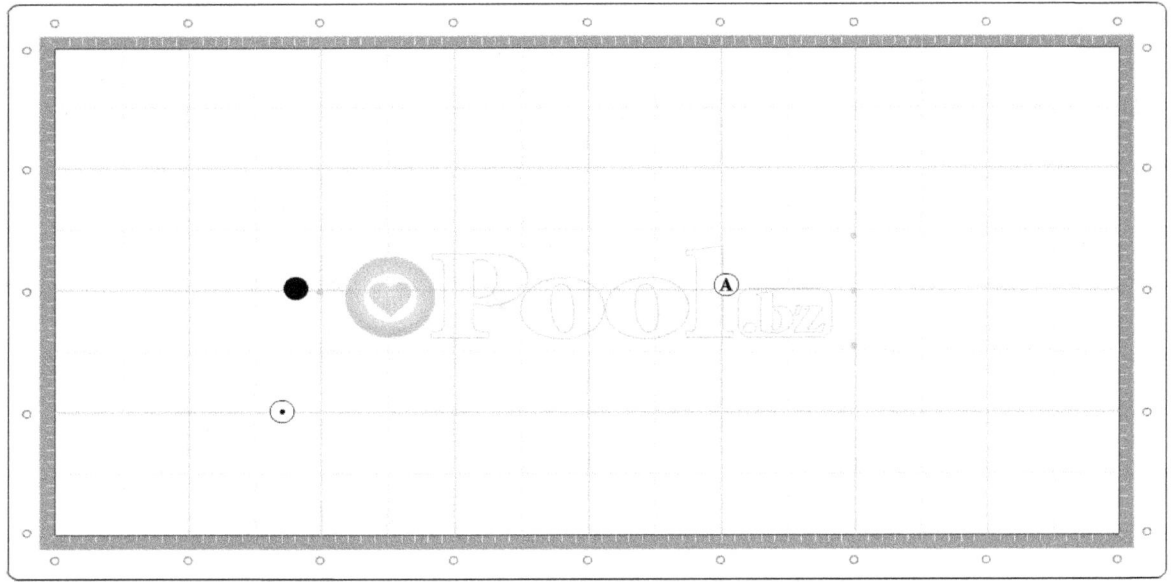

NOTAS VIR JOU IDEES:

Tabelpatroon

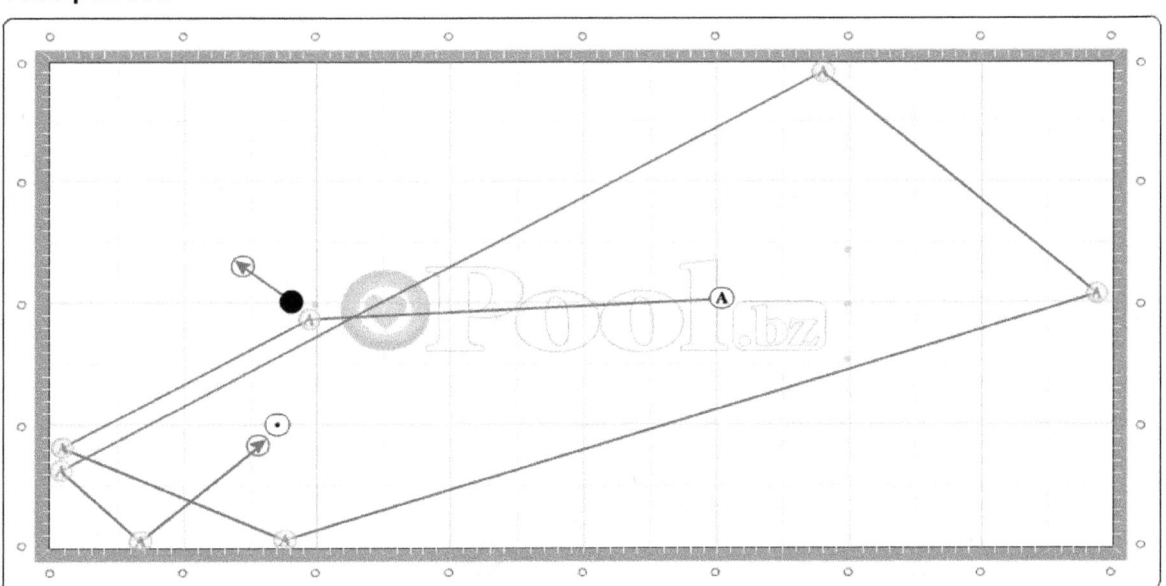

F:2c – Opstelling

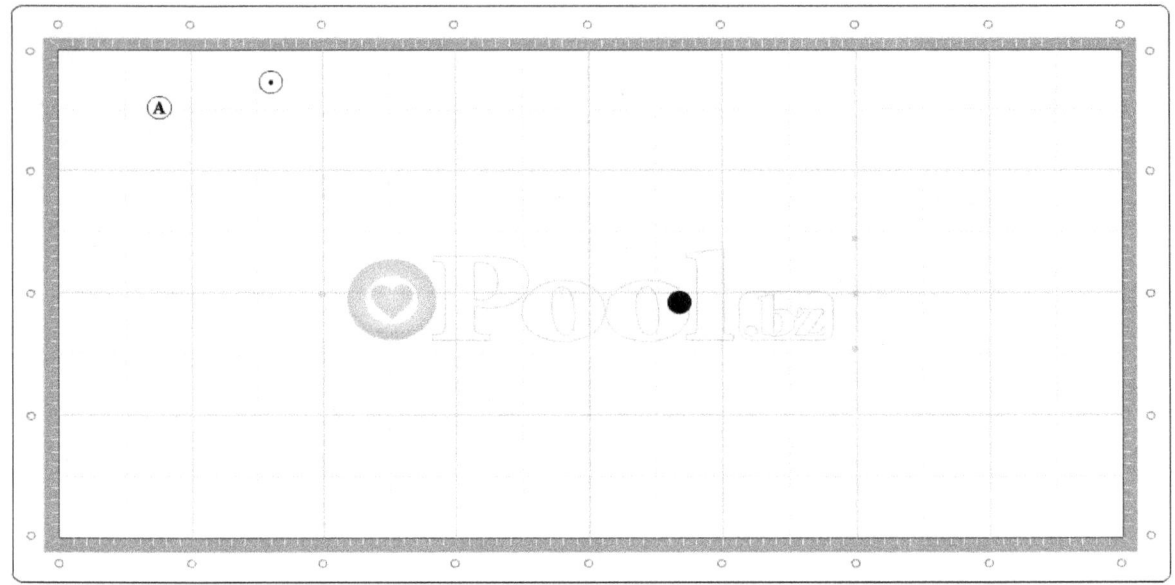

NOTAS VIR JOU IDEES:

Tabelpatroon

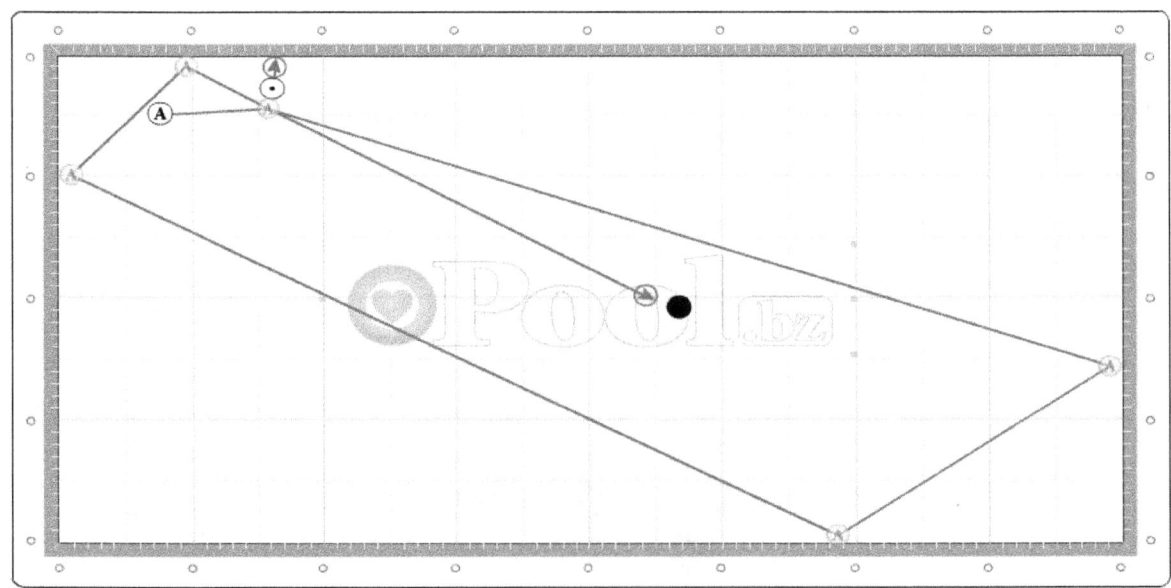

F:2d – Opstelling

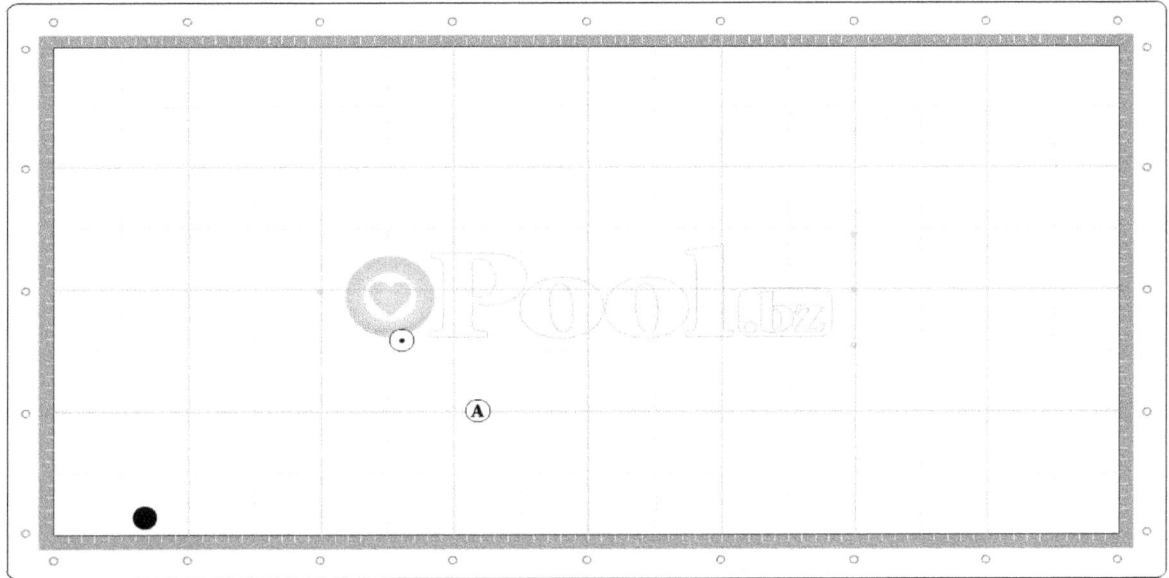

NOTAS VIR JOU IDEES:

Tabelpatroon

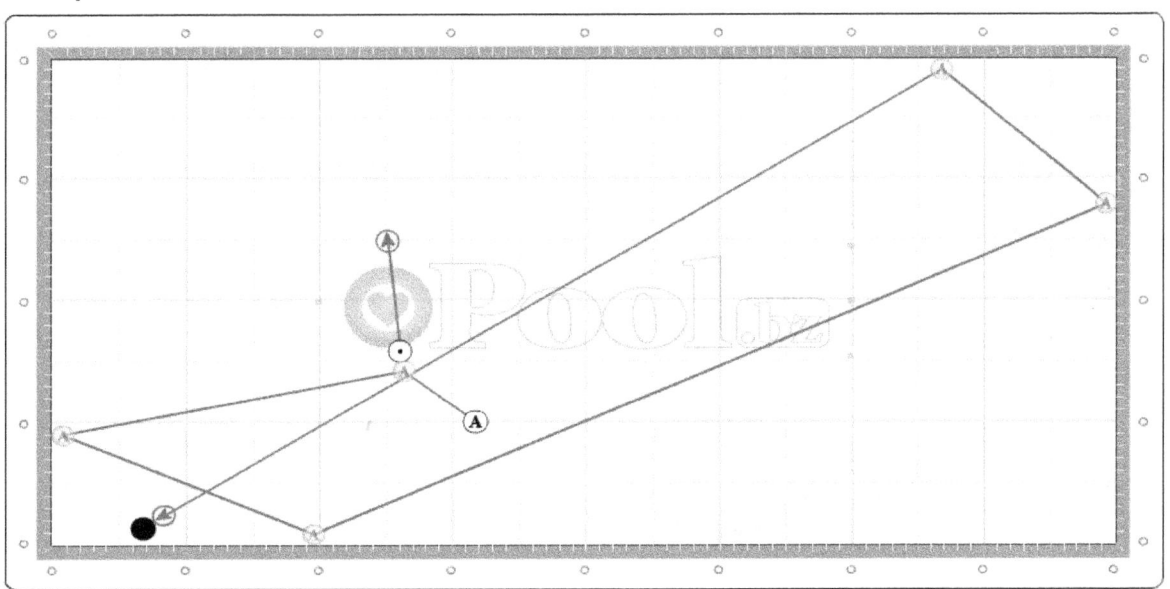

F: Groep 3

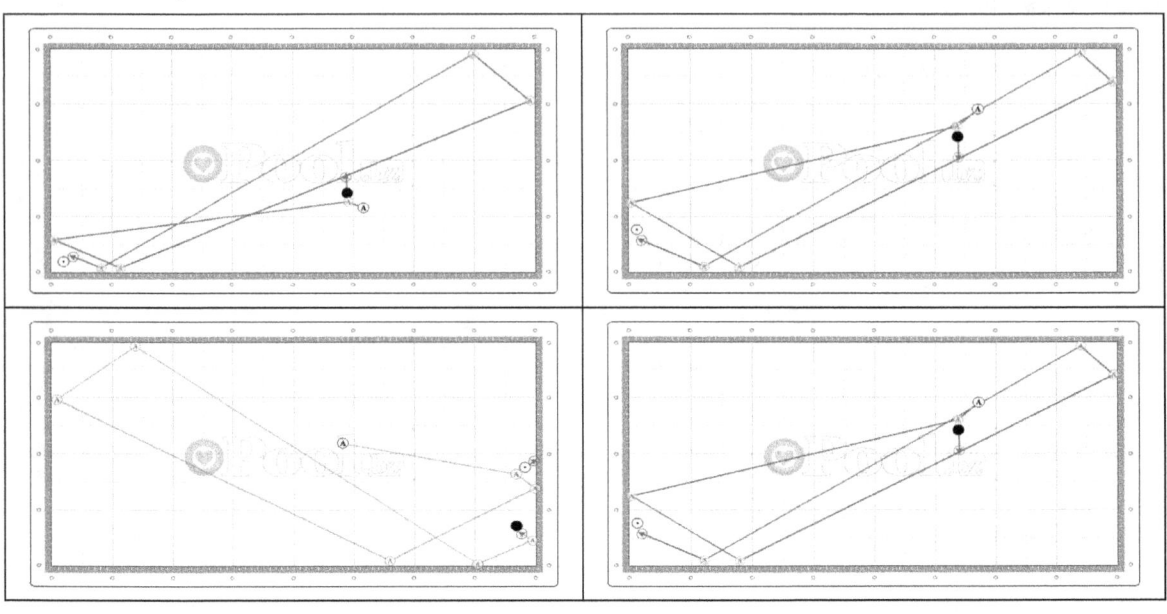

Analise:

F:3a. _____

F:3b. _____

F:3c. _____

F:3d. _____

f:3a – Opstelling

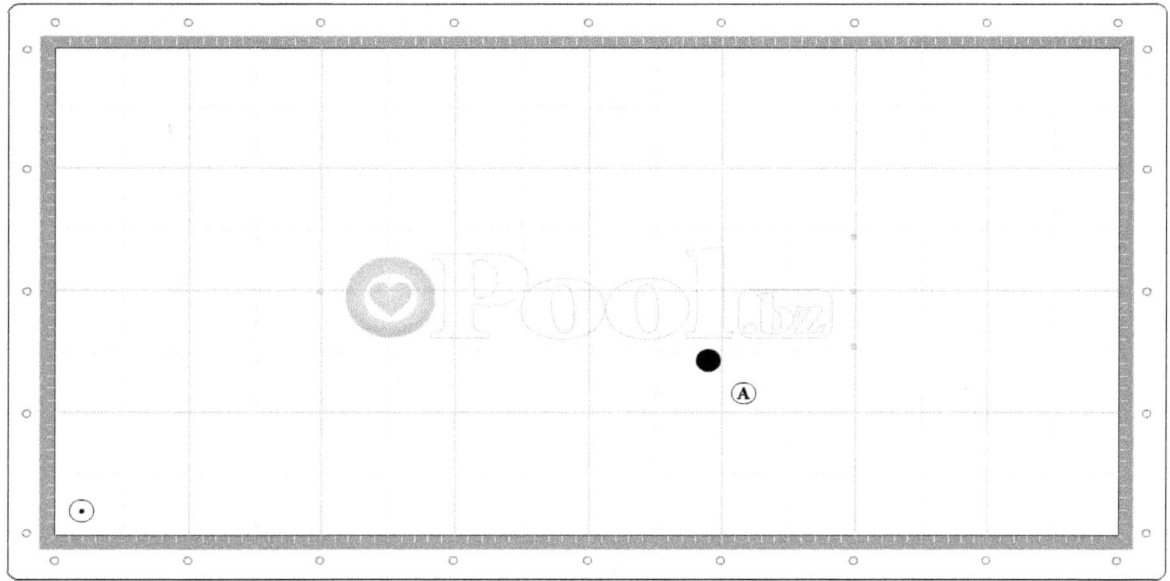

NOTAS VIR JOU IDEES:

Tabelpatroon

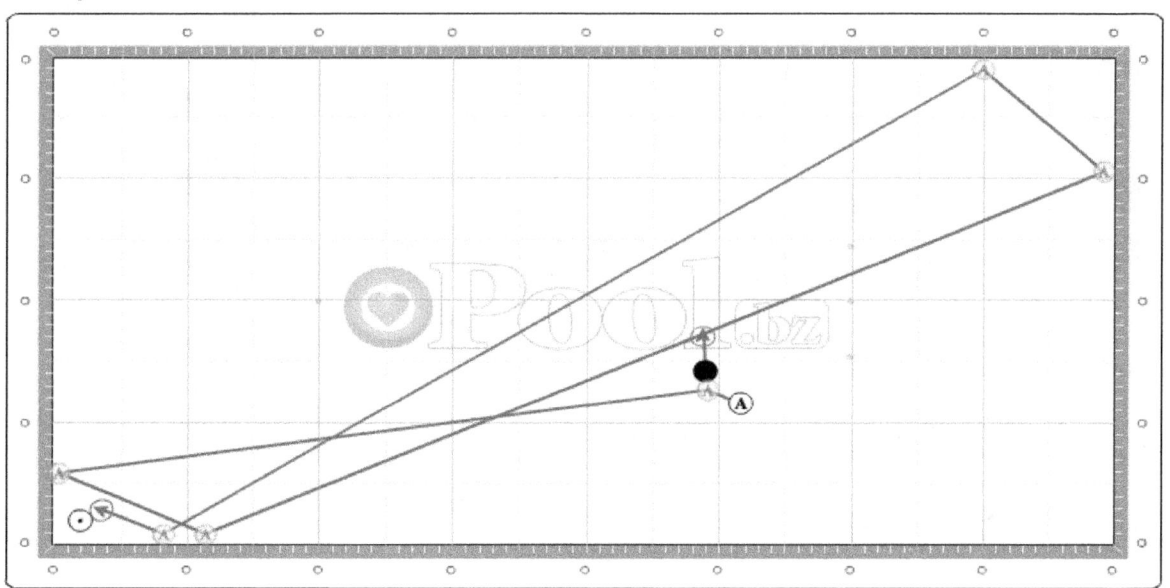

F31b – Opstelling

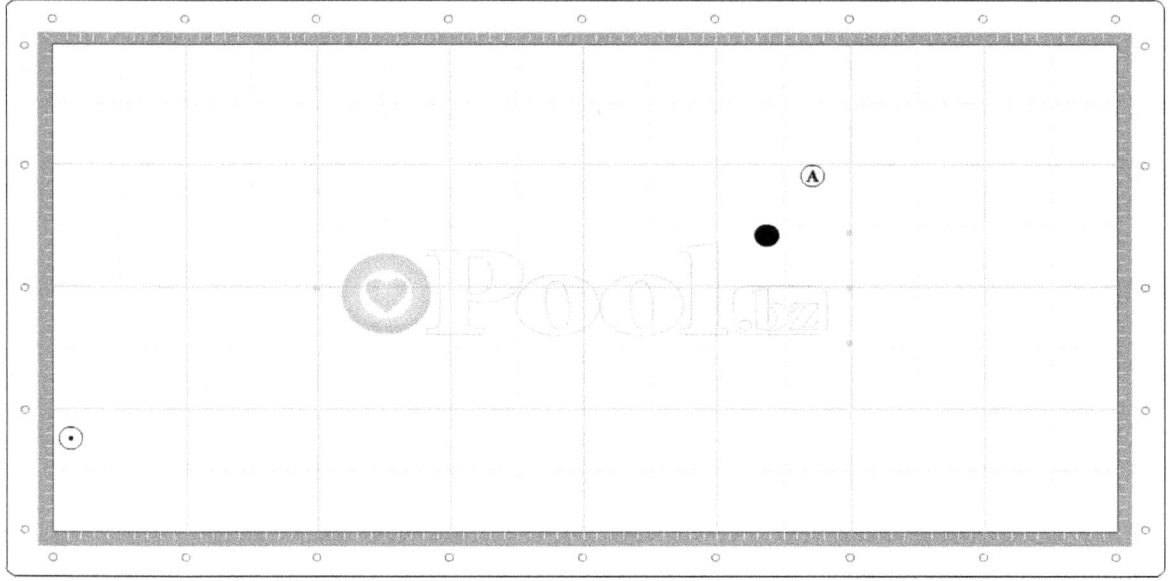

NOTAS VIR JOU IDEES:

Tabelpatroon

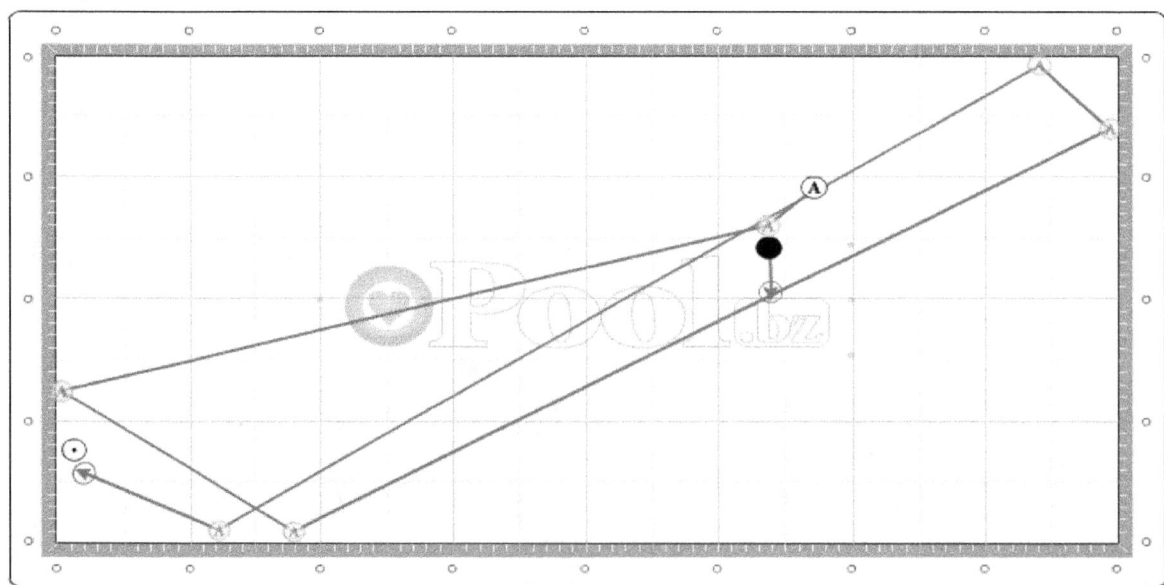

F:3c – Opstelling

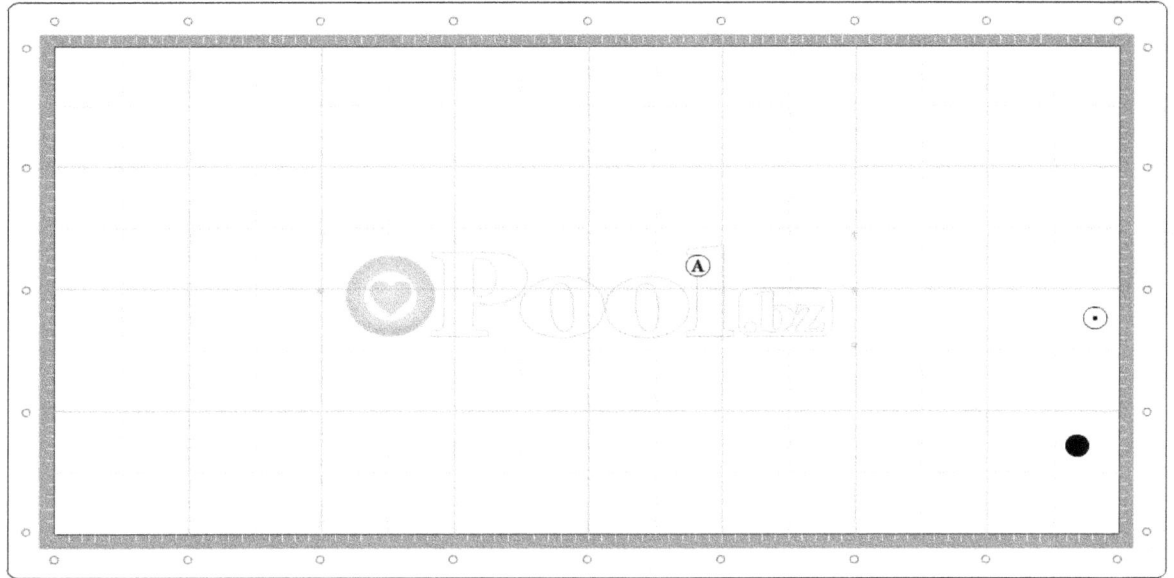

NOTAS VIR JOU IDEES:

Tabelpatroon

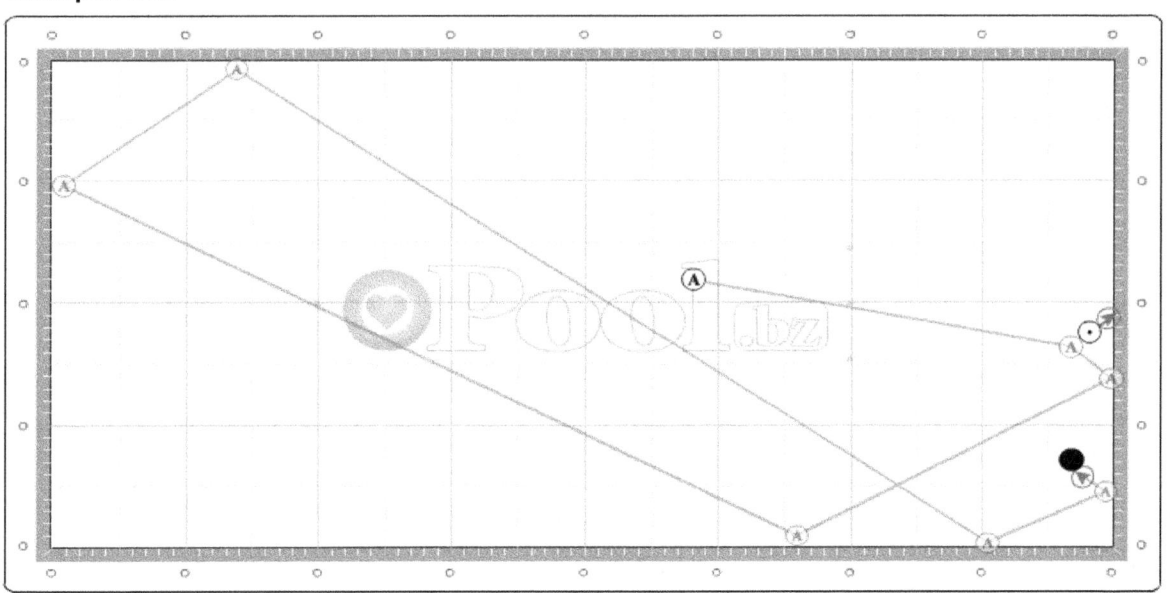

F:3d – Opstelling

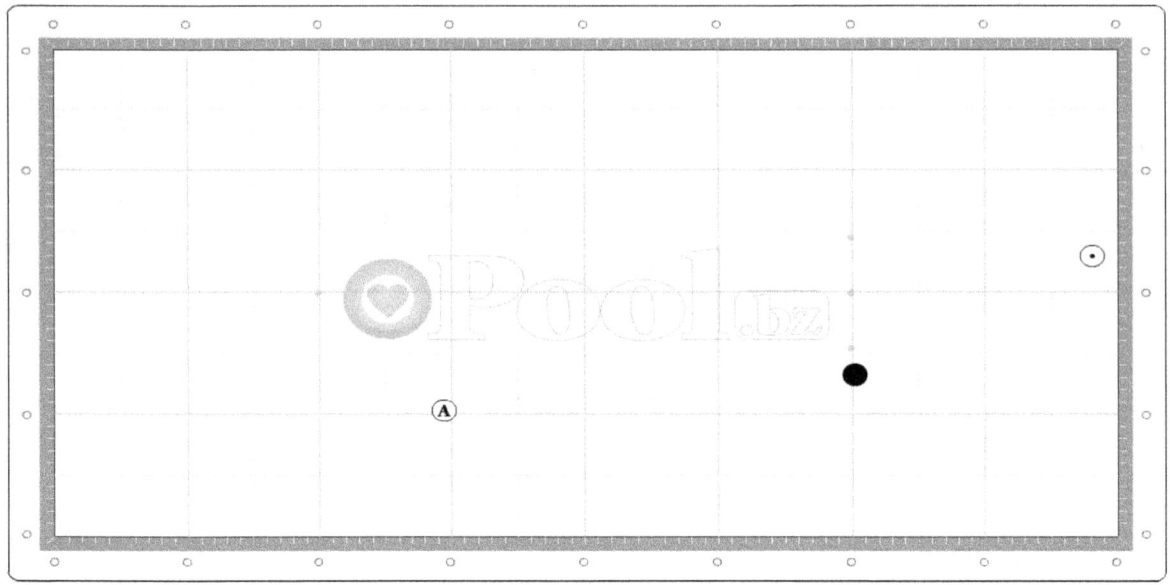

NOTAS VIR JOU IDEES:

Tabelpatroon

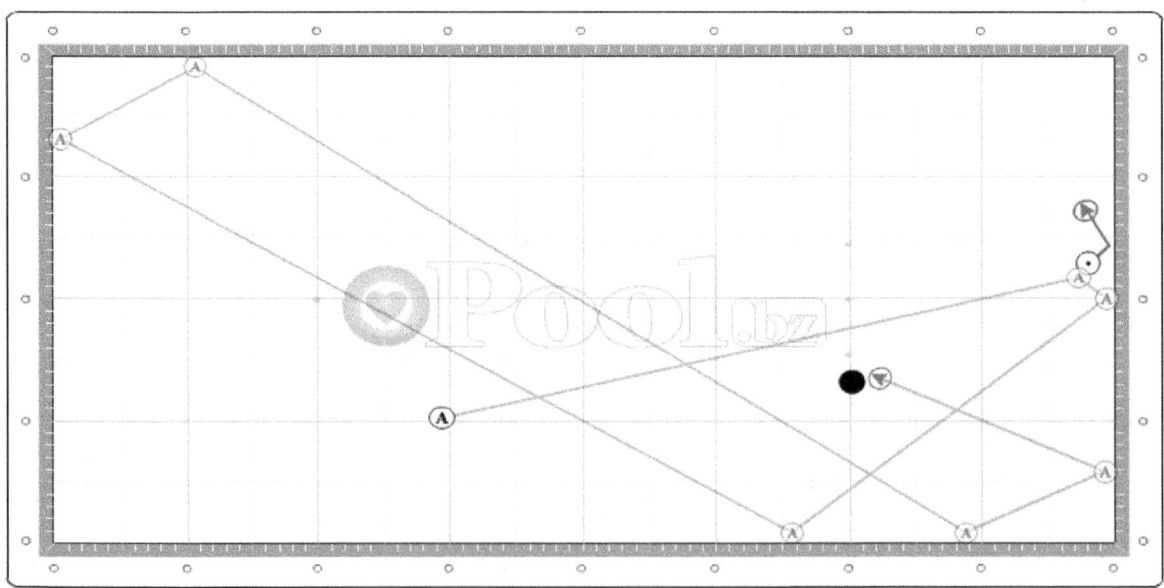

www.ingramcontent.com/pod-product-compliance
Lightning Source LLC
Chambersburg PA
CBHW080921170426
43201CB00016B/2220